Données de catalogage avant publication (Canada)

Joubert, Lucie, 1957-

Le Carquois de velours: l'ironie au féminin dans la littérature québécoise, 1960-1980

(Collection Essais littéraires)
Comprend des références bibliographiques.

ISBN 2-89006-606-1

1. Écrits de femmes canadiens-français - Québec (Province) - Histoire et critique. 2. Ironie dans la littérature. 3. Roman canadien-français - 20e siècle - Histoire et critique. 4. Littérature féministe - Québec (Province) - Histoire et critique. I. Titre. II. Titre: Ironie dans la prose fictionnelle des femmes du Québec, 1960-1980. III. Collection.

PS8089.5.W6J68	1998	C843'.5409'18	C98-941202-4
PS9089.5.W6J68	1998		
PQ3912.J68	1998		

Cet ouvrage a été publié grâce à une subvention de la Fédération canadienne des sciences humaines et sociales, dont les fonds proviennent du Conseil de recherches en sciences humaines du Canada.

L'Hexagone bénéficie du soutien du ministère du Patrimoine du Canada et de la Société de développement des entreprises culturelles du Québec pour son programme d'édition.

Nous remercions le Conseil des Arts du Canada de l'aide accordée à notre programme de publication.

COLLECTION ESSAIS LITTÉRAIRES

Le Carquois de velours
de Lucie Joubert
est le vingt-cinquième titre de cette collection
dirigée par Marie-Andrée Beaudet.

DE LA MÊME AUTEURE

Anthologie des poètes de la Mauricie 1965-1985, suivie de *Initiation à l'univers poétique: textes réunis par Raymond Pagé,* Trois-Rivières, Atelier de production littéraire des Forges, n° 21, 1985, 75 p.

La Pieuvre, conte, avec des lithographies et des eaux-fortes de Jo Ann Lanneville, Trois-Rivières, Atelier Presse Papier, 1997, 16 p.

LUCIE JOUBERT

Le Carquois de velours

L'ironie au féminin
dans la littérature québécoise (1960-1980)

Essai

À Annette,
ma collègue, mon amie,
des ironies de femmes pour
rigoler un peu... on en a bien
besoin!!!
amitiés,
Lucie
17/11/98

l'HEXAGONE

Éditions de l'HEXAGONE
Une division du groupe Ville-Marie Littérature
1010, rue de La Gauchetière Est
Montréal, Québec H2L 2N5
Tél.: (514) 523-1182
Télécopieur: (514) 282-7530
Courrier électronique: vml@sogides.com

Maquette de la couverture: Christiane Houle
Illustration de la couverture: Jean-Pierre Gaudreau,
Saute d'humeur, 1995, pastel à l'huile, 70 x 60 cm.

DISTRIBUTEURS EXCLUSIFS:

Pour le Canada et les États-Unis:
MESSAGERIES ADP*
955, rue Amherst
Montréal, Québec
H2L 3K4
Tél.: (514) 523-1182
Télécopieur: (514) 939-0406
* Filiale de Sogides ltée

Pour la Belgique et le Luxembourg:
PRESSES DE BELGIQUE S.A.
Boulevard de l'Europe, 117
B-1301 Wavre
Tél.: (010) 42-03-20
Télécopieur: (010) 41-20-24

Pour la Suisse:
DIFFUSION: ACCÈS-DIRECT SA
Case postale 69 - 1701 Fribourg - Suisse
Tél.: (41-26) 460-80-60
Télécopieur: (41-26) 460-80-68
DISTRIBUTION: OLF SA
Z.I. 3, Corminbœuf
Case postale 1061
CH-1701 FRIBOURG
Commandes: Tél.: (41-26) 467-53-33
Télécopieur: (41-26) 467-54-66

Pour la France
D.E.Q.
30, rue Gay Lussac
75005 Paris
Tél.: 01 43 54 49 02
Télécopieur: 01 43 54 39 15
Courrier électronique: liquebec@imaginet.fr

Dépôt légal — 4e trimestre 1998
Bibliothèque nationale du Québec
Bibliothèque nationale du Canada

ISBN 2-89006-606-1

Remerciements

Le présent ouvrage a pu être réalisé grâce à des personnes essentielles que je tiens à remercier ici de tout cœur. Merci à Annick Chapdelaine, d'abord, pour sa disponibilité, ses encouragements et son sens de l'humour qui ramènent les futiles angoisses à de justes proportions; merci à Lori Saint-Martin, ensuite, pour de judicieux conseils dont je mesure régulièrement la sagesse et la pertinence: elles sont de ces femmes-phares nécessaires qui guident, de loin, les pensées de celles qu'elles inspirent.

Merci à Josée, Isabelle, Monique, Jean-Pierre, et à tous ces amis dont la présence réconforte dans les moments de doute. Merci à Marcel Olscamp; son inaltérable patience et nos discussions animées, quelquefois à des heures incongrues, ont contribué à transformer en pages cohérentes des intuitions et des interrogations.

Merci au FCAR, pour la bourse de recherche, et à l'Université du Québec à Trois-Rivières pour son programme de congés de perfectionnement destinés aux chargé(e)s de cours: ces deux ressources financières m'ont permis de me consacrer entièrement à la tâche.

À Pauline, Catherine et Élyse
pour que se perpétuent les fous rires de femmes.

Introduction

L'écriture des femmes

Benoîte Groult écrivait en 1972 (p. 22) que la femme ne pouvait, par définition, que sécréter une littérature féminine, la littérature masculine étant la littérature tout court: avec une fausse désinvolture, elle posait déjà tout le problème de la reconnaissance de l'écriture au féminin. Beaucoup de femmes et quelques hommes se sont penchés sur la question. Vingt-cinq ans plus tard, les études, assez nombreuses, scrutent encore les multiples facettes de l'écriture féminine et mettent en évidence deux points principaux qui illustrent un constant paradoxe: le désir des femmes de voir leur travail reconnu par l'institution littéraire et leur volonté d'affirmer une marginalité par rapport à cette même institution.

Les auteures[1] déplorent que leurs œuvres soient confinées dans la catégorie des «ouvrages de dames» (Slama, 1981, p. 51); leur écriture est perçue comme un supplément plus ou moins sérieux annexé à une littérature dite universelle mais qui est en réalité masculine. L'apport littéraire des femmes, en somme, «ne fait qu'ajouter à une littérature qui lui sert de terreau» (Duras et Gauthier, 1974, p. 37) car leur contribution a longtemps été évaluée en fonction de ses rapports avec la littérature dominante et selon une perspective s'appuyant sur la conviction «*that manhood is "normative" and womanhood somehow "deviant" or "special*[2]*"*» (Russ, 1983, p. 41). Théoriciennes et praticiennes de

1. Le féminin «auteure» est privilégié parce que le corpus est constitué exclusivement d'œuvres de femmes. Cependant, on trouvera «lecteur», pour éviter des lourdeurs comme «lecteur et lectrice».

2. «que la masculinité est "normative" et la féminité, d'une façon ou d'une autre, "déviante" ou "spéciale"».

l'écriture rejettent cette marginalisation réductrice et soutiennent que «la culture dite féminine ne peut être traitée comme un cas particulier dont la culture masculine serait la généralité» (Collin, 1987, p. 113). Elles s'entendent pour conclure que «*if women's experience is defined as inferior to, less important than, or "narrower" than men's experience, women's writing is automatically denigrated*[3]» (Russ, 1983, p. 47-48).

La place de plus en plus importante que prennent les femmes dans la littérature en particulier et dans la société en général a entraîné la reconnaissance d'un changement important. Cependant, compte tenu du jeu étroit des interrelations, il est difficile de déterminer si les femmes écrivent en plus grand nombre parce qu'elles s'affirment sur le plan social ou si c'est le pouvoir politique grandissant qu'elles sont en train d'acquérir qui leur permet de faire entendre leur voix. Là n'est pas le propos toutefois; il faut simplement constater que, parmi les femmes qui s'imposent en nombre croissant sur la scène littéraire, au Québec du moins, plusieurs manifestent des réticences à voir leur discours se fondre dans une entité englobante qui ne tient aucun compte de leur différence.

Dès lors se dessinent deux avenues de prospection de l'écriture des femmes. L'une s'attache à cerner, dans les thèmes et les procédés littéraires, la spécificité de l'écriture au féminin, l'autre, plus sociologique, analyse la femme comme lectrice. Lori Saint-Martin mesure ainsi les enjeux de cette distinction fondamentale:

> La spécificité de l'écriture féminine se trouve moins dans une manipulation radicalement différente du langage (même si cette différence est essentielle à la pratique de certaines écrivaines) qu'en ce qui concerne, d'une part, les sujets traités et, d'autre part, les conditions spécifiques de production et de réception des textes féminins [...]. C'est dire que les œuvres féminines sont déterminées par une *culture* des femmes en tant qu'expérience collective différente de celle des hommes, et qu'elles doivent être lues ainsi. (Saint-Martin, 1989, p. 28, 31.)

L'idée d'une *culture* féminine, récurrente chez les théoriciennes américaines et européennes, emprunte plusieurs appellations qui se rejoignent dans leur intention de signifier le *rapprochement*. Russ (1983, p. 110) parle de la «*cultural minority of women*[4]», Lafontaine (1987, p. 47) emploie les termes d'«identité groupale liée à [l'] appartenance au groupe des femmes», Judith Stora-Sandor (1984, p. 21)

3. «si l'expérience des femmes est définie comme inférieure à celle des hommes, moins importante ou plus "limitée", leur écriture est automatiquement discréditée».
4. «la minorité culturelle des femmes».

ceux de «communauté de destin». Cette quête d'une identité autonome suppose la nécessité d'une résistance à la culture dominante, que résume ainsi Duras: «Nous sommes dans l'opposition.» (Duras et Gauthier, 1974, p. 34.)

Évincées du pouvoir jusqu'à tout récemment, les femmes ont eu à développer une vision du monde différente et divergente de celle des hommes. De cette constatation politique découle l'hypothèse, défendue par Ti-Grace Atkinson (1975, p. 41), que «les femmes forment une classe et que cette classe est politique par nature, [et] jusqu'à un certain point artificielle[5]», c'est-à-dire fabriquée, décidée par les féministes et pas tout à fait «naturelle».

On a beaucoup contesté une telle tendance de singularisation des femmes; Atkinson elle-même en a bien vite mesuré les dangers. À ce propos, Mireille Lanctôt (1977, p. 90), parlant du «sujet féminin», fait observer qu'il «ne travaille pas organiquement à la mise au pouvoir de "sa classe"»: ainsi, la femme ne cherche pas à «prendre la place» de l'homme; bien au contraire, elle remet en question le jeu de pouvoir sur lequel reposent les fondements de la société actuelle. Elle reconnaît cependant son «statut» de dominée; au-delà de la complaisance misérabiliste, il faut voir dans un tel constat sa volonté de réagir comme le font – ou devraient le faire – «toutes les cultures marginalisées à quelque titre: celle des régions, celles des immigrés, celle des colonisés, ou ex-colonisés, celle des Noirs d'Amérique, celle même des Juifs» (Collin, 1987, p. 114).

L'écriture devient alors un moyen d'affirmer cette volonté. Le débat sur la question d'une «identité-femme» et d'une «écriture-femme» déchaîne toujours les passions. Encore aujourd'hui, alors que le féminisme tente de redéfinir ses buts et ses priorités, l'ambivalence reste perceptible: «l'écriture au féminin revendique à la fois sa dissidence et son appartenance au social et au culturel car si elle s'affirme comme "autre" ce n'est pas tant dans un souci d'isolement mais de réappropriation de l'univers» (Langevin, 1984 a, p. 223). La remarque fait écho à celle de Gardiner (1981, p. 347) qui rappelle le double sens du mot «*"identity" meaning both sameness and distinctiveness*[6]».

Proposer dans ces pages une réflexion sur l'ironie des femmes comporte donc un risque manifeste de sombrer dans l'arbitraire. Le côté «artificiel» de cette catégorie, pour reprendre le mot d'Atkinson, est en effet inévitable. De plus, la mise en garde de Suzanne Lamy (1984, p. 18) selon qui «il ne suffit pas d'un nom de femme sur la couverture d'un livre pour croire qu'il y a une écriture-femme» est toujours aussi pertinente.

5. Il faut signaler une distinction importante apportée par la traductrice dès le début de l'ouvrage d'Atkinson: le mot *class* a une signification plus large en anglais et recouvre les notions de «catégorie» et de «genre».

6. «"identité" qui signifie à la fois similitude et différence».

Cependant, le choix d'accorder à la *signature* une importance primordiale est motivé par le parti pris suivant: les femmes, par leur position – ou devrait-on dire leur *im-position* – politique, sociale et culturelle, ont une vision du monde différente de celle des hommes[7]. Sur le plan littéraire, cette différence réside dans le fait que «*these stories are all told from the woman's angle, registering a feminized awareness of dislocation within the very literary traditions*[8]» (Howells, 1987, p. 6).

De même, Anne Brown mentionne que, dès la Révolution tranquille, se dessine au Québec une distinction significative entre les préoccupations des écrivains des deux sexes: «On peut, à la lumière des écrits des femmes des années soixante, conclure que le "mal" dont souffrent les Québécois est identifié différemment selon que l'auteur est un homme ou une femme.» (Brown, 1987, p. 10.) Dans l'écriture ou dans le quotidien, «au travers des particularités biologiques et physiologiques», l'identité féminine et l'identité masculine se situent donc différemment au regard de «la cohésion sociale», du «pouvoir et du langage» (Kristeva, 1975, p. 22). «Les hommes et les femmes, soutient Collin (1987, p. 113), ne vivent pas leur "spécificité" culturelle de la même manière.»

Femme, écriture des femmes, identité féminine, soit. Où situer alors l'écriture féministe ou le féminisme, ce mot devenu presque tabou? Cette question, essentielle, Suzanne Lamy l'a posée ainsi:

> Aujourd'hui les voix sont assez nombreuses, diversifiées, pour qu'on puisse établir quelque typologie du féminin: écrits féministes, littérature féminine, textes de femme où il y a écriture. Multiples, ces écrits transmettent des éveils, des idées, utilisent des formes, des procédés, des types d'énonciation qui peuvent être répertoriés, étudiés. Mais de quel «féminin» s'agit-il? Question piège [...] comment faire le partage entre ce qui relève du biologique et ce qui ressortit au culturel? (Lamy, 1984, p. 12.)

L'expression *écriture au féminin* constitue une option satisfaisante si l'on se fie aux critiques féministes, qui, depuis 1980, manifestent une nette

7. Louky Bersianik a déjà parlé du danger d'un tel parti pris: «Souvent [la lecture critique] obéit au code d'une interprétation attachée à la signature de l'œuvre, où clichés et étiquettes tiennent lieu de véritable analyse [...]. L'espace de la signature est déterminant pour les yeux du critique. S'il voit que cet espace est occupé par le nom d'une *féministe notoire*, et si c'est pour lui, consciemment ou pas, un lieu "antipathique", il n'y aura de sa part aucun désir de lecture.» (Bersianik et autres, p. 84-91.) La question ici n'est pas de savoir si l'auteure est féministe ou non; dans un premier temps, la nécessité de la distinction est sexuelle et non pas idéologique; dans un deuxième temps, il s'agit de voir en quoi le fait que l'ouvrage ait été produit par une femme influence la lecture du texte.

8. «ces histoires sont racontées du point de vue de la femme; elles portent la marque d'une conscience *féminisée* de cette rupture par rapport aux traditions littéraires».

tendance à fondre les deux qualificatifs. Lori Saint-Martin (1989, p. 97), par exemple, traite de «la littérature au féminin/féministe»; Suzanne Lamy (1979, p. 58) rapproche «féminisme et écriture au féminin» comme étant «devenus à la fois *fait social* et *fait de langage*».

Je n'ai pas retenu la notion d'*écriture féminine* à cause de sa connotation limitée. Le mot «féminine» est, en effet, souvent opposé à «masculin» dans le sens d'une complémentarité; or, remarque Nicole Brossard, cette «complémentarité [équivaut], dans un système patriarcal, à dire que la femme (complément) complète l'homme (sujet)» (Bersianik et autres, 1988, p. 18). Il y a donc une dévaluation de la féminité par rapport au pouvoir masculin. Gail Scott souligne aussi un autre effet réducteur du qualificatif «féminin»:

> Les philosophes mâles en nommant «féminin» cet espace nouvellement décodé de l'écriture [...] ont voulu qu'il reste «féminin» selon leurs termes, à savoir qu'il ne soit pas féministe. (Ce que les féministes ont bien sûr interprété comme une stratégie visant à enterrer le nouveau sujet-femme sous un autre palimpseste masculin.) [Bersianik et autres, 1988, p. 49.]

La féminité est souvent définie comme un état de fragilité, de soumission et de dépendance – bienvenu selon certains – qui s'oppose au féminisme; commode, l'adjectif ne qualifie pas adéquatement toutefois la production des auteures québécoises. Le terme *littérature féministe* n'apparaît pas non plus tout à fait approprié: le texte féministe serait, d'après Saint-Martin (1989, p. 313), celui d'une auteure qui «relie explicitement sa propre production à la cause féministe». Or, dans les œuvres de Madeleine Ferron ou de Michèle Mailhot, entre autres, on ne perçoit pas cette évidence d'intention idéologique. Quoique bien différemment, l'épithète «féministe» se révèle aussi réductrice que la précédente.

L'expression *écriture au féminin* présente l'avantage d'éliminer l'obligation de situer l'auteure sur le plan idéologique et de rejoindre l'intention de la critique féministe qui, par son parti pris d'analyser le texte en fonction du féminin, a annulé jusqu'à un certain point la nécessité de juger *a priori* si le texte est féministe ou non[9]. Fait intéressant et paradoxal à remarquer: même Louky Bersianik, féministe reconnue, adopte cette dénomination dans une entrevue avec Karen Gould:

9. Au besoin, je soulignerai les effets produits ou les formes adoptées par un tel choix idéologique.

> En tant qu'écrivaines féministes, nous pratiquons quelque chose d'inédit qui s'appelle de «l'écriture au féminin» et qui est essentiellement une rupture d'identification avec le mâle, avec celui qui se considère comme la norme de l'humanité et de la condition humaine dont il exclut les femmes. (Gould, 1984, p. 127.)

Ainsi, les féministes elles-mêmes, si l'on se fie au «nous» collectif du propos cité, voient dans «l'écriture au féminin» la meilleure façon de désigner la subversion explicite ou latente des textes de femmes. En résumé, que les auteures s'affirment féministes ou non ne modifie pas le dénominateur commun de leurs écrits: ils doivent être lus comme témoignages d'une vision spécifique du monde[10]. Et l'ironie dont les auteures feront preuve dans leurs œuvres participera de cette différence de perception.

L'ironie: essai de définition

> Qu'est-ce que l'ironie?
>
> Est-ce un aspect du comique? La rencontre du fini et de l'infini? Un trait de caractère? Un principe transcendental? La «pression du contexte»? Un paradoxe? Du sarcasme? [...] L'attitude par excellence du poète? L'incarnation de l'absurde? L'autre visage de l'amour? (Yaari, 1988, p. 3.)

Voilà présentée, d'entrée de jeu, et non sans une pointe d'ironie, la difficulté de définir l'ironie de façon satisfaisante. Tour à tour comparée et opposée à l'humour, confondue avec le sarcasme et le persiflage, apparentée au cynisme et à la dérision, elle semble insaisissable. «Nous savons ce qu'est l'ironie aussi longtemps que personne ne nous demande de la définir», rappelle opportunément Almansi (1978, p. 421). De fait, les nombreux théoriciens qui se sont intéressés à la question contournent la difficulté en procédant plutôt par comparaison: après avoir établi ce qu'est l'humour, ils relèvent les points distinctifs qui le séparent de l'ironie. Ainsi, l'humour, selon Stora-Sandor (1984, p. 17), consiste en une attitude qui permet à l'être qui le pratique de «se soustraire aux déplaisirs de

10. La nuance entre écriture féministe et écriture au féminin diffère de la nuance que l'on peut établir entre *critique* féministe et *critique* au féminin. Ces deux types de lecture se fondent sur d'autres critères, résumés par Louise Dupré: «La critique féministe prend appui sur la théorie, alors que la critique au féminin travaille en se basant davantage sur les œuvres.» (Dupré, 1992, p. 398.) Le présent essai se réclame de cette seconde perspective.

l'existence». C'est un bouclier, un instrument de défense, une façon de se protéger contre le monde extérieur: l'humour est essentiellement empreint de sympathie et de tolérance, car il «puise sa force de persuasion dans son indulgence même» (Daunais, 1988, p. 91). Excluant d'office la méchanceté, il est une pure manifestation de «liberté intérieure» et dénote chez qui le pratique une aptitude très précieuse à «rire quand même» (Blondel, 1988, p. 32).

Alors que l'humour est «la plus individuelle des sortes de comiques», car «il ne requiert ni participation d'autrui, ni échos, ni éclats» (Elgozy, 1979, p. 19), l'ironie au contraire s'exerce toujours aux dépens de quelqu'un ou de quelque chose; elle comporte un «*ironiste* et une victime» (Stora-Sandor, 1984, p. 24). C'est donc une arme essentiellement offensive, jamais innocente, «trop cruelle pour être vraiment comique» (Jankelevitch, 1964, p. 9), même si elle partage avec le comique un élément que l'on nomme l'incongruité (Yaari, 1988, p. 47).

L'ironie recèle un fort potentiel d'agressivité et procède le plus souvent par antiphrase, cette «figure de rhétorique par laquelle on exprime le contraire de ce que l'on veut faire entendre» (Morier, 1961, p. 217) et dont «l'intention générale [est] de révéler une "vérité" cachée par un "mensonge" apparent» (Yaari, 1988, p. 7). Cependant, cette agressivité ne s'affiche pas ouvertement, «l'ironie étant précisément ce qui permet, en proposant à l'interprétation un discours ambigu, le "dégagement" de l'agresseur, à l'abri de ce discours dont il s'absente» (Lafay, 1986, p. 41). «Ironiser, ajoute encore Jankelevitch (1964, p. 109), c'est donc tourner l'obstacle» et faire dériver les mots de leur sens propre. L'ironiste affirme apparemment sa supériorité sur autrui, car l'ironie «serait une posture de classe dominante; l'étranger est celui qui ne rit pas de ce dont il faut rire, et inversement» (Hamon, 1982, p. 166).

D'une façon beaucoup plus globale, l'ironie se détecte à travers «la signalisation d'une différence ou d'une opposition entre l'effet attendu et l'effet produit» (Hutcheon, 1981, p. 142). Elle se cache dans le texte lorsque les «affaires et événements sont l'inverse de ce que nous présumions, une sorte de moquerie du résultat espéré ou approprié, la contradiction moqueuse entre promesse et accomplissement, ou entre apparences et réalité» (Alexander, 1969, p. 441).

Elle entretient aussi, histoire de compliquer les choses encore davantage, des rapports étroits avec la satire, la parodie, le sarcasme même. Elle se distingue cependant de la satire par une résistance au moralisme. Le satiriste, en effet, se donne comme mission de *juger* la conduite d'autrui, avec une assurance qui se trouve à la base de son militantisme (Furst, 1984, p. 9). L'ironiste ne possède pas cette confiance inébranlable en son propre jugement; il lance ses flèches, certes, sans être vraiment convaincu d'avoir raison de les décocher.

L'ironie, d'autre part, se trouve souvent au cœur de la parodie. Dans l'imitation, ou le travestissement, d'un autre texte, il y a un effet de disjonction – une déformation, une déviation – entre le texte original et le produit parodique: l'importance et la nature de l'écart entre les deux donnent alors la mesure de la charge ironique. Le sarcasme, ensuite, apparaît comme une ironie doublée d'une insulte; il obéit donc à une *intention* que ne connaît pas nécessairement l'ironie, même si elle peut être à l'occasion d'une certaine dureté. Enfin, l'ironie n'est pas à classer sous le registre du *comique* ou du *ludique*; le comique aura plus à voir avec le langage corporel – expressions faciales, situations (Bergson, 1975) –, alors que le ludique jaillira de la gratuité des jeux du langage et des jeux de mots. En ironie, il subsistera toujours une volonté – une nécessité même – de dépasser l'innocence d'un jeu de mots ou d'un trait d'esprit pour aller vers une contestation, si ténue soit-elle.

Toutes ces distinctions négligent cependant un aspect capital de la question: l'ironiste. Et si cet épicène, traditionnellement masculin, désignait maintenant une femme? Comment interprétera-t-on l'agressivité, la colère, l'amertume quelquefois qui se cachent derrière l'ironie, lorsque l'on comprendra que c'est une femme qui se donne un tel pouvoir de parole?

L'ironie au féminin

L'ironie, selon Jennifer Waelti-Walters,

> *[has] always been [a weapon] of the strong used against the weak [...]. As such, it has been male territory for centuries, for women have never been sufficiently at ease in the world to be anything but its victims*[11] (Waelti-Walters, 1982, p. 114).

«Pleureuse de profession, candidate brillante à l'état de victime, la femme a excellé dans la plainte» (Suzanne Lamy, 1979, p. 81), situation qui fait dire à Judith Stora-Sandor (1984, p. 79) que la femme a constitué de tout temps «la cible favorite des satiristes». Les hommes ont toujours tiré un profit énorme de cette évidente vulnérabilité qui confirmait leur impression de puissance. Le recours à l'ironie témoigne, je l'ai dit, d'une volonté de manifester une agressivité envers quelque chose ou quelqu'un; or, jusqu'au début des années soixante, les auteures québécoises, «fidèles

11. «a toujours été l'arme du fort utilisée contre le faible [...]. À ce titre, c'est un territoire masculin depuis des siècles, car les femmes n'ont jamais été suffisamment à l'aise dans le monde pour être autre chose que des victimes».

aux valeurs traditionnelles, [...] semblent concevoir leur écriture comme une forme d'apostolat leur permettant de procurer des lectures saines et agréables à divers types de lecteurs» (Gaudreau, 1984, p. 43), d'où l'absence d'ironie dans leur écriture.

Cependant, les femmes qui «avaient tendance à idéaliser leurs personnages et à les insérer dans un cadre édulcoré», peu à peu «rompent avec la tradition. La colère, la haine et la vengeance font leur apparition dans certains romans» (Gaudreau, 1984, p. 60). En parallèle avec ces manifestations d'agressivité, l'ironie devient un moyen de revendication. C'est pour les auteures une façon de défier le discours dominant (Walker, 1990, p. 44), le recours à l'ironie témoignant d'une contestation des valeurs traditionnelles et d'une reconnaissance du caractère arbitraire des causes susceptibles de perpétuer l'oppression des femmes (*ibid*, p. 27-28).

L'ironie est puissante, car elle permet aux femmes, traditionnellement «objets» d'ironie, de renverser les règles du jeu et de devenir «sujets» ironisants: «*No longer objectified, the new writers have no need to seek themselves in endless games with mirror and reflections*[12].» (Waelti-Walters, 1982, p. 90.) Arme masculine, l'ironie va servir aux femmes à poursuivre la quête de leur identité et à devenir «maîtresses» de leurs textes. Elle montrera les auteures sous un nouveau jour, tantôt goguenardes, tantôt carrément méchantes; bref, les écrivaines sortent leurs griffes...

L'ironie au féminin apparaîtra subversive, beaucoup plus que sa contrepartie masculine (Stora-Sandor, 1992, p. 179), puisqu'elle devient l'expression de l'assurance d'une certaine supériorité chez une catégorie de personnes traditionnellement maintenues à l'écart du pouvoir. L'emploi relativement nouveau de l'ironie par les auteures québécoises permet donc à celles-ci de toucher à «certaines rubriques, autrefois négligées» et particulières à la condition féminine comme «le travail domestique, les rapports amoureux, le "sexisme ordinaire", enfin quantité de sujets abordés par les femmes entre elles et jadis considérés de l'ordre du privé» (Langevin, 1990, p. 8).

Le fait de «sexuer» l'ironie nécessite une brève parenthèse sur le «genre» du lecteur, c'est-à-dire sur son appartenance sexuelle. Les œuvres étudiées ont été retenues parce que produites par des femmes exclusivement; ne faudrait-il pas, en principe, pousser le raisonnement à ses limites et tenir compte du sexe de la personne appelée à décoder le texte? La critique féministe, celle des Américaines en particulier, s'est penchée avec attention sur cette question et a mis en relief les obstacles auxquels se heurtent les femmes, non plus dans le processus d'écriture, mais dans

12. «N'étant plus considérées comme des objets, les nouvelles auteures n'ont plus besoin de se chercher dans des jeux sans fin de miroirs et de reflets.»

celui de la lecture. Les principaux théoriciens dans le domaine, Jauss (1978), Iser (1976) et Eco (1985), évoquent la nécessité de la participation d'un *lecteur*; selon la critique féministe, le choix du masculin, prétendument représentatif de la neutralité, est en fait le symbole du dominant, ce que corrobore Schweickart: «*Feminists insist that the androcentricity of the text and its damaging effects on women readers are not figments of their imagination*[13].» (Schweickart, 1989, p. 33.) Obligées de conquérir leur place dans l'écriture, les femmes doivent apparemment aussi revendiquer le droit à leur «lecture». Dans une quête d'affirmation parallèle, elles découvrent le pouvoir de l'écriture et aussi, élément non moins négligeable, «*[their] essential role in the process of reading*[14]» (*ibid.*).

Il aurait été extrêmement intéressant de mesurer la différence de l'effet de l'ironie des femmes sur un lecteur et une lectrice. Comment, dans une perspective de pouvoir, un «dominant» réagirait-il au discours d'une «dominée» qui utilise les moyens du «dominant»? L'ironie étant une manifestation d'agressivité, il y a tout lieu de croire que celle des femmes s'attaquera d'abord aux tenants du pouvoir qui sont, encore majoritairement de nos jours, des hommes. Tandis que la lectrice va éprouver sans doute un sentiment de *communion*, apparenté au «rire d'accueil», avec les propos et les prises de position des auteures, le lecteur ne risque-t-il pas de se sentir plus directement visé, raillé, ostracisé par une ironie d'*exclusion* (Lucie Olbrechts-Tyteca, 1974, p. 13)?

Malgré l'intérêt de la question, je me restreindrai à évaluer l'ironie comme un message *connoté*[15] par la spécificité sexuelle de l'auteure et envoyé à un lecteur masculin ou féminin qui le décodera justement en fonction de cette spécificité. La caution de ce parti pris: une certitude que «le récepteur d'un message adopte une attitude de décodage très différente selon qu'il connaît le locuteur ou le groupe idéologique dont il se fait le porte-parole» (Kerbrat-Orecchioni, 1978, p. 32) et que le sexe de l'auteure, dans l'interprétation de l'ironie, s'ajoute à ces conditions de lecture.

Percevoir l'ironie: un défi

Définir l'ironie n'est pas chose aisée; percevoir l'ironie n'est pas facile non plus. On la ressent sans nécessairement parvenir à la circonscrire. Hamon explique bien ce malaise:

---

13. «Les féministes sont catégoriques: l'androcentrisme du texte et son influence néfaste sur les lectrices ne sont pas un produit de leur imagination.»

14. «[leur] rôle essentiel dans le processus de lecture».

15. La lecture sera nécessairement connotée parce que, dans une certaine mesure, le fait que l'auteur soit une femme donne au texte «un statut spécial» (Kerbrat-Orecchioni, 1977, p. 18).

> [L'ironie est] partout et nulle part, dans les discours et hors des discours, dans les attitudes et les gestes, voire dans le monde, dans des situations objectives ou dans l'Histoire. Entre le «je ne sais quoi» qui tient lieu d'analyse et la dilue, et la conviction (qui empêche l'analyse) qu'étudier les faits d'ironie c'est la «détruire» ou la «perdre», la recherche en la matière n'est guère allée très loin. (Hamon, 1982, p. 165-166.)

Le risque de passer à côté de l'ironie ou de la découvrir là où elle n'est pas demeure entier: «Commen[t] pouvons-nous comprendre correctement (c'est-à-dire comme ironique) un texte ironique, sans l'avoir déjà compris de prime abord comme ironique?» (Allemann, 1978, p. 392.) Cette inquiétude fait écho à celle de Booth: «*How, then, do you and I recognize – often with great sureness – an ironic invitation when we see one*[16]*?*» (Booth, 1974, p. 49.)

Il faut évidemment une certaine vigilance dans la lecture et une aptitude à capter les mots ou les techniques d'«alerte», c'est-à-dire les structures de phrases ou les compositions sémantiques susceptibles de laisser transparaître l'ironie de l'auteure. Booth (1974, p. 53-73) propose une tentative de classification des indicateurs d'ironie qui se résument à peu près comme suit: des avertissements explicites de l'auteure dans les titres, les épigraphes, ou d'autres indices flagrants; une façon d'afficher des erreurs volontaires dans les expressions populaires, des faits historiques ou des opinions convenues; des contradictions dans les faits ou les opinions énoncés à l'intérieur du texte, ou, enfin, des ruptures dans le style.

En définitive, on peut s'attendre à ce qu'un texte soit ironique si l'on croit percevoir, entre autres, une opération de contraste, une «destruction de l'illusion» (Allemann, 1978, p. 387) entretenue jusque-là dans le texte. L'ironie se ressent dans l'effet de surprise qu'elle cause chez le lecteur et par le doute qu'elle insinue dans son esprit en lui faisant mesurer l'écart indubitable qui existe entre ses convictions et celles qu'il prête à l'auteure (Booth, 1974, p. 73). Ainsi, dans un premier temps, les techniques d'alerte signalées plus haut servent à éveiller les soupçons du lecteur et à attirer son attention sur «la contradiction entre les propos tenus, et ce que l'on croit savoir du locuteur et de ses systèmes d'évaluation» (Kerbrat-Orecchioni, 1978, p. 31).

À partir de ce moment, le lecteur est prêt à «reconstruire» le sens du texte pour vérifier s'il y a bien ironie. Selon Booth, cette reconstruction s'effectue en quatre étapes. D'abord, le lecteur rejette le sens littéral de ce

16. «Comment, dès lors, allons-nous reconnaître – avec certitude – une invitation à l'ironie?»

qu'il lit, puis «teste» d'autres interprétations ou d'autres explications possibles; il doit s'appuyer sur sa connaissance de l'auteure pour déterminer son angle de lecture: à partir de là, il peut procéder à sa lecture dans une relative tranquillité d'esprit (Booth, 1974, p. 10-12).

Malgré toutes ces précautions, il subsiste toujours le risque qu'un lecteur passe à côté d'une ironie, si flagrante soit-elle pour l'auteure qui la met en texte: car, si l'on est d'accord avec les propos de l'auteure, comment pourrait-on détecter l'ironie (Booth, 1974, p. 77)? Kerbrat-Orecchioni (1980, p. 113) fait aussi remarquer le danger d'un dérapage volontaire au cours du décodage; le lecteur peut s'amuser «à lire ironiquement un texte dont [on sait] pertinemment qu'il n'a pas été voulu tel[17]». L'ironie est aussi circonstancielle et mouvante: des passages peuvent avoir été écrits dans une intention sérieuse et être lus comme ironiques avec le recul du temps. Dans le cas de l'ironie au féminin, qu'arrive-t-il lorsque l'auteure se moque d'une opinion généralement émise par les hommes sur les femmes – les femmes au volant sont un danger public, par exemple – et qu'elle est lue justement par un lecteur partageant cet avis?

Ce sont là les enjeux de l'écriture ironique qu'aident à discerner les théories analytiques de Booth, même si elles sont fortement contestées par Almansi:

> Malgré le titre prometteur du livre de Wayne Booth, *A Rhetoric of Irony* [...], une telle rhétorique n'existe pas et ne saurait exister [...]. Au cœur de l'ironie, il y a un principe d'incertitude. [...] Il est simplement impossible de prouver que certaines affirmations ironiques sont ironiques. (Almansi, 1978, p. 421.)

Le risque de mal interpréter un texte persistera toujours: c'est pourquoi tous les extraits proposés ici comme exemples d'ironie le sont sous toutes réserves. Ils ont été sélectionnés avec circonspection à la lumière des définitions précédentes de l'ironie. Au besoin seront spécifiées les raisons qui incitent à lire ces passages comme ironiques.

Le corpus

Le corpus des œuvres étudiées s'étend de 1960 à 1980; ces deux décennies apparaissent particulièrement représentatives des tendances qu'a suivies au Québec l'écriture des femmes. Liette Gaudreau (1984) et

17. Je recommande à cet égard une lecture ironique du roman *À l'œuvre et à l'épreuve* de Laure Conan.

Anne Brown (1987), dans leurs thèses respectives, se sont attardées à la période de 1960 à 1970[18]; à la lecture de ces travaux, on constate que la Révolution tranquille a favorisé en partie l'éclosion de la littérature au féminin en plus d'inciter les femmes à inscrire leurs préoccupations dans leurs textes:

> L'opposition entre le passé et le présent sert de toile de fond à ces récits: le passé et ses valeurs souvent responsables de l'aliénation actuelle ou bien la tristesse d'un présent où les valeurs du passé ne sont plus respectées. Dans les romans de femmes, cette remise en question s'articule souvent par rapport au rôle qu'on réserve aux représentantes de leur sexe dans la société. (Gaudreau, 1984, p. 45-46.)

Même si «les efforts de modernisation sont encore timides, sauf dans le cas d'une minorité d'auteures» (Gaudreau, 1984, p. 48) au début des années soixante, on voit se dessiner certaines caractéristiques de l'écriture des femmes qui tendent à privilégier «la narration à la première personne et la poétisation du récit» (*ibid.*, p. 49). Les années soixante-dix, pour leur part, seront déterminantes; on parlera d'«éclatement» et des «années chaudes du féminisme»: «l'exploration de [l'] univers féminin se fera lentement au cours de ces années et, pour y accéder, il faudra d'abord démolir cette vision presque exclusivement masculine dans laquelle les femmes sont habituées à se trouver» (Collectif Clio, 1982, p. 475, 476). En littérature, le mouvement des femmes se traduit ainsi:

> *Women are stating their right to have bodies, feelings, action and a language with which to describe themselves in their own value system. And in the stating of the right the reappropriation is taking place. As a result, a new level of discourse is emerging which redefines the significance of traditional women's images*[19]. (Waelti-Walters, 1982, p. 89.)

Ces deux décennies marquent la venue en plus grand nombre des femmes à l'écriture et l'éclatement de leur parole. Depuis les années quatre-vingt, le mouvement féministe s'est fait plus silencieux et l'écriture

---

18. Liette Gaudreau a étudié des romancières québécoises de 1940 à 1965, mais son analyse déborde ce cadre pour donner un aperçu de toutes les années soixante.

19. «Les femmes sont en train d'affirmer leur droit à l'action, le droit d'avoir un corps, des sentiments, et un langage avec lequel elles se décrivent dans leur propre système de valeurs. Et la réappropriation prend forme à même l'affirmation de ces droits. En conséquence, émerge un nouvel ordre du discours qui modifie la portée des images traditionnelles des femmes.»

au féminin a pris de nouvelles tangentes en produisant des textes «qui n'évacuent pas le féminisme, mais l'absorbent, l'interrogent, le font évoluer» (Saint-Martin, 1997, p. 267). Cependant, cette analyse s'arrête au seuil des années quatre-vingt afin de ne pas alourdir une sélection déjà assez imposante.

Et pour que ce corpus, bien que représentatif des différentes orientations des écritures de femmes au Québec, ne se perde pas inutilement dans des avenues périphériques de notre littérature, il a fallu établir des critères spécifiques, déterminés à partir de la consultation d'ouvrages de référence qui tendent à l'exhaustivité: le *Dictionnaire des œuvres littéraires du Québec (DOLQ)*, le *Dictionnaire des auteurs de langue française en Amérique du Nord (DALFAN)*, la publication annuelle de *Livres et auteurs québécois (LAQ)* et les répertoires bibliographiques de la Bibliothèque nationale du Québec.

Les œuvres retenues remplissent donc plusieurs conditions qui relèvent à la fois de l'origine de l'auteure, de la maison d'édition et du genre littéraire. Ainsi, l'auteure doit être québécoise *de lieu* – résidente – ou *de naissance*, c'est-à-dire qu'elle est identifiée, d'une façon ou d'une autre, à la littérature d'ici. Par exemple, Alice Parizeau, dont les racines polonaises sont bien connues, fait partie de l'éventail des femmes ayant contribué à l'émancipation de l'écriture au féminin au Québec; également Anne Hébert qui, même de son lieu d'exil, s'est toujours assumée comme québécoise. Plus douteux était le cas d'Antonine Maillet; je l'ai finalement écartée – avec beaucoup de réticence – à cause de son évidente appartenance à l'Acadie, tant d'un point de vue géographique que d'un point de vue thématique.

Pour figurer dans ce corpus, chaque auteure devait avoir publié au moins deux œuvres de création littéraire, quel que soit le genre, de préférence à l'intérieur de la période étudiée; ce critère peut sembler restrictif, mais il a pour but d'éliminer les noms vite oubliés de celles qui n'ont pas vraiment marqué la littérature, de donner une chance à celles qui pratiquent la prose épisodiquement, parmi d'autres genres, et de ne pas négliger les femmes qui amorçaient leur carrière à la fin de cette période.

Les œuvres retenues constituent des ouvrages complets de prose fictionnelle publiés par des maisons d'édition québécoises reconnues; ont donc été éliminés tous les textes et nouvelles parus dans différentes revues ou les œuvres éditées à compte d'auteure, ainsi que les collectifs. Évidemment, il n'était pas de mon ressort dans le cadre de cet essai de mesurer la reconnaissance institutionnelle accordée aux éditeurs; ici encore, le *DOLQ* et le *DALFAN* ont fixé les balises indispensables à la sélection finale.

Par ailleurs, certaines auteures, comme Suzanne Jacob, ont été publiées en France mais sont incluses dans le corpus; leur lien d'appartenance, celui de la *naissance*, ne fait pas de doute. Pour d'autres, comme Monique Bosco, les publications françaises sont antérieures à leur arrivée au Québec. D'une façon très générale, il a été aussi tenu compte de la productivité de chaque écrivaine. Un premier roman à compte d'auteure a-t-il été suivi de nombreux autres chez des éditeurs reconnus? Ce facteur indique, bien sûr, une forme de consécration institutionnelle assez significative pour l'étude des ouvrages en question.

Parmi tous les types d'écritures possibles, j'ai privilégié l'examen de la prose fictionnelle, soit, essentiellement, la nouvelle, le conte et le roman. Cependant, les années soixante-dix ont quelque peu compliqué la sélection des œuvres en annulant les référents traditionnels de la définition générique. Comme le fait remarquer Liette Gaudreau (1984, p. 76), au début des années soixante, «dans certains textes à caractère plus moderne, il existait un flottement dans les structures narratives (beaucoup plus flexibles), ce qui rendait les démarcations habituelles entre les séries littéraires beaucoup moins évidentes».

En ces années qui annoncent la *mort du genre*[20], il devient de plus en plus épineux de procéder à une quelconque catégorisation du texte. Les bibliographes ont une fois de plus cautionné la présente sélection. Les ouvrages portant des mentions de genre hybrides telles que «poésie et prose» ou encore «textes, dessins et proses» ont été mis de côté. Pour respecter, enfin, les paramètres de la *prose* de *fiction*, même si ce choix nous prive malheureusement de textes influents, il a fallu aussi délaisser les «récit poétique[21]», «prose poétique», «récit-essai», «théorie fictive», les cahiers, les narrations de contes et légendes traditionnels, les journaux intimes et les autobiographies.

Les appellations *spontanées* comme «roman-vérité», ou «roman-témoignage» sont apparues, après une lecture attentive, comme un moyen élégant de publier des transpositions d'histoires vécues et les ouvrages ainsi qualifiés ont subséquemment été rejetés. Tous ces choix demeurent

20. Voir les deux numéros de *La Nouvelle Barre du jour* qui portent ce titre et qui réunissent les actes d'un colloque sur la question.

21. Liette Gaudreau souligne un fait éditorial intéressant à la fin des années soixante: «Il semble qu'une nouvelle forme d'expression plus spécifique aux femmes (si on en croit la critique de l'époque) soit en train de se développer: le récit poétique.» (Gaudreau, 1984, p. 80.) Elle ajoute un peu plus loin, dans une note de bas de page: «À chaque fois qu'un roman "poétique" paraît, la critique l'inscrit dans un courant littéraire "féminin" et cite Anne Hébert, Marie-Claire Blais et Suzanne Paradis comme modèles du genre.» (*Ibid.*, p. 101.) La critique semble vouloir confiner les femmes dans la poésie, terme qui peut prendre une connotation péjorative ou réductrice. Lucie Robert, dans «La naissance d'une parole féminine dans la littérature québécoise» (1987), fait état de l'indifférence qu'ont subie des femmes telle Medjé Vézina. La poésie est considérée comme «peu subversive» lorsque pratiquée par des femmes. Serait-il extravagant de voir dans l'obstination de la critique à qualifier de «poétiques» les textes des femmes l'indice d'une volonté de minimiser l'impact de leur production?

arbitraires, surtout si l'on considère que les femmes, comme je l'ai mentionné, ont, à compter des années soixante, privilégié le roman au «je» narrateur: or, «le "je" du destinateur féminin se pose comme "je" dans sa tentative d'être remis au monde» (Lanctôt, 1977, p. 60), réduisant la marge entre la narration de fiction et la description du réel. Cette incursion dans les genres littéraires s'est révélée par ailleurs très instructive; elle a permis de mesurer combien aléatoires et circonstanciels peuvent être les critères de dénomination du genre littéraire. Témoin ce livre de Gabrielle Poulin, *Cogne la caboche*, publié en 1979 avec la mention «Récit» et réédité en 1990 sous l'appellation «Roman».

Quoi qu'il en soit, les quelque deux cents œuvres qui composent ce corpus offrent un éventail satisfaisant, susceptible en tout cas de démontrer la complexité de l'ironie au féminin, ses rouages et ses astuces, et surtout sa *différence*.

PREMIÈRE PARTIE

Outil, pacte de lecture et rhétorique

CHAPITRE PREMIER

Vers une maîtrise de l'outil

Tous les ironologues[1] s'accordent pour dire que l'ironie, afin de mériter ce nom, doit essentiellement contenir une part d'ambiguïté. C'est une «des figures par lesquelles on fait prendre à un mot une signification qui n'est pas précisément la signification propre de ce mot» (Du Marsais, cité dans Angenot, 1979, p. 214); il y a donc, dans l'ironie, un écart entre ce qui est dit et ce que l'on veut faire entendre. Cet écart, paradoxalement, resserre les liens entre l'auteure et son lecteur; celui-ci doit, en effet, s'en remettre à ce qu'il connaît de l'auteure pour comprendre où elle l'amène, pour arriver à saisir l'ironie dont elle infiltre le texte. Détournement de sens par excellence, l'ironie est donc une entreprise risquée: c'est sans doute la raison qui a poussé les auteures du corpus à manipuler cet outil d'abord avec parcimonie, précaution et réticence même.

L'ironie explicite

Les traces de cette hésitation à user d'ironie se lisent par exemple chez les auteures dans le recours à une ironie dite *explicite*, c'est-à-dire qui s'affiche comme telle, que l'on prend soin de *nommer*. Cette option élimine pour le lecteur la nécessité de se livrer à «un "calcul interprétatif" toujours plus ou moins sujet à caution» (Kerbrat-Orecchioni, 1986, p. 39), et permet d'établir avec précision les «circonstances de l'énonciation»

1. «Ce terme, utilisé pour la première fois de façon ironique par Wayne C. Booth dans *Carleton Miscellany* (1961), est à présent, ironiquement, utilisé sans ironie.» (Muecke, 1978, p. 478.) Comme quoi, lorsqu'on manipule un outil aussi subversif que l'ironie, on se fait attraper au détour...

(Ducrot, 1970, p. 91). Mais cette décision de lever l'«ambiguïté» ou l'«ambivalence essentielle» à l'ironie (Muecke, 1978, p. 480), qui oriente la lecture et l'interprétation du texte, ne prive-t-elle pas le lecteur de la satisfaction d'avoir bien saisi l'ironie? De toute évidence, «rien n'est plus nuisible au style ironique que cette indication (si chiffrée qu'elle puisse être): attention, je vais devenir ironique» (Allemann, 1978, p. 393).

En annonçant ainsi leur couleur, les auteures trahissent en quelque sorte leur peur de ne pas être lues correctement. Cependant, l'ironie *explicite* compense cette perte du défi de lecture par l'intérêt qu'elle présente dans l'analyse du développement du phénomène de l'écriture ironique, au féminin plus particulièrement. C'est par elle, semble-t-il, que les auteures ont pressenti le potentiel que recèle cet instrument rhétorique comme moyen de dénonciation ou, plus simplement, comme procédé stylistique. En d'autres termes, les auteures, avant de devenir elles-mêmes des ironistes, c'est-à-dire avant de pratiquer l'ironie, ont d'abord été *témoins* de leur propre ironie; dans ce grand souci d'être bien comprises, elles ont mis dans la bouche de leurs personnages ou inscrit à même la narration des passages qui leur permettent d'expliquer au lecteur les définitions et les connotations qu'elles accolent à ce mot. Le très large éventail des citations qui contiennent le terme «ironie» donne la mesure de la complexité des intentions des auteures.

Ainsi, de nombreux passages se rapportent à la perception de «l'ironie du sort». À travers cette expression consacrée, les auteures expriment leur impuissance devant les incongruités de la vie et leur frustration d'être le jouet des événements. Cette «ironie de choses, ironie extérieure et supérieure à l'individu, [cette] ironie objective» (Brunschvicg, cité dans Muecke, 1978, p. 480) se teinte souvent d'une mélancolie devant l'incapacité de changer le cours des événements. Dans le roman *Cancer* d'Anne Bernard, par exemple, Xavier, médecin lui-même atteint d'un cancer, est allé visiter une patiente:

> – Une de mes mères-célibataires... Tentative de suicide. [...]
>
> Ironie de la vie. Ceux qui voudraient vivre sont condamnés à mort. On oblige à vivre ceux qui veulent mourir. (Bernard, 1967, p. 71.)

Dans *Heureusement qu'il y a les fleurs* de Minou Petrowski, l'héroïne, qui cherche un sens à son existence, part pour San Francisco où elle rencontre des gens nouveaux: «Quelqu'un proposa une boîte, comble d'ironie, ça s'appelait "The Looser".» (Petrowski, 1970, p. 93.) Quelle déveine, semble suggérer l'auteure, pour quelqu'un qui veut recommencer sa vie! Dans *Aldébaran ou la Fleur*, la narratrice insiste sur le non-sens de la situation dans laquelle elle se trouve: «C'est tout de même ironique. Nous sommes sur le bord du Saint-Laurent, Constant est allé à la pêche toute la journée et nous mangeons des sardines en boîte.» (Lamirande, 1968, p. 105.)

De telles incongruités provoquent chez les protagonistes le sentiment désagréable de voir les événements échapper à leur contrôle, d'être bernés tout bonnement par la vie. Si cette référence récurrente à l'ironie du sort apparaît de prime abord comme un certain constat d'échec, Bourgeois (1974, p. 31) y voit plutôt une étape bénéfique dans la perception de soi-même et du monde, un «détachement, [une] prise de conscience de l'absurdité du monde tel qu'il se présente immédiatement à nous, et [une] volonté de rechercher une explication satisfaisante». Une invitation, en définitive, à relativiser les aléas de l'existence et à reprendre possession de son destin.

Il n'y a donc pas de révolte ici, non plus que cette agressivité que l'on associe volontiers à l'ironie. Pas encore, devrais-je dire. Car l'ironie explicite offre aussi aux auteures l'occasion de *tester* les multiples degrés de cette arme, dans une «gamme qui va du rire dédaigneux au petit sourire caché» (Hutcheon, 1981, p. 148). Par les situations dans lesquelles elles placent les personnages, par la cruauté de certaines répliques, les auteures montrent qu'elles savent sortir leurs griffes et régler des comptes. Les quelques exemples qui suivent illustreront la *mécanique*, si l'on peut dire, de l'ironie explicite, qui indique toujours précisément l'intention de l'auteure.

Dans *Rue Sherbrooke Ouest*, la femme qui entend son jeune amant lui faire ses adieux: «"Je m'en vais Thérèse"», accueille ainsi ses mots de rupture: «"Pour aller où?" Un sourire ironique déforme [les] lèvres [de la femme].» (Parizeau, 1967, p. 106.) La femme pourvoyeuse éprouve du mépris pour l'homme qu'elle sait matériellement démuni mais pressé de quitter cette existence fausse devenue intolérable. L'ironie demeure sans effet, car l'homme met bientôt sa menace à exécution. L'incrédulité de la maîtresse face à l'aveu d'un départ imminent fait place à la volonté d'écraser le déserteur. Dans un mouvement spontané, l'ironie se retourne bientôt contre celle qui en use, et l'amant méprisé se venge: «Mon sourire devient ironique. Je sais très bien que Thérèse est malheureuse et cela m'amuse.» (*Ibid.*, p. 135.) L'ironie est alors un instrument d'affrontement qui annonce une déroute et une rupture.

On assiste en effet quelquefois à de véritables guerres d'usure entre deux protagonistes. *Les Oranges d'Israël* en donnent à lire l'un des exemples les plus insoutenables. Le titre, déjà, fait référence à une façon arabe d'éplucher les oranges selon laquelle on peut enlever toute la pelure sans la briser. C'est exactement ce que fait Michelle Guérin avec ses personnages. Elle décortique leurs états d'âme, met à nu leurs faiblesses, tout en les faisant apparaître invulnérables les uns aux autres dans une trame romanesque qui se résume à peu près ainsi: pour empêcher que son mari Paul n'aille vive avec Édith, sa très jeune maîtresse, Claire, la femme légitime, décide d'inviter sa rivale à partager le toit conjugal. Il s'ensuit évidemment de nombreux affrontements dont voici deux extraits propres à démontrer l'attitude triomphaliste d'Édith:

> – Inutile, je suppose, de vous questionner sur le sujet de cette conversation? déclara [Édith], ironique. (Guérin, 1972, p. 8.)

> – Alors la petite inquisition continue?
> Le ton était d'une ironie agressive. (Guérin, 1972, p. 104.)

La jeune fille est convaincue de sa supériorité sur l'épouse. Sans cesse, elle la provoque, quelquefois avec l'aide du mari; les deux amants vont jusqu'à interrompre le souper familial pour aller faire l'amour à l'étage supérieur. Victime d'une décision qu'elle croyait la moins mauvaise dans les circonstances, Claire voit alterner en elle les moments où elle espère reconquérir son mari et les périodes de dépression; la jeune rivale épuise les minces réserves de sa confiance en elle et la réduit à un état d'infériorité. La conclusion du roman, la disparition d'Édith qui se sauve de l'hôpital après avoir accouché d'un enfant mort-né, incite à penser que l'ironie affichée par la jeune maîtresse devant Claire était en fait une victoire bien temporaire et trompeuse. Son départ laisse face à face deux époux brisés qui doivent réapprendre à vivre ensemble.

Cette idée d'affrontement par l'ironie se cristallise encore davantage dans le roman *La Cage,* de Claudette Lawrence, qui met en présence une secrétaire déterminée à séduire son patron, le premier ministre: «"Nous vivons dans un monde passionnant, n'est-ce pas?" ajouta-t-elle avec ironie, [...] elle le confrontait.» (Lawrence, 1978, p. 78.) La débâcle du personnage féminin, dans ce roman peu connu, suit une progression intéressante. Manœuvrant au début simplement pour le plaisir de se faire désirer, la secrétaire use de ses charmes et de techniques tout à fait efficaces. Puis, se sentant coincée dans le piège de l'amour, elle change un peu la tactique et opte pour «une ironie féroce, plutôt désespérée» (*ibid.*, p. 120). Plus loin, sentant qu'elle perd peu à peu le contrôle de la situation malgré ses efforts, elle module la teneur de son ironie. En voyant une photo de famille du premier ministre, elle se *choisit* une attitude: «"Mes félicitations. Vous avez une très belle famille", reprit-elle en se servant de son sourire mystérieux, mi-ironique, mi-indifférent.» (*Ibid.*, p. 147.)

L'indifférence est feinte, bien entendu, et la formulation «se servant de son sourire mystérieux» laisse entendre que la secrétaire a scrupuleusement sélectionné, parmi un éventail de sourires et de gestes qui composent sa «garde-robe» de séduction, le type de comportement susceptible de la conduire à la victoire. La conclusion du roman, soit la mort du premier ministre dévoré symboliquement par des loups, nous montre pourtant le demi-échec de la femme, qui sort vivante de l'aventure mais dépossédée de l'amour. Le critique André Vanasse a dit de cette œuvre qu'elle était «la verbalisation d'un phantasme que les féministes vont s'empresser de dénoncer: celui de la femme prise par le mâle comme simple objet d'assouvissement sexuel» (cité dans Hamel et autres, 1989, p. 826). On pourrait plutôt y voir un personnage qui *s'offre* comme partenaire strictement sexuel. La secrétaire a cru éviter de devenir amoureuse grâce à l'ironie qu'elle maintient dans ses rapports avec le premier ministre. Cependant, «l'ironie n'est pas maîtresse d'elle-même; feignant la supériorité de l'esprit, elle engage l'affectivité» (Lambotte, 1984, p. 110). Prise dans ses propres filets, la femme voit cette ironie d'abord offensive se transformer en rempart contre l'attachement imprévu qu'elle sent grandir pour l'homme; le roman, par ailleurs, laisse soupçonner que le premier ministre a vu lui aussi se modifier ses sentiments envers la secrétaire. L'intérêt de *La Cage*, en définitive, vient de l'exploitation de l'ironie, poussée à son maximum, comme technique de séduction. L'issue défavorable laisse entrevoir le danger et la vanité de cette méthode de conquête. Car l'ironie est ici une lame à double tranchant. Derrière la volonté d'exercer un pouvoir sur autrui se cache la peur de perdre la face: le personnage «attaque, agresse, dénonce, vise une cible» (Kerbrat-Orecchioni, 1978, p. 11), et cet assaut constitue «précisément ce qui aide à vivre, ce qui permet, en société, de "paraître", d'avoir un moi extérieur inattaquable» (Bourgeois, 1974, p. 91).

On le constate, les auteures ont une conscience aiguë des pouvoirs de l'ironie: pouvoir d'attaque ou de défense selon le cas, pouvoir d'imposer une volonté, pouvoir de tenir l'autre à sa merci. Mais ce pouvoir comporte des risques, risques qui sont plus grands, il faut bien le dire, lorsqu'il est exercé (usurpé?) par les femmes. Claire de Lamirande, dans son premier roman *Aldébaran ou la Fleur*, avait déjà soupçonné la dimension de la «généricité» inhérente à l'ironie des femmes: «Pourquoi, demande Philippe, les femmes sont-elles toujours ironiques? L'ironie tue. C'est une arme dont il ne faut pas se servir.» (Lamirande, 1968, p. 63.) Plus loin dans ce même roman, la menace de mort se déplace et vient planer au-dessus du personnage féminin qui affronte Constant: «Il la regarde bien. Qu'il n'y ait pas d'ironie dans ses yeux! Ou il la tue.» (*Ibid.*, p. 75.) Symboliquement, le potentiel d'agressivité contenu dans ces phrases dénote la peur que ressentent, face à l'ironie au féminin, des hommes peu habitués à ce renversement des rapports d'autorité.

De fait, l'ironie des femmes est un pouvoir nouveau en littérature. Pas nécessairement triomphante, elle demeure quand même une forme de rempart bénéfique contre autrui, comme l'indique cet extrait des *Nuits de l'Underground*, dans lequel les femmes, en trop grand nombre dans un bar, savent que les policiers vont venir leur intimer l'ordre de quitter les lieux par mesure de sécurité:

> Lali avait l'habitude de voir soudain apparaître, vers les deux heures du matin, ces policiers civilement déguisés qui, l'épais cigare aux lèvres, se promenaient à la manière de sournois chasseurs parmi les filles, qui, pour eux, ne représentaient qu'un misérable gibier [...]. Car une femme enlaçant une autre femme avait pour eux un double prix [...].
>
> Les filles assises battaient des mains sur leurs tables car, avec l'éclairage du néon, toute autre musique avait cessé: ce qui devait étonner ces hommes envoyés là en mission, pensait Geneviève (en mission d'hommes dévalisant la vie privée de toutes ces femmes), n'était-ce pas l'ironie sans pitié, la lucidité pénétrante aussi, de tous ces regards, qui, en un seul bouclier se dressant contre eux, les dénudaient soudain de tous leurs masques virils, et les montraient tels qu'ils étaient dans le livide éclairage, des hommes, peut-être, mais si vulgaires que dans leur instinct de torture bénigne, la honte, l'avilissement qu'ils avaient voulu provoquer retournaient [*sic*] contre eux, et qu'ils étaient, eux, les larves avilies de cette virilité qui perdait là toute dignité, tout respect pour elle-même sous le regard enflammé de cette centaine de jeunes femmes en colère? (Blais, 1977, p. 182-183.)

L'ironie affichée n'empêche pas les policiers d'accomplir leur travail; cependant, même muette, elle fait comprendre aux hommes que leur mépris est superflu. Grâce à la puissance du nombre, les jeunes femmes se servent de l'ironie comme d'un miroir qui renvoie aux agents l'image dégradante qu'ils ont d'elles. Le renversement est intéressant, parce qu'il transforme l'apparente défaite des femmes en une victoire morale sur les forces de l'ordre en plus de redonner une dignité aux perdantes dans ce combat gagné d'avance par le pouvoir.

Quelquefois l'ironie devient synonyme d'indulgence et donne l'occasion de dédramatiser une situation, de se moquer doucement des autres et de soi. Elle correspond alors à ce que Jankelevitch (1964, p. 185) nomme l'«ironie humoresque», parce qu'on trouve, dans cette forme d'ironie, «une finesse de plus que dans l'ironie vitupérante». C'est, dit-il, ce que «Schopenhauer appelle le "double contre-point de l'ironie"», reflétant à la fois le désir de faire passer un message et la volonté de ne pas détruire l'autre. Subsiste pourtant un paradoxe dans cette ironie qui cherche la complicité plus que l'affrontement: «L'ironie humoresque, poursuit Jankelevitch, est toujours humble à quelque degré; [...] au fond l'humour a un faible pour ce qu'il raille – et pourtant il raille.» (*Ibid.*, p. 184-185.) Si la fusion entre ironie humoresque et humour présente quelque risque au chapitre de la subversion, il faut tenir compte de la dualité de l'ironie indulgente: «principe d'entente», selon Jankelevitch (*ibid.*, p. 184), elle se pose, selon Muecke (1978, p. 486), comme «[conciliante], tolérante, sereine, amusée, charitable, résignée», mais conserve une faculté diffuse de toucher le point sensible de l'autre. À preuve le court extrait suivant:

> Louanne est au bout du fil.
> – Vous n'êtes pas venue au vernissage.
> Elle rit encore. Ironie. Raillerie. Bien-être. (Jacob, 1978, p. 46.)

La juxtaposition des trois substantifs laisse entendre que le contexte n'est pas dramatique: la narratrice, qui a décidé au dernier moment de ne pas se rendre à l'exposition de la trop séduisante Louanne, a tout de même saisi que la peintre n'est pas dupe de sa dérobade et qu'elle se moque de sa timidité, en toute amitié. Il se dégage une impression de *confort*, une connivence agréable, signe que des liens se nouent entre les personnages. De même, les voisins du roman *Les Intrus* se rassemblent pour le plaisir de discuter: «Ils étaient loin les vastes ensembles complexes, les combinaisons, les machinations bureaucratiques. On riait. On éclatait de joyeuse ironie.» (Pétrin, 1979, p. 155.) Aucune menace; rien qu'une manifestation de pur plaisir.

De même, le «je» narrateur mis en scène par Charbonneau-Tissot, femme exaspérée par la vie de famille, porte sur son existence un coup d'œil à la fois critique et attendri; elle s'est fait couler de la cire dans les oreilles pour ne plus entendre les bruits du quotidien. Elle anticipe la réaction orageuse de son mari: «Je songeais soudain avec ironie que ces scènes allaient être pour moi silencieuses.» (Charbonneau-Tissot, 1974, p. 80.) La femme s'apprête à assumer les conséquences de cet acte impulsif; cependant, on ne la sent pas du tout menacée, malgré la précarité de sa situation. Les oreilles bouchées, elle est sourde aux représailles, au sens propre et figuré; son assurance lui permet de se détacher du monde extérieur et de s'observer à distance, avec une moquerie teintée de tendresse.

C'est donc dire que l'ironie peut servir aussi aux auteures à *ménager* leurs personnages, à les excuser ou du moins à les *expliquer* au lecteur. Tel est le cas de Gérald, du roman *Les Militants*, fonctionnaire opportuniste que Parizeau décrit comme un colonisé méprisable, mais qui suscite une sorte d'empathie par la froide lucidité avec laquelle il s'analyse:

Je travaille dans un ministère et parfois j'ai même l'illusion d'assumer des responsabilités importantes.

Il y a de l'ironie dans sa voix et il s'en rend compte. L'ironie demeure pour lui une sorte de bouclier protecteur contre le ridicule. Or il ne veut surtout pas être ridicule. (Parizeau, 1974, p. 70.)

Peur d'être ridicule, volonté d'afficher «un sentiment de parfaite supériorité» (Morier, 1961, p. 217), autodéfense, simple moquerie, impuissance devant le destin: le registre des connotations de l'ironie est très vaste. De cette démonstration cependant se dégage une constatation générale: l'ironie *explicite*, celle que les auteures se sentent tenues de désigner comme telle, fournit la preuve que les femmes en pressentent le pouvoir et la force.

L'ironie marquée

Fortes de cet apprentissage, les auteures se font plus mordantes, plus décidées et optent pour une ironie *marquée*, celle qui se détecte justement grâce à «certains signes de ponctuation qui, entre autres, peuvent marquer une ironie: tirets, points de suspension ou point d'exclamation entre parenthèses» (Allemann, 1978, p. 390[2]). Si cette ironie marquée permet aux auteures d'aller plus loin, elle requiert en même temps une plus grande audace: l'ironie n'est plus seulement une affaire d'interaction entre les personnages, mais une prise de position de l'auteure par protagoniste ou narratrice interposés – question que j'aborderai au prochain chapitre.

Certains signes de ponctuation annoncent l'ironie. Les parenthèses, par exemple, et les guillemets modifient le rythme de lecture et indiquent généralement, dans un texte de facture classique, un commentaire, une confidence ou une précision apportée le plus souvent par la narratrice. L'ironie n'est pas automatique dès que l'on détecte ces signes, on le sait; mais l'attention du lecteur s'en trouve stimulée et il peut, dès lors, constater s'il y a, outre le modalisateur distanciateur, «une expression clairement contradictoire avec la séquence litigieuse, ou plus subtilement, [des] inférences ou [des] sous-entendus que l'on extrait du texte global, et qui viennent sournoisement discréditer l'un des segments [du] texte» (Kerbrat-Orecchioni, 1980, p. 115). L'exemple suivant, tiré d'une nouvelle d'Yvette Naubert dans *Traits et portraits*, illustre ce que l'on entend par inférence dans le texte:

2. Kerbrat-Orecchioni (1980, p. 115) appelle «modalisateur distanciateur ou emphatique» cette marque qui permet au lecteur de capter l'ironie ainsi soulignée.

> Une alliance au doigt d'une femme est une garantie de respectabilité [...] et un témoignage visible qu'un homme a bien voulu lui offrir son nom (même indigne), son cœur (même impur), sa personne (même déchue), une place dans la société (même d'esclave) et que la femme doit s'honorer de ces dons (même si elle doit en pleurer toute sa vie). (Naubert, 1978, p. 113-114.)

La répétition du procédé et le contenu des parenthèses servent à dénigrer l'énoncé qui, autrement, aurait pu être lu au sens littéral. Ici, la respectabilité, le patronyme du mari, son rang social et la sécurité qui découle de cette union constituent en quelque sorte des *présupposés*, c'est-à-dire des informations qui, «sans être ouvertement posées (i.e. sans constituer en principe le véritable objet du message) sont cependant automatiquement entraînées par la formulation de l'énoncé, dans lequel elles se trouvent intrinsèquement inscrites» (Kerbrat-Orecchioni, 1986, p. 25). Ces présupposés se trouvent systématiquement niés par les parenthèses qui émanent d'une narratrice extérieure soucieuse de tourner en dérision un tel discours sur la femme perpétuellement en attente d'un homme pour justifier sa place dans la société.

Nathalie Fontaine est sans conteste l'auteure qui a le plus exploité la parenthèse pour ironiser sur les autres et sur les événements. Constamment, la narratrice intervient hors de la trame narrative pour attirer l'attention du lecteur. Par exemple, lorsqu'elle entend la gardienne s'exclamer: «Après votre départ, le petit dernier a attrapé les oreillons!», elle répond, à l'intention du lecteur: «(Ah, oui? Hé [*sic*] bien ma vieille, si tu savais ce que nous avons attrapé, nous, tu ne te plaindrais pas des oreillons.)» (Fontaine, 1962, p. 106.) À son mari, elle demande, hypocrite: «Tu as reçu de mauvaises nouvelles de ta maman?... (Avec un rien d'espoir dans la voix.)» (*Ibid.*, p. 115.) Le malaise que l'on peut ressentir à lire ce type d'ironie tient sans doute au fait que Fontaine pose la narratrice en victime centrale qui seule détient la vérité et subit l'oppression de tous les autres protagonistes, pour leur part veules, inconsistants ou stupides: même si la victime fait à certains moments de l'auto-ironie pour montrer qu'elle n'est pas dupe de ce qu'elle subit, il reste que l'auteure investit un seul personnage de toute sa sympathie. Il en résulte un roman vaguement narcissique, dans lequel Fontaine tente de démontrer la supériorité du «je» féminin en lui opposant la médiocrité des protagonistes.

Les parenthèses ne sont pas toujours aussi *coupantes*; pas nécessairement destinées à afficher une supériorité de la narratrice, elles constituent quelquefois des clins d'œil amicaux au lecteur. Adrienne Choquette y a recours, à l'occasion, sur le ton de la confidence, comme si elle voulait protéger les protagonistes. Dans l'extrait suivant, Laure Clouet, le personnage éponyme, fait le grand ménage pour exaucer le vœu de sa défunte mère: recevoir à goûter ses vieilles amies pour ne pas rompre la tradition des réunions semestrielles qu'elle avait instaurée et à laquelle elle n'avait jamais manqué. La narratrice observe la scène: «Enfin, les canapés, les *causez-moi*, les mignonnes chaises "du plus pur Louis XV" (fabriquées à Québec, au fond d'une chambre, par un génial filou) furent débarrassés de leurs housses et apparurent, vêtus de brocart et de velours.» (Choquette, 1961, p. 50.) Ici, les guillemets et la parenthèse indiquent au lecteur que la pauvre Laure s'illusionne quelque peu sur la qualité de son mobilier. Mais l'intention n'est manifestement pas de ridiculiser l'héroïne; sympathique, la narratrice accorde à Laure «une minute d'orgueil de caste» (*ibid.*, p. 51), et, respectueuse, elle reste à distance.

Les parenthèses servent aussi à révéler ce que les narratrices pensent d'elles-mêmes. Dans *Non monsieur*, Jovette Bernier les emploie pour s'introduire dans la tête de Puce, comme dans ce passage où Noc, l'infidèle, la prévient de ce qui l'attend s'ils restent ensemble. Le discours de l'amoureux est entrecoupé de commentaires non formulés: «– Il faudra beaucoup m'aimer quand même. (Ce n'était pas une corvée.) Me pardonner beaucoup. (C'était déjà fait.) Me comprendre. (C'était tout vu.)» (Bernier, 1969, p. 83.) Les réflexions que Puce intercale mentalement traduisent, dans le contexte, une certaine auto-ironie, car l'héroïne, très lucide, sait qu'elle va vers son malheur. Elle ne peut résister à Noc et s'avoue que ce sentiment irraisonné lui coûtera bien des peines.

La narratrice journaliste de *Meurtres à blanc* fait preuve d'une lucidité semblable lorsqu'on veut lui confier une mission importante et ultrasecrète: «On me demande de bien vouloir me plier à une tâche difficile mais pas impossible grâce à mes qualifications et compétences (ici, quelques louanges pour m'amadouer bien sûr).» (Villemaire, 1986, p. 29.) Gabrielle Poulin, dans *Cogne la caboche*, utilise un procédé similaire: les parenthèses donnent accès à la conscience de l'héroïne, Rachel, maintenant sœur Anna-des-Anges, au moment où elle rencontre la mère supérieure pour lui faire part de ses doutes quant à sa vocation. Voici le «monologue» de la supérieure qui s'adresse à une Rachel en apparence soumise mais silencieusement ironique:

> (Tendre:) Il me semble que vous êtes un peu pâle. [...] (Généreuse:) Demandez un tonique à l'infirmière. [...] (Compréhensive:) Je sais que vous faites votre possible. (Ici, il faudrait verser quelques larmes[...]) (Rien ne lui échappe)... (Poulin, 1979, p. 78.)

Les parenthèses agissent comme un compte rendu synchronique des états de perception successifs de Rachel qui voit combien la supérieure a l'habitude de ces remises en question et peut prévoir avec assurance les fluctuations de ses états d'âme de jeune religieuse désemparée. Programmée, dirait-on, la supérieure joue sur une gamme d'émotions comme en témoigne la succession de qualificatifs.

Le trait d'union, quant à lui, permet de segmenter le discours pour accentuer la dérision souhaitée par celui ou celle qui le tient. Dans *Le Sentier de la louve*, la narratrice retrouve enfants et mari après avoir fait un séjour à l'hôpital psychiatrique: «Ils ont tous eu droit, je présume, au même sermon avant mon arrivée: être-gentil-avec-elle (moi).» (Guérin, 1973, p. 41.) L'inscription du pronom personnel «moi» entre parenthèses décrit l'état mental de dépossession dans lequel se trouve la convalescente.

Les traits d'union servent aussi à resserrer le texte; ils lient plusieurs mots de façon à former une locution ou un syntagme plus signifiant qui renvoie non plus à un objet mais à un concept plus large; circonstance particulière, état d'âme ou situation personnelle. Ainsi, la narratrice de *Veuillez agréer...* parle de l'héroïne, pour la définir, comme d'une personne qui «aurait normalement dû glisser dans une de ces trois catégories réservées aux femmes-dont-les-enfants-désaffectent-le-foyer» (Mailhot, 1975, p. 27). Plus qu'un simple amalgame de mots, la lexicalisation explique la situation physique et psychologique du personnage... en plus de donner une idée assez précise de son âge.

En fait, toutes les astuces sont bonnes pour marquer l'ironie. Pour Louise Maheux-Forcier, dans *En toutes lettres*, il suffit de renoncer aux espaces entre chaque mot pour donner une idée de l'exaspération que suscite chez son personnage le temps des Fêtes: «Aimezvouslesunsles autres. Soyezpareilsàdepetitsenfants.» (Maheux-Forcier, 1980, p. 275.) Chez Michèle Mailhot, la majuscule met en relief l'esprit communautaire qui commence à peser très lourd sur les frêles épaules de la novice dans *Le Portique*: «[...] je reprise Nos gants, Nos coiffes, Nos bas avec des doigts d'athlète. Dans un sprint, NOTRE bobine de fil roule par terre» (Mailhot, 1967, p. 76). Le dernier possessif, tout en majuscules, dénote aussi l'exagération que se permet la jeune fille pour prendre ses distances par rapport à son devoir de tout partager avec ses «sœurs».

La surenchère peut en effet être une arme efficace pour se moquer d'autrui. Dans le conte «Le scribe», du recueil *La Cérémonie*, la narratrice décrit un professeur en accumulant les précisions dans un style à la mesure de la prétention du personnage concerné: «La Grande Explosion ayant décimé la population [...], l'éminent Professeur Cléophas Drulle, Ph.D. (Hist.), M.A. (Ethn.), M.Sc. (Arch.), J.U.D., D.-ès-L., LL.D., s'ennuyait.» (Thériault, 1978, p. 131.)

En définitive, l'ironie marquée, bien qu'elle exige une plus grande intrépidité des auteures, permet à celles-ci d'explorer les méandres de leur créativité; l'ironie devient alors l'expression d'une liberté, tant du point de vue narratif que du point de vue discursif. Elle constitue la progression logique vers la maîtrise de cet outil: l'ironie *explicite*, d'abord, a démontré qu'à travers elle les femmes ont pressenti le pouvoir du trait, de l'attitude ou de la situation ironique. Elle a aussi permis une prise de contact avec une certaine forme d'agressivité: comme le souligne Grotjahn dans une analyse toujours actuelle, si les femmes en général ne sont pas moins hostiles que les hommes,

> *our contemporary culture brings pressure on them to use different forms of expressing or disguising their hostility. The women of our contemporary scene have to be careful, because any show of aggression, open or disguised, is taken by every man in our competitive culture as a challenge, as a matter of fact, as a sexual challenge, to which he has to rise*[3] (Grotjahn, 1966, p. 37).

Or un examen du corpus entier permet de constater une plus grande récurrence de l'ironie *explicite* dans les œuvres des années soixante comparativement à la décennie suivante[4]: ce détail donne à penser que les femmes se sont d'abord astreintes à sublimer agressivité, colère et frustration pour mieux les investir dans leurs personnages, leurs narratrices ou leur narration, de façon à rester dans les limites du dicible – pour une femme.

Cependant, après avoir exploré les possibilités de l'ironie explicite, les auteures vont l'inscrire dans le texte: elles se mettent, ni plus ni moins, à faire de l'ironie au lieu d'en parler, prenant le risque de n'être pas – ou d'être moins bien – comprises. Le lecteur s'en trouve bousculé: il devra, en effet, abandonner son rôle passif pour devenir partie prenante dans la mesure où il aura à accepter ou à refuser de lire l'ironie et à souscrire ou non au message ironique.

---

3. «notre culture contemporaine exerce des pressions sur les femmes pour qu'elles expriment par d'autres moyens leur hostilité ou pour qu'elles la masquent. Les femmes sur la scène contemporaine se doivent d'être prudentes, car toute manifestation d'agression, ouverte ou déguisée, dans notre culture compétitive, est interprétée par l'homme comme un défi, un défi sexuel en fait, qu'il doit relever».

4. Les pourcentages de répartition sont: 49 % des œuvres de la tranche 1960-1969 contiennent des éléments d'ironie explicite comparativement à 30 % pour celles de la tranche 1970-1980; à l'inverse, 52 % des œuvres de la seconde tranche exploitent l'ironie implicite (rhétorique, constructionnelle, etc.) par rapport à 39 % de celles de la première période.

CHAPITRE II

Le pacte de lecture: le parti pris chromosomique

Quand on traite de l'ironie, aux traditionnelles questions narratologiques «Qui voit?» et «Qui parle?» il faut ajouter «Qui ironise?» Il importe, en effet, de tenir compte du producteur d'ironie, et, plus encore, de son sexe. L'ironie au féminin sera dès lors *chromosomique*, c'est-à-dire décodée en fonction du sexe de l'auteure, un élément paratextuel qui «influence le public [...]» et est «d'une pertinence thématique décisive» (Genette, 1987, p. 41). La lecture obéit à un parti pris qui découle de la conviction, exposée en introduction, que l'écriture au féminin donne à lire une façon typique de voir le monde, engendrée par la similitude des expériences de femmes comme membres d'une même «communauté». Le mot *chromosomique* met l'accent sur le fait que les femmes sont à la fois différentes biologiquement des hommes – ce qui va de soi –, différentes par les déterminismes qui caractérisent leur rapport avec le social et le politique, ce qui renvoie au célèbre «on ne naît pas femme, on le devient» beauvoirien, mais aussi différentes dès la naissance dans la mesure où se présenter au monde fille au lieu de garçon implique, même de nos jours, dans une société qui essaie de niveler les inégalités, une appréhension différente du réel.

Il s'ensuit pour le lecteur une réception du texte elle aussi transformée, car le pacte de lecture qu'il doit alors conclure avec l'auteure va reconnaître la spécificité féminine de l'ironiste. Une telle convention aura de sérieuses conséquences sur l'interprétation des attaques ironiques des auteures. Comment réagira le lecteur, en effet, quand une femme osera tourner en dérision les membres des différentes instances du pouvoir dont il fait peut-être partie? Comment la lectrice recevra-t-elle les flèches ironiques décochées à l'endroit des autres femmes?

Ce pacte de lecture oblige à faire dès le départ une mise au point au sujet des enjeux narratologiques du texte. Les théoriciens s'accordent pour établir une différence entre l'auteure concrète, la *personne*, et l'auteure abstraite – appelée *implicite* par Booth et différente du narrateur – qui est la projection que l'auteure fait d'elle-même et la productrice du monde romanesque qu'elle propose au lecteur; c'est aussi à l'auteure abstraite qu'appartient, selon Lindvelt (1981, p. 17, 27), l'«idéologie de l'œuvre littéraire» et non à l'auteure concrète.

Ainsi, le narrateur mis en scène par l'auteure concrète est une instance filtrée en quelque sorte par l'auteure abstraite, qui lui permet de toucher le lecteur. Le terme narrateur, souligne Booth, «*is usually taken to mean the "I" of a work, but the "I" is seldom if ever identical with the implied image of the artist*[1]» (Booth, 1983, p. 73). Le mot *seldom* («rarement») laisse supposer que l'éventualité d'une correspondance absolue entre le «je» narrateur et l'auteure n'est pas complètement exclue.

Or ces moments de «coïncidences narratologiques», que Genette (1972, p. 205) nomme les «intrusions d'auteur», existent en très grand nombre dans un texte ironique. L'ironiste, par son rôle d'émetteur d'ironie, est tantôt assimilé à l'auteur tantôt au narrateur, car «observateur premier et ironiste dans la personne de l'auteur ou du narrateur se confondent» (Yaari, 1988, p. 20). À l'encontre de Lindvelt (1981, p. 21) qui soutient que l'ironie doit «être mise au compte de l'auteur implicite», Walker (1990, p. 27) abonde dans le sens de Yaari pour insister sur l'*auteure* comme instance d'énonciation d'ironie et mettre en relief la complicité générée par l'ironie entre l'auteure – la *personne* – et le lecteur.

Les auteures deviennent donc par le fait même autant d'ironistes qui, pour paraphraser Booth (1974, p. 139), ne parlent pas simplement d'un sujet donné mais parlent, à travers lui, d'elles-mêmes et du monde[2]. Cette prise de position affecte désormais non seulement la perception du «je» narrateur, mais aussi celle du narrateur extérieur qui, sauf exception, sera considéré non pas comme une instance impersonnelle, un *it* asexué (Bal, 1977, p. 31), mais comme une instance qui, si abstraite soit-elle, «voit» et «parle» au féminin; bref, le narrateur sera désigné par le mot *narratrice*.

---

1. «est habituellement utilisé pour désigner le "je" d'une œuvre, mais ce "je" est très rarement sinon jamais identique à l'image implicite de l'artiste».

2. À ce propos, il faut signaler le paradoxe qui se dégage des deux ouvrages de Wayne Booth. Dans *The Rhetoric of Fiction* (1983), l'auteur prend grand soin d'établir la différence entre auteur implicite et auteur explicite. Dans *A Rhetoric of Irony* (1975) publié postérieurement, il traite de l'auteur qui, par l'utilisation de l'ironie, devient évidemment ironiste, annulant les nuances entre l'auteur réel et le producteur de texte fictif qu'il s'est employé à définir dans l'ouvrage précédent.

La très grande récurrence du «je» comme angle narratif dans les œuvres justifie aussi la décision d'éliminer l'écart entre l'ironiste et l'auteure et de parler strictement de narratrice en évinçant le masculin censément neutre. Ce «je» n'est pas le résultat du hasard dans la mesure où l'on constate, dans l'écriture au féminin, «l'interdépendance et l'influence réciproque de la littérature et de la vie quotidienne et réelle» (Lequin, 1979, p. 115). Les femmes, selon Lucie Lequin, «puisent dans leur être même leur écriture et leurs fictions» et «témoignent de leur vécu, de leur histoire presque toujours tue, du non-dit[3]» (*ibid.*). Les femmes qui privilégient le «je» féminin de surcroît contribuent ainsi à faciliter dans l'esprit du lecteur l'osmose auteure-narratrice[4].

En outre, l'ironie dans l'écriture au féminin, étant le fait d'une femme, doit être lue sous cet éclairage précis. Sans cesse, le lecteur devra «reconstruire» le sens ironique du texte pour s'assurer qu'il en comprend adéquatement les enjeux, surtout dans certains passages qui impliqueront «un rejet du sens donné» et nécessiteront «la construction d'un sens plus acceptable» (Yaari, 1988, p. 21) pour un texte produit par une femme.

La récupération des mots

La lecture *chromosomique* de l'ironie au féminin englobe certains aspects importants de l'écriture féminine: la récupération des mots, par exemple, ou l'appropriation du langage, qui permet aux auteures «de se dire "en femme" avec un nouvel élan». Il s'agit pour les femmes, à travers

3. Cette correspondance très serrée entre réel et fiction a d'ailleurs donné lieu à des collections spécifiques – comme la collection «Réelles» aux Éditions Quinze – qui publiaient des textes de femmes issus de leur réalité quotidienne.

4. Il faut dire que, si ce choix est prévisible chez les auteures, il est aussi considéré comme allant de soi par le lecteur. Témoin ce large extrait de la postface d'André Vanasse à la réédition du roman de Claire de Lamirande, *Le Grand Élixir*: «J'ai mis un certain temps à accepter que le héros narrateur soit un homme. Il me semblait qu'il y aurait une sorte de parasitage entre l'auteur (une femme) et le personnage dans lequel elle s'investissait le plus (un homme). J'attendais la faille qui m'aurait fait dire: "Ah! le voilà l'élément qui trahit et révèle la femme qui se cache derrière lui." Une sorte de ridicule croyance me laissait entendre que Claire de Lamirande referait, malgré elle, surface dans le texte, annulant du même coup la crédibilité du personnage. J'avoue m'être trompé [...]. Il n'en demeure pas moins que cette permutation intrigue. Pourquoi un homme comme porte-parole de l'auteur au lieu d'une femme? [...] il faut admettre que le thème du livre, celui du pouvoir et de la révolte contre l'autorité, justifie en quelque sorte le choix d'un personnage masculin. J'entends d'ici les hauts cris des féministes.» (Vanasse, dans Lamirande, 1980 b, p. [268].) Même si Vanasse précise sa pensée en mentionnant que la lutte des femmes au moment de la première parution, en 1969, n'était pas encore tout à fait amorcée, son intervention trahit une réticence manifeste à admettre que les femmes puissent «sortir» de leur monde pour essayer de le voir avec les yeux de l'«autre».

«la contestation langagière» (Lequin, 1979, p. 114), de redonner un sens nouveau à certains mots à connotation péjorative, employés pour désigner les femmes, ou de créer des néologismes pour se désigner elles-mêmes et nommer leurs luttes[5].

Cette réappropriation passe aussi par l'utilisation de mots vulgaires rarement associés au langage féminin. Vulgarité, obscénité et grivoiserie sont étroitement liées et constituent en général l'apanage des hommes. Freud s'est longuement arrêté sur ce sujet; on préférera à sa définition de la grivoiserie l'explication que donne Sarah Kofman, car elle illustre combien la femme est exclue de ce discours:

> La grivoiserie est l'équivalent d'une tentative de séduction: qu'elle soit faite par un homme s'adressant à une femme [...], Freud le tient pour évident. Comme si un homme ne pouvait par ce biais chercher à séduire un autre homme (il n'aurait pas besoin d'user pudiquement de ce détour), ni une femme un homme (car, c'est bien connu, c'est toujours l'homme qui doit avoir l'initiative de l'agression), ni une femme une autre femme, cas à peine envisageable, tant la «grivoiserie» semble être une affaire d'hommes. (Kofman, 1986, p. 171.)

Ainsi les femmes seraient-elles rarement grivoises, du moins en public. Peu habituées à manier ce type de vocabulaire qui sert le plus souvent à les dénigrer – sous le couvert de la séduction –, elles l'inscrivent très épisodiquement dans leur littérature. Certaines féministes, Denise Boucher, Nicole Brossard, Louky Bersianik surtout, ont revendiqué l'emploi de mots tabous, comme «cul, viarge, chier, fesse», pour «détruire le stéréotype du langage féminin» (Lequin, 1979, p. 114[6]). Cette «démarche» sémantique ne va pas cependant jusqu'à la grivoiserie selon le sens donné plus haut, car elle ne vise pas à «agresser» le lecteur verbalement, mais bien à lui faire comprendre que les femmes ne posent plus de limites à leur registre d'expression.

Dans le roman *Flore Cocon* de Suzanne Jacob, par exemple, le recours aux mots vulgaires met en relief le côté ludique du texte et donne à penser que l'auteure emploie ces mots avec une distance qui moque

---

5. Des exemples fournis par Lucie Lequin (1979, p. 114): écrivaine, sororité, phallocrate, sexisme.

6. Il faudrait peut-être ajouter le préjugé concernant la femme présentée comme un être «pur» incapable de proférer ou d'entendre des «saletés». Éric Blondel dit à ce propos: «Cochonnerie: qualificatif préféré des personnes du sexe pour rejeter les allusions gauloises ou épicées. Il est vrai [...] que donner la vie [...] fait si mal à ce lieu de la vie qu'on n'est pas tentée d'en reparler par gaudisserie. Ou serait-ce un exemple du manque d'humour?» (Blondel, 1988, p. 48.)

l'utilisation de ces mêmes termes par les hommes: «On se défend avec ce qu'on peut, c'est-à-dire avec sa panoplie de tautologies qui se réduisent à une seule: "Une plotte est une plotte", ou à cette autre qui est la même: "Dieu est Dieu".» Plus loin, on lit encore: «Elle ouvrait sa fente, sa boîte aux lettres, sa craque de dépôt de nuit [...]. Détente. Respirez. Haletez. En chienne. Éjarrée.» (Jacob, 1978, p. 64, 121.)

L'auteure reprend à son profit des mots comme «chienne», «plotte» ou «craque» pour les reconnoter, c'est-à-dire qu'elle les récupère dans l'éventail des insultes des hommes, les dépouille de leur caractère négatif pour en faire des termes positifs en les auto-ironisant et en contrefaisant le discours des hommes. Autrement dit, ces phrases écrites par des hommes auraient été jugées sexistes et dégradantes mais, issues d'une auteure, elles doivent être lues et interprétées différemment. Même récupération chez Michèle Mailhot: «Des femmes alignées comme du bétail: "Nous ressemblons à des vaches, des vaches sacrées, mais des vaches quand même".» (Mailhot, 1972, p. 43.) Le qualificatif «sacrées» atténue la charge péjorative du mot «vache» tout en auto-ironisant la comparaison avec le bovidé[7]. L'ironie, dans cet extrait, est tout entière contenue dans le «quand même», signe que le personnage ne peut, malgré tout, échapper à la comparaison.

Le recours aux termes vulgaires ou sexuellement connotés est une des nombreuses manifestations de l'audace grandissante des femmes en ironie. Reprenant la vulgarité à leur compte, elles en annulent le potentiel dévalorisant et l'asservissent. C'est, à échelle réduite, une illustration du fonctionnement de toute leur ironie: renverser le sens, pour montrer jusqu'où elles peuvent aller...

L'auto-ironie: les déterminismes de la condition féminine

«Toute ironie sur soi est humour», dit Elgozy (1979, p. 20). La personne qui se choisit comme cible semble en effet atténuer le côté tranchant de l'ironie pure par son refus de viser l'autre; mais, dans un mouvement circulaire, elle décoche «des flèches empoisonnées d'accusation [...] dont la plus meurtrière est toujours dirigée contre la poitrine [de l'accusateur lui-même]» (Stora-Sandor, 1984, p. 225),

7. Jovette Marchessault (1980) a aussi récupéré, sans faire d'ironie cependant, le mot vache dans «Les vaches de nuit»; une autre réappropriation d'une désignation péjorative se lit dans *La Saga des poules mouillées* où elle fait dire à un personnage féminin: «Ma mère était une maudite belle pièce de viande!», obligeant le lecteur à faire une autre lecture, pas nécessairement ironique, de l'association femme-viande faite en général par les hommes.

restituant à l'ironie son pouvoir implicite de destruction qui nie l'indulgence de l'humour. D'où le terme d'auto-ironie qui exclut toute velléité de se ménager soi-même comme cible.

L'auto-ironie se définit donc avant tout par la spécificité de la *cible* de l'ironie, soit l'ironiste elle-même. Les auteures proposent des personnages qui s'évaluent sévèrement et adoptent une «attitude automutilatrice» (Stora-Sandor, 1984, p. 153); ces «je» scrutent leurs moindres défauts et se servent de l'ironie pour transmettre leur tyrannique lucidité. Même adolescente, la narratrice du roman *Chez les termites* emploie ce procédé pour montrer qu'elle n'est pas dupe de sa propre naïveté face à son jeune copain: «Il collait son nez au mien et disait "t'as quatre yeux". Je prenais ça pour une déclaration d'amour.» (Ouellette-Michalska, 1975, p. 49.) Dans la nouvelle «Kif-kif» de Louise Maheux-Forcier, la narratrice déplore le manque de perspicacité dont elle faisait preuve à l'adolescence: «J'ai longtemps cru chancelant d'amour et bafouillant de timide tendresse les amants qui s'appuyaient sur moi pour traverser la rue et qui devenaient bègues en fin de soirée.» (Maheux-Forcier, 1980, p. 129.)

L'auto-ironie fait voir la difficulté des femmes à trouver leur place dans la société: «On lui fait le piédestal le plus haut possible pour qu'elle n'en puisse descendre qu'au risque de se casser les reins.» (Mailhot, 1975, p. 123.) Cette remarque, aux antipodes de la célébration romantique de la féminité, indique la lassitude des femmes – celle de Mailhot en tout cas; pragmatiques, elles souhaitent participer activement à la vie et non pas en être spectatrices, juchées sur leur «vénérable» socle.

L'auto-ironie des femmes apparaît tantôt individuelle, tantôt collective: individuelle lorsqu'elle raille le «je» uniquement, collective lorsqu'elle englobe, à travers un personnage ou une situation, toutes les femmes qui partagent la même «communauté de destin» (Stora-Sandor, 1984, p. 21). Souvent, ces deux volets se confondent. Hélène Ouvrard, par exemple, par quelques «modèles» d'échecs féminins, résume le désenchantement des femmes à l'aube de la maturité:

> Quel cataclysme est donc passé, entre leurs vingt et leurs trente ans [...]? Celle qui se voulait pianiste se retrouve ménagère. La comédienne est devenue danseuse topless [...]. Celle qui se voulait médecin a épousé le médecin. La future avocate était mère à dix-huit ans. La téléphoniste a payé les études de son mari, ingénieur. (Ouvrard, 1977, p. 66.)

Sont ainsi dépeints en cinq tableaux les dilemmes les plus courants auxquels les femmes doivent faire face et dans lesquels les lectrices surtout sont à même de se reconnaître: illusions perdues pour la danseuse qui pratique un autre type de théâtre que celui dont elle rêvait, études interrompues par une grossesse imprévue, renoncement à une carrière pour le bénéfice de la carrière de l'autre. Le temps presse les femmes de tous côtés; quelquefois, l'auto-ironie reste leur seul refuge: «Ils m'assurent tous qu'il serait temps que je me case tu vieillis les chairs ramollissent les seins tombent.» (Amyot, 1978, p. 93.)

La dégradation physique touche plus durement les femmes que les hommes et amène Monique Bosco à reprendre à son compte une expression utilisée par les hommes surtout: «Henriette avait encore de "beaux restes" comme "ils" disaient.» (Bosco, 1965, p. 8[8].) Sitôt terni l'éclat éphémère de leur jeunesse, les femmes sont évincées par leurs cadettes. Ouvrard ironise sur cette pression supplémentaire subie par ses semblables:

> Il y aura toujours des femmes pour vous attendre. Et de plus en plus jeunes à mesure que vous vieillirez. Vingt ans de différence ne vous font pas peur. [...] Mais on a trois ans de plus que vous et on croirait à vous entendre que c'est une génération. (Ouvrard, 1977, p. 131-132.)

Les narratrices s'attaquent aussi aux fonctions convenues qu'elles remplissent et aux caractéristiques de leur féminité: leur auto-ironie témoigne de la distance qu'elles prennent par rapport à certains déterminismes de leur condition de femmes. Elles dénoncent, par exemple, l'idée reçue selon laquelle la femme est avant tout une ménagère. «Ce matin», dit la narratrice du roman *Le Plat de lentilles*, «je suis normale. Je joue à la ménagère.» (Ouellette-Michalska, 1979, p. 75.) L'utilisation du verbe jouer indique une réticence à assumer un rôle «naturellement» dévolu.

La narratrice extérieure de *Veuillez agréer...* se moque des attentes de Judith, la protagoniste, convaincue de pouvoir rallier son ex-mari aux tâches domestiques: «Et par quelle aberration Judith [...] a-t-elle eu l'inconscience de croire qu'il pouvait assumer d'emblée un rôle pour lequel elle, Judith, avait été préparée pendant des millénaires?» (Mailhot, 1975, p. 121.) Cette responsabilité encombrante à laquelle les femmes voudraient bien échapper se révèle même dans le regard que les narratrices posent sur elles-mêmes: «Je suis une tache de graisse sur les murs de mon logis. [...] je ne vaux même pas l'eau du robinet.» (Michel,

8. Le ton général du roman *Les Infusoires* de Monique Bosco incite toutefois à la prudence dans le décodage de l'ironie. Dans cette œuvre, l'auteure campe d'une façon particulièrement dure son personnage féminin principal; cet indice permet de douter de l'évidence ironique de la citation et laisse croire que Monique Bosco pense ce qu'elle dit. Cependant, la décision de maintenir une lecture de l'ironie est motivée par l'emploi des guillemets qui mettent en relief le «ils» étranger et dissocient la narratrice du propos.

1978, p. 7.) Elles se fondent tout simplement dans leur univers de ménagère: «Revenons à notre coulage-lessivage de l'ère prémécanique où chaque femme dans son foyer pouvait dire fièrement: La machine, c'est moi!» (Fontaine, 1964, p. 24.)

Les narratrices se moquent aussi beaucoup des clichés concernant la «Femme» et, par extension, de ceux qui les perpétuent : «Tu déclares que nous (les dames) menons une vie plus naturelle. Cela tiendrait à notre cerveau simplet?» (Maillet, 1977, p. 189), s'enquiert Salomé, simulant la naïveté auprès d'un amoureux plus âgé avide de profiter de la situation. Même candeur trafiquée chez Marie-Claire Blais qui met ces paroles dans la bouche de la narratrice, au sujet des menstruations: «J'imagine que c'est tout ce qu'on mérite à cause d'Ève qui a désobéi dans le paradis terrestre.» (Blais, 1970, p. 101.)

La narratrice de *Je me veux* résume très succinctement les obstacles de la vie d'une femme dans une auto-ironie antiphrastique qui dérive de la tension entre toutes ces «misères» et son faux désarroi d'avoir échappé à ces vicissitudes:

> Aucune expérience discriminatoire ne m'a bouleversée. Je n'ai connu ni la maternité, ni l'avortement, ni le divorce, ni le salaire inférieur, ni les difficultés de garderie. Bref, je ne me sens pas tellement femme. (Lamarche, 1976, p. 83.)

Même lorsqu'elle occupe un poste important, la femme se sent quelquefois flouée ou prise à son propre piège. Dans *Le Chemin des dames*, par exemple, une femme vient de prouver à son employeur admiratif qu'elle méritait bien sa promotion en abattant en un après-midi la même somme de travail que ses collègues masculins en deux jours. La narratrice extérieure a vite fait d'ironiser sur la vaine performance: «Cette admiration provoquée si péniblement se transformait en condamnation définitive. Elle venait de s'obliger à travailler à perpétuité au-delà de ses forces et de son intention.» (Ferron, 1977, p. 94.)

Ferron avait perçu, dès 1977, le danger du «double standard» qui guette les femmes au travail les obligeant à se muter en «super-woman», c'est-à-dire à travailler quatre fois plus que leurs pairs masculins pour mériter une reconnaissance et un salaire égaux en plus d'assumer les tâches ménagères qui leur incombent toujours. Dans cette nouvelle en particulier, l'auteure incite la lectrice, plus que le lecteur semble-t-il, à réfléchir sur sa conception du travail, puisque la femme, d'après Ferron, paie très cher son droit d'exercer un métier.

L'autonomie et l'indépendance des femmes sont aussi souvent les objets de l'ironie. Les auteures ont beaucoup à redire sur le sort réservé à celles qui manifestent des velléités d'autonomie. D'abord, Hélène Ouvrard:

> Quand on est la femme de personne, on devient vite la femme de tout le monde en ce sens qu'il se trouve toujours quelque œuvre à ses débuts [...] qui ne peut survivre sans le don que quelques femmes lui font d'elles-mêmes. C'est ça. On donne sa vie mais le peu qu'on garde nous est reproché. (Ouvrard, 1977, p. 119.)

La femme devrait être toute dévouée à autrui pour préserver la considération de son entourage, semble suggérer cet extrait. En fait, on lui accorde rarement le droit d'exister et d'agir pour elle-même. La protagoniste de *Veuillez agréer...* de Michèle Mailhot, qui décide de s'accorder un répit, se voit railler par le supérieur à qui elle demande un peu de temps pour réaliser des projets personnels: «Le délégué s'inquiétait: ambitieuse alors? Surtout pas: en stage de récupération de forces spirituelles. Il n'y avait donc rien à craindre puisque cette sorte d'enthousiasme ne menaçait plus personne ici.» (Mailhot, 1975, p. 32.)

Celle qui choisit d'assumer seule ses aspirations et de réaliser ses rêves éveille les soupçons; on croit ses entreprises vouées à l'échec. «Qu'est-ce que cette chose jetée dans le noir, la peur, la puanteur, la turpitude humaine? Une femme libre!» (Mailhot, 1975, p. 120), s'écrie l'auteure qui, retranchée derrière la narratrice extérieure, peut de cette façon ironiser par l'exagération sur le caractère marginal de la femme qui souhaite être maîtresse de son destin.

Tout comme le droit au travail, l'autonomie est coûteuse pour la célibataire aux prises avec les préjugés de son entourage, ceux des hommes surtout, comme le laisse entendre Mailhot au sujet de cette nouvelle divorcée:

> Elle est vraiment la partenaire idéale pour les coucheries vite faites que, bien entendu, elle est censée appeler de toutes ses forces puisqu'elle ne peut pas vivre comme ça, sans homme, elle qui a déjà connu la merveille. (Mailhot, 1975, p. 127.)

La femme, selon une autre idée reçue, ne peut vivre heureuse sans homme. La narratrice de *L'Herbe et le varech*, dans une situation similaire, se voit contrainte au mensonge pour préserver son indépendance sentimentale: «Je lui ai dit que j'en aimais un autre [...]. Le jour n'est pas encore venu où une femme pourra se passer d'agiter un homme comme paravent.» (Ouvrard, 1977, p. 125-126.)

À l'opposé de ce personnage se trouve la narratrice de *Ce qu'il faut de regrets* qui, enceinte de son deuxième enfant et trompée par son mari, s'observe avec une tristesse près du désespoir: «Je jetai autour de moi un regard désabusé. J'étais vêtue d'une robe "maternité"; l'homme que j'aimais en aimait une autre, et pour éviter de pleurer, j'avais fait du ménage pendant toute la matinée.» (Saint-Onge, 1961, p. 52.)

Témoin démuni de l'adultère de son mari, la jeune femme essaie de maintenir une distance auto-ironique par rapport aux événements, mais n'arrive pas à dissimuler sa détresse. Au bord de la dépression, elle invente des scénarios et des manigances entre l'infidèle et sa maîtresse:

> Ça viendra dans sa prochaine lettre, probablement. Je vois d'ici: «Mon amour, j'ai besoin de ta présence plus que de n'importe quoi au monde, mais à cause de l'état de découragement dans lequel ma femme se trouve en ce moment, il nous faut attendre pour nous revoir.» Et elle, sentant sa victoire prochaine, de répondre généreusement: «Je te comprends, mon chéri. J'attendrai aussi longtemps qu'il faudra.»
>
> Et dire qu'il s'agit de moi! (Saint-Onge, 1961, p. 68.)

Dans le désarroi conjugal de la narratrice transparaît aussi tout l'abattement d'une femme privée de son unique raison de vivre. Désœuvrée, la femme se raccroche à son quotidien de ménagère, symbole ultime de son aliénation mais, en même temps, seule planche de salut:

> À défaut d'être heureux, ou même nécessaire à quelqu'un (ce qui est encore trop demander, apparemment), on peut toujours être utile: pour cela, il suffit d'accomplir, au jour le jour, la montagne de besognes qui vous attend, en évitant, autant que possible, de regarder en arrière ou en avant. Ce rôle, si vous finissez par vous en contenter (j'y suis encore assez mal résignée), personne au monde ne peut vous l'arracher. (Saint-Onge, 1961, p. 131.)

La fonction conative qui marque cet extrait – l'utilisation du vous de désignation – laisse entendre que la narratrice recommande sans conviction aux femmes qui partagent le même sort de s'abîmer dans le travail ménager pour oublier leur peine. Son analyse impitoyable de la situation indique qu'elle est parfaitement consciente du chemin à parcourir pour retrouver sa sérénité.

Cette absence de compassion révèle une détermination à surmonter les obstacles: même empreinte d'une envahissante nostalgie, l'auto-ironie constitue, jusqu'à un certain point, un indice de santé. Les narratrices qui recourent à l'auto-ironie semblent se dire: «Comment ai-je pu tomber si bas?» Chaque trait ironique qu'elles décochent dans leur propre direction annonce, d'une certaine façon, qu'on ne les y reprendra pas. À la fois constat d'une incongruité et appel au changement, l'ironie sur soi – «*the self deprecation*[9]» (Barreca, 1991) – reste empreinte d'une empathie, quelquefois désillusionnée, pour le sujet (elles-mêmes) dont elles se moquent.

L'ironie d'exclusion: les parias féminins

Un tel élan disparaît lorsque l'ironie sert non plus à marquer la distance, mais à la *conserver* par rapport à la cible. Cette ironie, dite d'exclusion, prend autrui à partie et en fait «un étranger dévalué» (Olbrechts-Tyteca, 1974, p. 13). Elle isole un personnage de façon à rallier le lecteur contre ce paria: l'auteure crée ainsi une complicité entre les protagonistes de son texte et le lecteur qui rejettent, ensemble, le personnage cible.

L'ironie d'exclusion, dirigée contre les femmes, constitue pour l'auteure une façon de se dissocier du personnage féminin et de critiquer certains de ses comportements. Elle met en évidence son peu d'estime pour la cible visée et donne à lire comment elle perçoit certaines de ses «consœurs». Dans *Paroles et musique*, par exemple, on décrit des lieux peuplés «de femelles honnêtes et attendrissantes, perchées sur des talons aiguilles, corsetées de satin fuchsia, gantées jusqu'à l'âme et la bouche en cœur» ou de «femmes gracieuses et sveltes, devenues monstrueuses d'enflure» (Maheux-Forcier, 1973, p. 39, 66).

Malgré la présence du mot «attendrissantes» qui semble exprimer une lointaine sympathie, on sent à l'endroit de ces femmes une volonté de bien maintenir la distance entre l'auteure et ce type de figurantes. La narratrice du roman *Le Dernier Coup de fil* raille ainsi une femme, D..., «dont la pensée et l'œuvre littéraire ne dépassent pas beaucoup son cercle de tricot...» (Leblanc, 1965, p. 61); une autre décrit une honnête femme en des termes peu flatteurs: «une dinde qui marche, fascinée par l'idée qu'elle se fait de son honneur» (Hébert, 1970, p. 9).

Les narratrices ironisent aussi sur les agissements des femmes en levant le voile sur des pensées ou des actions peu glorieuses: «Berthe qui n'aimait pas Nicole, prétendait qu'elle était de la catégorie des femmes atteintes d'un virus inguérissable: la rage de plaire.» (Saint-Onge, 1963, p. 46.) La mesquinerie et le calcul sont aussi dénoncés par Naubert: «Il eût été maladroit de s'entourer de laiderons; les femmes étaient jolies mais Judith pouvait sourire sans crainte.» (Naubert, 1967, p. 98.) Maillet se moque d'une coquetterie typiquement féminine: «Elle pleure de façon ravissante [...], l'art de pleurer bellement, beaucoup exercé devant le miroir.» (Maillet, 1972, p. 155.)

9. «l'auto-dénigrement».

D'autres auteures mettent en relief des attitudes de «camouflage», c'est-à-dire des gestes faits pour sauver les apparences ou pour détourner les soupçons. Remarquons que l'ironie, dans les cas suivants, a justement pour but de rétablir les faits aux yeux du lecteur à l'insu des personnages visés. Alice Parizeau, dans *Les Militants*, n'est pas très tendre pour les bourgeoises désœuvrées. De Jenifer, elle dit: «Elle passera à l'hôpital pour voir la vieille cousine Betty. Ensuite elle se sentira meilleure et au-dessus de tout reproche.» (Parizeau, 1974, p. 190.) Parlant des amies de cette protagoniste, Parizeau poursuit: «Elles commandent trois steaks, parce que Frances fait attention à sa ligne, et une salade d'endives, parce que cela démontre qu'elles ont beaucoup voyagé.» (*Ibid.*, p. 172.)

Enfin, dans le même registre, il faut lire ce passage de *Flore Cocon* comme une tentative de démasquer la volonté réelle et cachée de certaines femmes:

> «Flore Cocon, c'est une exaltée», concluait doctement et avec mépris la présidente d'une assemblée de femmes qui discutaient ce jour-là des moyens à prendre pour faire face à une récente pénurie de vrais mâles, «mâles» étant pris ici dans son acception la plus anachronique de chasseur sachant dompter sa proie, ce qui, nul ne l'ignore, est souvent extrêmement rentable pour la proie. (Jacob, 1978, p. 12.)

L'ironie étale au grand jour les motivations peu reluisantes des femmes, peu importe leur condition sociale; Jeanne Ferny, bourgeoise soumise à un mari qu'elle n'aime pas et qui profite des seuls avantages matériels que peut lui procurer sa situation, pense, sous la plume acérée de Claire Martin: «Une femme a toujours besoin de tant de choses, il faut bien filer doux.» (Martin, 1962, p. 30.) Ces derniers extraits, qui diffèrent tant par le ton que par le style, opèrent tous les deux un rapprochement ironique entre compromis conjugal et prostitution: la femme adopte le comportement souhaité et retire ensuite les bénéfices de sa docilité.

Ce type d'ironie d'exclusion est assez rare, cependant, dans le présent corpus; il vise, à travers le personnage féminin, à dénoncer le manque d'authenticité de la femme ciblée et son désir de passer pour ce qu'elle n'est pas, comme si les auteures, à la recherche de leur véritable identité, devenaient subitement plus sensibles – allergiques même! – à tout ce qui touche au mensonge, à la tricherie et au faux-semblant. Dans ces quelques occasions, elles se détachent de leur appartenance à la collectivité féminine pour rejoindre l'ironiste «universel», celui «qui voit, dont la lorgnette est assez puissante pour voir le décor et les coulisses», et dont le rôle «consiste à dévoiler ce mal, et à refuser le mensonge vital» (Bourgeois, 1974, p. 81).

Par une voie différente, l'ironie qui relève d'une stratégie illocutoire atteint le même but; quand l'auteure met dans la bouche d'un personnage féminin des paroles lourdes de sous-entendus contre les femmes, le lecteur se voit obligé d'opérer une reconstruction et de *décider* que l'auteure ne peut avoir écrit le passage sans ironie (Booth, 1975, p. 19).

Dans les exemples qui suivent, cependant, l'ironie revêt un caractère particulier, car elle démontre que l'auteure ne «veut pas trop se lier au héros [et à l'héroïne] et moins encore tout lui subordonner dans le livre. L'indifférence peut aller au point de se changer en ironie contre le héros» (Bourgeois, 1974, p. 95). Madame d'Argenti, dans *Une liaison parisienne*, ne recueille sûrement pas l'adhésion du lecteur en prononçant ces paroles: «Quel scandale n'est-ce pas, pour une histoire de pamphlet contre les Juifs, est-ce qu'on n'a pas le droit de haïr qui l'on veut?» (Blais, 1975, p. 137.) De même, dans *Le Sourd dans la ville*, la femme qui lance la phrase suivante à la défense d'un ami s'attire l'opprobre: «Ils l'ont pris pour une affaire de viol, une fillette de cinq ans tuée dans les bois... [...] qui c'est qui a envie de coucher avec une personne de cinq ans, de nos jours?» (Blais, 1979, p. 95.)

Dans les œuvres, nombreuses, qui constituent le corpus, il apparaît que l'ironie pratiquée par les auteures aux dépens des personnages féminins – qu'il faut bien différencier de l'auto-ironie – représente une infime fraction de tous les traits ironiques répertoriés. Cette faible proportion peut être imputable au fait que, même dans la production la plus récente des femmes, subsistent quelques thèmes que l'on préfère esquiver; Louky Bersianik, en entrevue, mentionne qu'il «existe des sujets tabous dans l'écriture féministe d'aujourd'hui. Par exemple, la rivalité entre les femmes, l'inimitié, la jalousie entre elles.» (Gould, 1984, p. 138.) Cette réticence révèle-t-elle une volonté de ne pas nuire à la nouvelle «image» de la femme? Traditionnellement, en effet, la société se plaisait à présenter les femmes comme d'éternelles rivales incapables de solidarité; peut-être les auteures répugnent-elles à reproduire ces stéréotypes[10].

Les boucs émissaires masculins

Si l'ironie d'exclusion écorche bien au passage certains types de femmes, elle s'attaque beaucoup plus souvent aux hommes. Et dans sa

10. Si l'on observe l'année de publication des œuvres qui offrent l'ironie d'exclusion des parias féminins, on constate que rares sont les nouvelles ou romans écrits après 1974, soit après la vague féministe qui a entraîné une prise de conscience collective susceptible de rapprocher les femmes plutôt que de les diviser.

façon de reprendre, en les travestissant, les principaux énoncés du discours de l'homme sur la femme, l'ironie fait œuvre de «plurilinguisme[11]», au sens bakhtinien du terme, en proposant une lecture du texte qui va dépister «une stylisation, habituellement parodique, du langage propre aux genres, aux professions et autres strates du langage [...] parfois coupée par un discours direct de l'auteur (généralement pathétique, sentimental ou idyllique), qui traduit directement (sans réfraction) sa vision du monde et ses jugements de valeur» (Bakhtine, 1978, p. 122-123).

Ainsi le discours machiste s'appropriera les intonations de la «voix de l'opinion publique», c'est-à-dire «l'attitude verbale normale d'un certain milieu social à l'égard des êtres et des choses» (Bakhtine, 1978, p. 123), le mot «normal» étant à prendre ici au sens de *convenu, habituel.* Par un procédé que l'on nommera aussi le «transfert illocutoire ironique», les auteures vont prêter à certains personnages masculins des paroles sexistes, misogynes ou simplement paternalistes pour dénoncer, à travers ces boucs émissaires, les attitudes de mépris, de condescendance ou de supériorité qu'adoptent quelquefois les hommes à l'égard des femmes.

Une fois de plus, le *parti pris chromosomique* joue un rôle essentiel dans la lecture puisqu'il incite le lecteur à tenir compte du fait que l'auteure est une femme pour détecter et apprécier l'ironie. Car si la voix de l'opinion publique n'a pas de sexe en principe, dans ce cas-ci elle semble relever beaucoup plus du discours dominant, donc masculin, que d'une parole neutre. Plus que jamais alors, le lecteur doit confronter ce qu'il lit à ce qu'il connaît ou croit connaître de l'auteure pour constater la flagrance de l'ironie qui surgit du conflit entre le propos et l'auteure.

Ainsi, le lecteur ne peut lire au premier degré ces lignes de Claire de Lamirande qui prête à Philippe les paroles suivantes:

> La femme est la servante de l'homme [...]. Comment un homme de cinquante ans, s'il n'est pas un abruti, peut-il se contenter d'une femme de cinquante ans? À cinquante ans, un homme est à son milieu, une femme à son déclin. (Lamirande, 1968, p. 107.)

Il ne peut non plus prendre au sens littéral l'extrait suivant: «Parce qu'elle vieillit plus vite, un homme ne devrait pas épouser une femme de son âge... Ma mère avait onze ans de moins que mon père et ils étaient très heureux...» (Blondeau, 1980, p. 84.) Dans les deux cas, l'ironie des auteures est d'une infinie tristesse, car elle s'appuie sur des préjugés tenaces.

11. On trouvera une démonstration concrète et beaucoup plus approfondie de ce moyen stylistique au chapitre XI, consacré à Marie-Claire Blais.

Certaines répliques masculines se passent tout simplement de commentaires; la charge dépréciative en est tellement exagérée qu'elle condamne aussitôt celui qui la prononce. Tel est le cas pour Julien, dans *Vivre! Vivre!*, qui s'arroge le droit de dire impunément: «Vous, mes sœurs, animaux inférieurs de la création...» (Blais, 1969, p. 136.) Marie-Claire Blais, par ailleurs, est une des auteures qui a le plus abondamment employé cette technique ironique du transfert illocutoire. Dans *Un Joualonais, sa joualonie*, les exemples sont légion. Max parlera en ces termes d'un assassin: «J'ai un bonhomme à interviewer, quelqu'un de *remarquable* qui a eu l'*audace* de tuer sa femme.» (Blais, 1973, p. 39; c'est moi qui souligne.) Un peu plus loin, dans le même roman: «– Et ta femme, elle est revenue? – Non, Christ, c'est une saloperie, je fais même le nettoyage et le battage de mes tapis, tout seul!» (*Ibid.*, p. 41.)

Les personnages masculins répugnent à constater qu'ils perdent leur pouvoir sur les femmes et le contrôle des situations. L'agacement manifeste du patron de la protagoniste, dans la nouvelle «L'avancement» (Madeleine Ferron), en est une bonne illustration; dans ce passage, la narratrice vient révéler au lecteur une pensée secrète empreinte de mépris que le patron essaie tant bien que mal de dissimuler à son employée:

> – [...] Vous êtes promue, mademoiselle Bellerose, au poste d'inspecteur...
> Ou inspectrice... se demanda-t-il, étonné de n'avoir pas prévu ce détail et agacé d'avoir à en décider sur-le-champ. Inspectrice? Pourquoi féminiser son titre puisqu'elle veut se conduire en homme? [...]
>
> – Excusez-moi de trouver cette nomination un peu surprenante, ajouta-t-il, onctueux.
>
> Révoltante était le mot qui avait jailli des profondeurs de son inconscient. (Ferron, 1977, p. 86.)

Les personnages masculins acceptent mal la compétition féminine dans un domaine, le marché du travail, qui a longtemps été leur chasse gardée. Ils tentent de minimiser l'ampleur des répercussions de tels changements en faisant preuve de mauvaise foi. Ainsi Charles, qui observe ses collègues chercheurs: «Les femmes sont plus nombreuses que d'habitude. Quelques-unes sont de vraies savantes, possédant une réputation internationale. Mais je voudrais les connaître au lit, seul vrai critère de la compétence féminine.» (Naubert, 1972 b, p. 112.) Cette «compétence» spécifique des femmes devient un enjeu économique et trouve un écho chez Ouvrard; un protagoniste se lamente: «[Ma femme] ne me rapporte pas assez [...] en rapport avec tout ce que j'ai investi en elle [...]. Elle ne veut même plus faire l'amour convenablement.» (Ouvrard, 1973, p. 84.)

Un sentiment de supériorité que rien ne saurait entamer habite tous ces personnages. Ils possèdent une femme, au sens le plus matérialiste du terme, et la considèrent comme une propriété à «entretenir». Même le mari cocu de *L'Insoumise* ne pourrait imaginer un écart de conduite de la part de sa femme: «Madeleine est une femme fidèle, elle ne peut pas me tromper. Elle est trop faible.» (Blais, 1966, p. 68.) L'ironie crée alors une complicité avec le lecteur à l'insu du protagoniste et ridiculise sa tranquille assurance.

À travers ces hommes et leurs propos, les auteures cherchent à récupérer par l'ironie une forme de discours dépréciatif qu'elles utilisent ensuite comme instrument de dérision. Edgar, du roman *Les Funambules*, parle en ces termes:

> La mère est le dépotoir de tous les complexes, les désenchantements, le bordel, l'urinoir public; elle a tous les vices alors qu'on ne la choisit pas et, selon certains spécialistes, il faut attendre sa mort pour être délivré d'elle. (Blondeau, 1980, p. 199.)

Les mots sont soigneusement choisis pour faire ressortir la répulsion qu'inspire la mère à son fils. Ce qualificatif de rebut social que l'on attribue à la femme est repris dans *L'Euguélionne*: «FEMME, ton devoir est de retourner au stade anal infantile car ton rôle est d'évacuer les déchets de l'Humanité.» (Bersianik, 1976, p. 222.) Manifestement, la femme est perçue comme une calamité; le personnage de *La Solitude inachevée* résume ainsi la pensée de plusieurs: «Mais ça se voit que Dieu n'a pas de femme. Parce que s'il en avait une, il nous en ferait pas prendre.» (Dunlop-Hébert, 1976, p. 62.)

À part le sentiment de supériorité, la répulsion et l'agacement qu'éprouvent les protagonistes à l'endroit des femmes, on trouve aussi beaucoup de marques d'une condescendance qui, si anodine soit-elle, contribue à faire percevoir les hommes comme des êtres essentiellement paternalistes qui regardent leurs compagnes du haut de leur expérience. Un personnage dira «de son ton le plus supérieur» que «la femme est à nos yeux une éternelle mineure que nous devons d'abord protéger d'elle-même» (Ouvrard, 1977, p. 74), exprimant ainsi la conviction que les femmes ne peuvent aspirer à l'autonomie.

Le désir d'indépendance des femmes agace beaucoup les personnages masculins. Papillon, protagoniste sur qui ironise Blais, choisit la voie de l'aveuglement volontaire: «Ma femme n'est pas une infidèle-née, non, il s'agit ici d'un acte de révolte purement intellectuel, après tout, elle ne désire qu'une chose: son autonomie, donc ce n'est pas bien sérieux.»

(Blais, 1973, p. 73.) En fait, toutes les revendications des femmes sont prises à la légère, comme en témoigne, chez Ouvrard, la réaction du policier qui reçoit la lettre de démission d'une jeune fille protestant contre l'unilinguisme pratiqué à son lieu de travail: «De quoi se plaint-elle? [...] Ça vient d'une femme, évidemment! Quel âge? Dix-huit ans... Ah! bon, tout s'explique (soupir). Dans quelques années, elle aura appris les vertus du silence.» (Ouvrard, 1977, p. 143.) L'intention antiphrastique du dernier segment est manifeste, pour une lectrice à tout le moins, et incite les femmes à ne plus se taire.

Le transfert ironique illocutoire permet aussi à Lise Lacasse, dans «Viril» – nouvelle au titre des plus évocateurs – de mettre en relief l'esprit borné du protagoniste, gérant de magasin, veuf depuis peu, dont les remarques trahissent des préjugés très répandus:

> Marier le gérant du magasin, c'est attirant pour une fille sans instruction. [...] [Les vendeuses] sont bonnes qu'à rire et à jaser [...]. Je travaille pas là en attendant de me marier, moi. [...] Pour une femme, la maternité c'est bien important. Au fond y'ont rien que ça dans la vie. [...] Tant qu'à y être, [ma femme] aurait pu traîner les enfants l'autre bord avec elle. [...] Des vieilles filles en mal de se marier, ça doit bien exister. Je suis encore bel homme. [...] J'connais la vie maintenant. J'ai plus d'illusions. L'amour, la vie à deux, c'est une invention de femme pour avoir des enfants. (Lacasse, 1977, p. 44 et *passim*.)

De ces courts extraits se dégagent plusieurs clichés du discours traditionnel des hommes sur les femmes: leur besoin irrépressible de se marier pour la sécurité qu'apporte le mariage, leur envie incontournable de la maternité, leur perception trop romantique de l'amour. Le ton du monologue et sa charge ironique laissent percer le mépris de l'auteure pour cette perception limitée de la nature féminine.

Pierre, du roman *Les Intrus,* fait preuve d'une fatuité semblable lorsqu'il part à la conquête d'une femme. Sa stratégie personnelle consiste à dire à sa «proie» qu'elle a du tempérament: «Les femmes, pensa-t-il, acceptent toujours cette remarque comme un compliment. Sarah Bernhardt avait du tempérament. [...] La remarque prend» (Pétrin, 1979, p. 186), conclut-il, convaincu de voir la femme succomber à son charme. Tout comme Lacasse, Pétrin dépeint des personnages masculins enlisés dans une vision déphasée des femmes; ils adoptent par conséquent une attitude aussi stéréotypée dans leurs rapports avec l'autre sexe. Le bouc émissaire constitue une façon pour l'auteure de donner à lire ce qu'elle pense que l'homme pense de la femme. Méthode narrative efficace, elle n'est pourtant pas sans risque: si l'auto-dénigrement est bien toléré, puisqu'il n'engage pas la sensibilité du lecteur, le déplacement du «tir» vers les hommes va sans doute bousculer la lecture en faisant découvrir des auteures mordantes, même méchantes. Comment réagir à une telle causticité, surtout lorsqu'elle provient des femmes? C'est là tout l'enjeu du pacte de lecture.

CHAPITRE III

L'ironie rhétorique

Le pacte de lecture qui s'établit entre le lecteur et le texte oblige à une prise en compte du féminin de l'ironie, c'est-à-dire de la «généricité» des flèches ironiques décochées par les auteures: la résistance qu'elles opposent à des situations qu'elles jugent inacceptables ou l'intérêt qu'elles accordent à certaines incongruités de l'existence s'en trouvent aussitôt connotés et lus comme spécifiques. Même l'ironie rhétorique porte, jusqu'à un certain point, les marques du féminin; bien sûr, les auteures n'ont pas réinventer l'outil, mais elles s'en servent différemment, faisant jaillir des jeux de mots, par exemple, dans le quotidien de leurs préoccupations ou établissant des comparaisons qui ramènent leur objet dans la sphère discrète du privé.

L'ironie rhétorique, *implicite* cette fois, sera virtuellement contenue dans une proposition, un fait, sans être formellement exprimée; elle bénéficie «à la fois de l'efficacité de la parole et de l'innocence du silence» (Ducrot, 1972, p. 12). L'auteure s'octroie de cette façon la liberté de disposer de «modes d'expression implicite, [permettant] de laisser entendre sans encourir la responsabilité d'avoir dit» (*ibid.*, p. 6) et d'exiger du lecteur un travail d'interprétation. En fait, pour paraphraser Paul Grice, l'ironie *explicite*, celle qui s'affiche, c'est «*to tell something*»; l'ironie *implicite*, celle qui se cache, c'est «*to get someone to think something*[1]» (cité dans Kerbrat-Orecchioni, 1986, p. 21).

1. «dire quelque chose», «amener quelqu'un à penser à quelque chose».

L'antiphrase

L'antiphrase apparaît souvent comme le procédé par excellence de l'ironie; Morier en fait même un synonyme (dans Dupriez, 1980, p. 56). Cependant, la plupart des théoriciens ne vont pas aussi loin – car «il y a des ironies sans antiphrase» (*ibid.*) – et la définissent, à l'instar de Kerbrat-Orecchioni (1977, p. 134), comme une façon d'ironiser, de «dire le "contraire de ce qu'on veut faire entendre" et non "dire le contraire de ce qu'on pense"». Celui qui formule l'antiphrase signifie à son interlocuteur qu'il profère un mensonge; il incombe à l'autre, dès lors, de percevoir la vérité derrière ce mensonge:

> Mais y a mangé des amandes tantôt. Y voulait pas de yogourt parce qu'il dit qu'il mange pas des affaires qui font de l'humus ou du mucus, quèque chose de même. Parce qu'il fait de l'asthme. Je dis: vraiment, il a toutes les qualités! (Villemaire, 1980, p. 152.)

Dans ce roman de Villemaire, *La Vie en prose*, la narratrice se moque du nouvel ami de Solange en des termes qui démentent sa véritable opinion: l'énumération des exigences alimentaires et de la maladie du jeune homme, suivie d'une remarque en apparence laudative, se transforme aussitôt en une condamnation ironique.

Cette citation est à l'image de la très grande majorité des assertions qui reposent sur l'antiphrase: l'auteure «prépare» le lecteur en situant les personnages, l'événement ou la réflexion du protagoniste, dans un contexte assez neutre, voire anecdotique, pour ensuite faire jaillir l'élément qui, par son opposition à ce contexte, crée le choc propre à révéler la contradiction. L'auteure cherche à surprendre le lecteur mais, en même temps, amorce le propos, le gonfle, l'exagère, de façon que l'ironie, même implicite, soit incontournable. L'antiphrase se cristallise par une *chute* finale qui renverse l'énoncé en annonçant sa véritable intention.

Par exemple, dans *La Survie* de Suzanne Jacob, la narratrice qui attend le retour de son amant censé lui rapporter un cadeau de son voyage se dit:

> Ça va être un pull de laine, ma langue au chat. Ça ne peut pas être autre chose parce qu'à chaque fois qu'il va en Angleterre, sa femme et son fils et sa fille et son autre fille lui demandent des pulls de laine. Ça me rappelle mon père quand il retournait en tous sens la boîte plate et longue avant de l'ouvrir et qu'il disait «ce n'est sûrement pas une cravate». (Jacob, 1979, p. 45.)

La supposition du père devant le cadeau rituel vient se calquer en fragment analeptique sur la similarité de la situation vécue par la narratrice. Par père interposé, elle exprime sans le dire la même lassitude devant la prévisibilité de son amant.

Dans *L'Euguélionne* de Bersianik, la jeune et fragile Exil se moque férocement de la vanité des hommes, pressée par l'Euguélionne de raconter la grossesse d'Adam:

> L'ennui étant le père de tous les vices (même à cette époque vierge), Adam ne pouvait s'empêcher d'avoir de mauvaises pensées:
>
> «Quoi, se disait-il à haute voix en lorgnant son "membre". Faut-il que ce membre qui devrait être si fier ne soit appelé qu'à des fonctions vulgaires? Lui qui a la nostalgie des grands espaces, l'attirance du Gouffre: mais où, où trouver le Néant compensatoire à son Être?»
>
> Comme on peut le constater, Adam ne manquait pas de cette gracieuse modestie qui devait plus tard caractériser les descendants de son sexe. (Bersianik, 1976, p. 41.)

L'ironie étant déjà perceptible dans la première partie de la citation – relisons le mot «Néant» associé au sexe féminin –, le potentiel antiphrastique se trouve actualisé par les mots «gracieuse modestie» qui font contraste avec la fierté démesurée qu'Adam éprouve à l'endroit de son «membre». Ici, comme dans la plupart des antiphrases, la rigueur de la mise en place des divers éléments de la narration va en déterminer la force d'impact. Dans *Le Portique* de Michèle Mailhot, on trouve un exemple particulièrement efficace de cette organisation. La jeune fille, entrée en religion, reçoit une première visite de sa famille:

> Ma famille n'est pas d'accord sur les effets bénéfiques de cette réclusion. Maman «Comme tu es maigre!» Yves «Comme tu es jaune!» L'une pleure, l'autre se moque, papa s'en trouve muet. C'est fou ce qu'on s'amuse. (Mailhot, 1967, p. 96.)

Tout contredit le plaisir affirmé en conclusion. D'une rare netteté, l'intention de l'auteure ne laisse aucune place à une mauvaise interprétation. Plus trouble sans doute est le passage qui suit, relevé chez Marie José Thériault:

> Enfin, serein, satisfait, orgueilleux et fier de ce peuple-son-œuvre qui prenait forme, il se laissa vieillir tranquille en regardant, béat, croître et se tourner les pouces une race nouvelle, linéaire, invariable, obtuse et un peu crasseuse, dépourvue d'éléments dits accessoires tels que la curiosité, le goût de la connaissance, le jugement et, bien entendu, la poésie. (Thériault, 1978, p. 138-139.)

La difficulté à repérer sans hésitation l'antiphrase s'explique par le fait que le protagoniste est, d'entrée de jeu, durement raillé. Tout en donnant une description très péjorative du personnage, la narratrice laisse filtrer ses propres convictions: les mots «dits accessoires» introduisent des éléments inintéressants pour le protagoniste, alors qu'on nous suggère combien importants ils sont pour elle. Cette structure narrative accentue la distance entre les deux instances (personnage et narratrice) et la charge ironique que l'auteure destine, par ricochet, à ceux parmi les lecteurs qui mépriseraient les valeurs défendues dans sa fiction.

En d'autres circonstances, le procédé sert à travestir la pensée d'un quelconque interlocuteur pour mieux le ridiculiser:

> J'ai appris aussi une chose terrifiante, dit l'Euguélionne. Il y a trois femmes à la minute qui se font avorter clandestinement en terre française, qui se font donc avorter dans les pires conditions. Et sur ce nombre, dit l'Euguélionne, cinq mille en crèvent [...]. Cinq mille Françaises par an jetées par-dessus bord! C'est ce que vous appelez, je crois, une saine politique de la natalité... (Bersianik, 1976, p. 273-274.)

Le ton naïf de l'Euguélionne, une extraterrestre qui feint l'ébahissement devant les us et coutumes des terriens, permet à la narratrice d'exprimer son opinion sur la barbarie des méthodes françaises en matière d'avortement. L'attitude ingénue de l'Euguélionne ménage, d'une certaine façon, la susceptibilité des gens à qui elle s'adresse en leur donnant l'impression qu'elle cherche vraiment à comprendre les événements terrestres. Le lecteur n'est pas dupe et comprend que, «faux naïf, l'écrivain évoque une valeur admise, sans l'expliciter, et se met en opposition avec elle» (Olbrechts-Tyteca, 1974, p. 41); l'auteure «[feint] la naïveté afin de se servir d'une liberté qui, sinon, ne [lui] serait pas concédée» (Freud, 1988, p. 329). On le constate, les femmes, par l'antiphrase, tirent bien profit de cette liberté afin de nous donner accès à leurs arrière-pensées... pour notre plus grand plaisir.

La comparaison et la métaphore

L'ironie des femmes se dissimule aussi dans certaines comparaisons et métaphores, deux figures de style apparentées. La comparaison, d'abord, s'appuie sur «la mise en parallèle de deux sens par l'intermédiaire de "comme" ou de l'un de ses substituts» (Ducrot et Todorov, 1972, p. 353); c'est, en d'autres termes, une façon de «rapproche[r] deux entités quelconques du même ordre, au regard d'une même action, d'une même qualité» (Dupriez, 1980, p. 121). Quant à la métaphore, plus audacieuse, «le plus élaboré des tropes» selon Dupriez, elle exige une plus grande vigilance du lecteur, car «le passage d'un sens à l'autre a lieu par une opération personnelle fondée sur une impression ou interprétation et celle-ci demande à être trouvée sinon revécue par le lecteur» (*ibid.*, p. 286). La métaphore, «créatrice [...] de relations» (Olbrechts-Tyteca, 1974, p. 307) est en fait reçue en deux temps: la saisie de l'image d'abord, puis son interprétation en fonction du nouveau contexte qu'elle construit. Car elle constitue aussi une invitation à l'«exotisme» selon Ricardou (1980, p. 58), «lorsque cette figure survient dans l'*ici* de ce que l'on est en train de lire – c'est en faisant intervenir un *ailleurs* dont jusqu'à présent [...] on n'avait point parlé».

Force est de remarquer cependant que cet *ailleurs* dont parle Ricardou demeure toujours étroitement lié au quotidien des femmes. L'exotisme, ici, jaillira paradoxalement de ce besoin qu'éprouvent les auteures de retourner dans les lieux ou les rôles qui les définissent traditionnellement pour mieux les subvertir par la comparaison et la métaphore ironiques. Les références au monde scolaire, par exemple, empruntent des voies intéressantes. Catherine, de *Quand j'aurai payé ton visage*, parle en ces termes de son fiancé, avec qui elle doit se marier prochainement: «Je compris qu'il m'avait fixé un temps d'épreuve et que j'avais gagné. J'étais reçue à l'examen. [...] Mais le résultat n'était pas affiché. [...] Je pouvais encore être recalée.» (Martin, 1962, p. 15.) L'appréhension de la future épouse face à l'accueil que lui réservera sa belle-famille est associée à l'angoisse que l'on éprouve dans l'attente du résultat scolaire officiel et évoque aussi la possibilité d'un échec.

Michèle Mailhot inscrit elle aussi dans l'univers scolaire la protagoniste nouvellement divorcée de *Veuillez agréer...* qui essaie de retrouver un peu de jeunesse en prenant des amants; grâce à ces «cours du soir en rattrapage sexuel [...] elle avait atteint la maîtrise ès sens (option émancipation)» sans avoir pour autant développé «le goût de pratiquer par la suite» (Mailhot, 1975, p. 127). Ici encore, la métaphore associe les expériences de l'héroïne et le monde des études. On relève une semblable association chez Paule Saint-Onge. L'épouse de *La Saison de l'inconfort* trompe un mari qu'elle n'aime pas mais qu'elle ne peut se résoudre à quitter. Sa vie conjugale devient vite un fardeau: «Chaque soir, il fallait faire l'amour: j'y mettais une application d'ancienne bonne élève qui ne croit plus tellement au programme mais n'ose pas peiner le professeur.» (Saint-Onge, 1968, p. 51.)

Enfin, Madeleine Ferron décrit en ces termes la souplesse d'adaptation d'une protagoniste, qui s'est trouvé un emploi chez une vieille et riche Anglaise: «J'étais passée du monde de Ste-Thècle à celui de Madame Clark comme aujourd'hui on change de matières à options dans les Facultés des Sciences humaines: sans motivation, mais avec une curiosité paresseuse qui ne requiert pas d'effort personnel.» (Ferron, 1977, p. 83.) Assez récurrentes pour être significatives, ces métaphores «pédagogiques» trahissent une curiosité pour le milieu de l'éducation en général, mais surtout pour un certain rapport de force entre l'étudiante et ce même milieu et entre l'étudiante et le professeur: la crainte d'être «recalée» pour l'une, la désaffection de l'autre participent d'une même ironie face à une institution qui, longtemps, a fermé ses portes aux femmes.

Plus terre-à-terre encore, les métaphores et comparaisons d'ordre culinaire renverseront les rapports symboliques des femmes – et des auteures – à la nourriture: les mères nourricières, les pourvoyeuses vont troquer leur tablier contre une ironie pratiquée en toute gaieté et dirigée contre les victuailles et le lieu de leur préparation.

Dans *La Cohorte fictive*, une femme parle de la maternité, de son ventre en particulier, en ces termes: «Et pourtant ce qui nous manque, c'est de voir ce qui se passe. La castration est visuelle. Autrement dit, on est comme des fournaux [*sic*] qui n'ont pas de vitre sur la porte.» (LaRue, 1979, p. 105.) La cuisine, fief traditionnel des femmes, fournit aux auteures une inspiration intarissable qui jaillit dans les moments les plus inusités. Même la «sainte» novice du *Portique* n'y échappe pas: «Je pense à une mayonnaise qui, vigoureusement agitée, persisterait à rester grumeleuse. Cette image peu charitable m'est inspirée par sœur Jeanne, grosse, rougeaude.» (Mailhot, 1967, p. 11.)

Aussi peu charitable sera cette métaphore relevée dans *En importunant la dame*, que formule la maîtresse impatiente qui vilipende son amant indécis: «Francis, tu es un idiot: un beau fruit mûr t'est offert, et tu le dédaignes. Mange la ratatouille d'Hélène; tu t'en contentes bien, d'ailleurs.» (Guérin, 1978, p. 15.) À elle seule, la consonance particulière du mot «ratatouille» constitue déjà une agression contre l'épouse légitime; l'impression péjorative se trouve ensuite renforcée par l'opposition entre ce mets grossier et le fruit alléchant que représente la maîtresse. L'esthétique des aliments, leur aspect en somme, vient ici s'imposer à la conscience du lecteur qui, devant un tel menu, comprend aussitôt la position défavorable dans laquelle se trouve l'épouse.

En fait, l'élément qui sert à la comparaison trahit la perception que l'auteure a de ce qu'elle lui oppose. Pour Larue, le fourneau est le lieu magique et positif de la création; pour Guérin, l'ordinaire de la nourriture ne suscite que le dédain. Dans le même sens, les métaphores à caractère religieux laissent entrevoir combien «profanes» peuvent être les écrivaines. Ainsi, la phrase «il venait faire ses dévotions» (Paradis, 1979, p. 92) suffit à Paradis pour décrire les moments où le voisin – toujours un peu absent mentalement – vient faire l'amour à la narratrice, alors que, sous la plume de Ferron, la protagoniste du *Baron écarlate* se livre à des calculs pas très orthodoxes: «Ma religion devint une opération bancaire avec profits personnels. Je choisissais les indulgences en conséquence. [...] J'éliminais celles qui rapportaient moins que sept ans et sept quarantaines.» (Ferron, 1971, p. 68.)

Le domaine du théâtre inspire aussi quelques métaphores. Puce, de *Non monsieur*, amoureuse du trop beau Noc, observe le jeu de séduction auquel il s'adonne avec les autres filles: «Après son regard vous déshabillait. Je connaissais le programme du sous-bois comme s'il avait été affiché.» (Bernier, 1969, p. 129.) Puce, on l'aura compris, a déjà vécu l'expérience du sous-bois. La métaphore indique donc à la fois que Puce sait ce qui guette la nouvelle proie et aussi que le jeune garçon, dans un certain sens, est constamment en «représentation» auprès des filles; acteur irrésistible, il ne craint pas de reproduire indéfiniment la même scène avec toutes les candidates prêtes à lui donner la réplique.

La métaphore du spectacle s'inscrit dans un registre plus triste chez Ferron, mais elle demeure aussi piquante: «Les circonstances de la mort de mon père firent de nous des orphelins vedettes. [...] Nous aurions pu, au premier jour de la mise en bière, afficher: complet.» (Ferron, 1971, p. 16.) L'ironie constitue en soi une distance par rapport à notre façon d'appréhender le monde. Longtemps spectatrices d'un théâtre social qui se déroulait sans elles, les femmes en ont retiré un sens aigu de l'observation qui les amène à puiser dans les ressources du quotidien pour créer des effets métaphoriques, ironiques certes, mais par lesquels elles expriment leur colère et leur frustration surtout devant la difficulté des rapports humains où elles ont souvent l'impression d'être d'éternelles perdantes. Témoin la Julie de *La Fin des loups-garous* que son mari s'apprête à abandonner:

> Antoine mit le reste de la nuit à lui expliquer, par écrit, la rente qu'il lui resterait. Il lui offrit aussi des consolations touchantes d'intention mais saugrenues, un peu comme s'il soulignait à un cul-de-jatte la chance qu'il a de n'avoir pas à s'acheter des souliers. (Ferron, 1966 b, p. 179.)

Flouées, les femmes blessées réagissent par la métaphore, comme pour s'exercer à la distance, telle la narratrice de *La Saison de l'inconfort* qui s'exprime ainsi: «Avec mon stock de tendresse avarié par l'angoisse, j'ai peur de ressembler au commis voyageur qui s'entête, avec un sourire de fausse confiance, à offrir au rabais sa pauvre marchandise.» (Saint-Onge, 1968, p. 175.) Mélancolique, l'auto-ironie annonce une détresse profonde que ne connaît pas cette Puce, personnage de *Non monsieur*, dont je parle plus haut, plus gouailleuse et moins dépourvue devant les secousses de l'existence, mais pourtant aux prises avec une peine semblable. Constamment trompée par son amoureux Noc, elle dit en se moquant d'elle-même, après avoir présenté une femme à son ami volage: «À la fin j'étais l'imbécile qui, pour éviter l'orage, s'était placée sous la gouttière» (Bernier, 1969, p. 181), manière élégante d'exprimer l'idée qu'elle cultive l'art de se placer elle-même dans des situations périlleuses.

Tout est dans le recul, cependant, qui permet à Mailhot, par exemple, de parler de la rupture d'un couple en ces termes: «Depuis le deuxième avocat ils ne se rencontraient plus que dans des endroits publics, les gens alentour faisant office de casques bleus.» (Mailhot, 1975, p. 54.) L'image on ne peut plus actuelle qu'évoque cette phrase laisse entrevoir la lourdeur et la lenteur des négociations entre les deux ex-conjoints, ainsi que le climat explosif dans lequel se déroule chacune de leurs rencontres.

Genette (1972, p. 33) fait remarquer qu'il serait quelque peu expéditif de dire que «tout "déplacement de sens" est métaphore». Toutefois, il importe de souligner à quel point, en matière d'ironie, ces déplacements se font au profit de préoccupations pragmatiques étroitement liées à la condition féminine. Le «fil conducteur» de la métaphore qui est, pour Ricœur (1975, p. 161) une «association» d'idées se transforme en une intégration du féminin, dans un rapport étroit entre la fiction et le réel des femmes.

Le jeu de mots

Fascinées par les nouvelles combinaisons sémantiques ou par l'exploitation de la polysémie des termes porteuse d'ironie, les auteures cherchent à procurer au lecteur «le plaisir [du] mot d'esprit [qui] provient du jeu avec les mots ou bien du déchaînement du non-sens» (Freud, 1988, p. 244). Même si «le sens du mot d'esprit a pour seule destination de protéger ce plaisir contre sa suppression par la raison critique» (*ibid.*), force est de constater que sur le plaisir du jeu se greffe le «plaisir» d'écorcher une cible. Farceuses, les femmes? Jamais tout à fait gratuitement; et chacun de leurs jeux de mots devient en fait une flèche ironique d'autant plus subtile qu'elle prête d'abord à sourire.

La jeune novice du *Portique* n'hésite pas à railler le très sérieux Mgr de Laval qui, apparemment, ne se lavait pas souvent: «Ce répugnant ascète s'est fait une ennemie mortelle. Si Frontenac ne pouvait pas le sentir, il y avait de quoi.» (Mailhot, 1967, p. 23.) Plus loin, et dans un autre ordre d'idée: «Cette journée ne touche à l'éternel que par son obstination à ne plus finir.» (*Ibid.*, p. 67.) Plus complexe que le précédent, le jeu de mots reposant sur «éternel» oblige à une acrobatie analytique qui montre ce mot d'abord comme un adjectif signifiant «qui dure toujours» et ensuite comme le nom qui appelle l'au-delà. Enfin, la novice se permet une remarque, anodine de prime abord, mais qui prend chez elle un caractère iconoclaste: «Le Christ guérit par ses plaies la cécité d'une incroyante. Tout le monde a déjà vu ça, sauf l'aveugle en question.» (*Ibid.*, p. 100.)

Le jeu de mots repose sur le «facteur de l'épargne», c'est-à-dire sur une économie «insoupçonnée de l'effort, de la dépense psychique» (Kofman, 1986, p. 137-138). C'est cette apparente facilité qui procure une satisfaction au lecteur; lorsque la tentation du mot léger devient trop forte chez les auteures, elles le placent, comme le fait Mailhot, dans un contexte particulier auquel l'ironie vient ajouter une nouvelle dimension. Ironisant sur les Saintes Écritures, Mailhot échappe de justesse au danger de la blague facile en misant sur l'audace de la recrue, pleine de bonne volonté mais aux prises avec de sérieuses difficultés d'adaptation à la vie de couvent, et prenant plaisir à opposer le sacré au profane.

Nombreuses sont les auteures à avoir tâté du jeu de mots: Jacob en propose un, dans *La Survie*, fondé sur ce que Freud (1988, p. 98-99) nomme le double sens accompagné d'une allusion: «Il essayait de détourner la conversation, mais il manquait de technique. Il faut beaucoup de préparation pour effectuer ce genre de détournement quand il n'y a pas beaucoup de passagers.» (Jacob, 1979, p. 57.) En plus de l'évocation d'un avion pris en otage, le jeu sur le mot «détournement» donne à penser que l'auteure se moque du personnage qui n'a pas beaucoup de succès auprès de ses rares interlocuteurs.

Lamirande offre, dans *Signé de biais*, un autre exemple de jeu de mots reposant cette fois sur «l'utilisation du même matériel avec légère modification» (Freud, 1988, p. 98-99). Il s'agit de deux répliques échangées par la mère et le fils: «– Quand tu seras reçu au barreau, tu m'achèteras une bouteille de champagne. – Quand je ne serai pas reçu au barreau, je vais t'acheter une bouteille de vinaigre.» (Lamirande, 1976, p. 121.) La différence de saveur et de prestige qui sépare champagne et vinaigre traduit le fossé entre le fils, devenu enquêteur, et la mère qui rêvait d'un tout autre avenir pour sa progéniture.

On retrouve aussi, toujours selon les catégories définies par Freud (1988, p. 98-99), deux exemples d'une «utilisation de même matériel avec modification de l'ordre des mots». Dans *Le Salon vert*: «Chez nous, c'était des petits fours avec le thé... Tout le thé d'ailleurs était un vaste four.» (Dumoulin-Tessier, 1980, p. 40.) La polysémie du mot «four» ainsi que l'emploi métonymique du mot «thé» accentuent l'ironie sur la réunion ratée. L'extrait suivant apparaît encore plus étroitement conforme à la catégorie: une narratrice s'occupe des biens d'une veuve morte récemment et doit composer avec «les antiquaires camouflés en amis et les amis transformés en antiquaires» (Ferron, 1977, p. 84). Le renversement sémantique, calqué sur le chiasme, met en relief les amitiés subitement intéressées et l'avidité prompte à se réveiller en tout être.

Les auteures démontrent une grande maîtrise de la «technique du sens multiple, où "le mot *tel qu'il est* et tel qu'il est placé dans la phrase, peut, à la faveur de certaines circonstances, se prêter à différents sens"» (Kofman, 1986, p. 65). Étonnante chez des auteures qu'on n'aurait pas crues plaisantines *a priori*, cette aptitude crée une diversion, oblige à une autre lecture, plus légère. Même Claire Martin s'y est exercée avec bonheur; son personnage Catherine accepte l'invitation d'un homme qui lui demande de le suivre, même si elle est accompagnée de Roger, son amant qu'elle n'aime plus:

> – Allons-nous-en. L'air vous fera du bien. L'air qui me fit du bien, si j'ose dire, ce fut l'air piqué de Roger à qui je négligeai ostensiblement de dire bonsoir. (Martin, 1962, p. 12.)

Le jeu de mots s'associe à un autre procédé que l'on nommera, parce qu'on y joue avec les sens, l'«expression trafiquée». Olbrechts-Tyteca (1974, p. 59) appelle cette technique «création par fusion», car elle nécessite la contraction de plusieurs idées fondues en une seule phrase ou en un seul segment de phrase. Cette citation de Jovette Marchessault, par exemple, traite du temps des Fêtes: «On hissait ma carcasse dans le futur du paradis qui mettrait fin à mes jours.» (Marchessault, 1980, p. 31.) On voit très clairement, malgré le style éclaté déroutant, le détournement du segment prévisible, «le paradis à la fin de vos jours», formule de mise au jour de l'An. L'idée d'éternité est remplacée abruptement par la menace pragmatique d'une mort prochaine.

Nicole Brossard écrit pour sa part: «Ça jase en titi. Pour le moment de cellulite et de cuisses grosses. De ventres flasques. De bedaine et d'infarctus. Chacun sa manière grise d'étaler sa matière.» (Brossard, 1974, p. 94.) En déplaçant l'adjectif de couleur que l'on accole habituellement au mot «matière», l'auteure déplace aussi le propos; il n'est plus question d'esprit et d'intelligence en action mais de corps ennuyeux et tristes. Ludique, Louise Maheux-Forcier reprend, à sa façon, le proverbe «Chassez le naturel, il revient au galop» en lui superposant un jeu de mots sur les niveaux de langue: «On entend alors revenir au galop l'accent des écuries.» (Maheux-Forcier, 1978, p. 27.)

Même approche falsificatrice dans l'extrait suivant: «Chez les garçons bons et vierges il y a toujours clerc sous roche» (Maillet, 1977, p. 59), et dans *La Pièce montée*, où le personnage, pour accueillir la naissance d'un garçon après cinq filles, s'écrie: «Un vrai cadeau, [...] un don et une surabondance, après des années de filles maigres.» (Lamirande, 1975, p. 27.) Les mots «clerc» et «filles» se substituent respectivement aux termes anguille et vaches des expressions figées «anguille sous roche» et «vaches maigres» pour créer l'effet de surprise et ironiser sur la vertu suspecte des trop bons garçons et la déception de n'engendrer que des filles.

Le contexte vient quelquefois ajouter de la saveur à l'expression trafiquée; sous la plume de la très sérieuse Anne Hébert, dans *Les Enfants du sabbat*, la sœur économe s'exclame: «C'est pas moi qui prendrais des Messies pour des lanternes!» (Hébert, 1975, p. 138.) En fait, ce propos est plus comique qu'ironique, car il révèle une vivacité d'esprit et une aptitude à manier l'absurde que l'on n'accorde pas volontiers aux religieuses – point que j'aborderai au prochain chapitre. La création par fusion peut aussi prendre des intonations cyniques: «Ils ont dit rentrez chez vous présentez-vous au bourreau à huit heures demain nous vous souhaitons une bonne nuit.» (Blais, 1967, p. 28.) La ponctuation douteuse donne à la phrase une allure expéditive de fonctionnaire pressé et totalement désintéressé; elle s'ajoute, comme élément ironique, à la substitution de «bureau» par «bourreau», afin d'évoquer la mort comme une affaire à classer.

On relève chez Claire de Lamirande un exemple de ce que Sarah Kofman (1986, p. 33) appelle la «logique impertinente»: un raisonnement, souvent naïf et reposant sur un sophisme, mais fait en toute bonne foi par le personnage, comme dans ce dialogue entre Mme Chevrier, la logeuse, et Jeannette, une brave fille qui veut rejoindre son amant, un homme aux agissements politiques suspects:

> [...]
>
> Répète: je ne sortirai plus après le couvre-feu pour tenter de sauver mon frère.
>
> Jeannette avait répété mot pour mot.
>
> Ça me laisse une porte de sortie: je peux sortir après le couvre-feu pour autre chose que pour sauver mon frère.
>
> C'est peut-être ça qu'ils appellent une restriction mentale. (Lamirande, 1980 a, p. 179.)

Malgré sa naïveté, Jeannette a assimilé certaines notions de «morale» et peut, avec une totale bonne conscience, organiser ses principes de façon à pouvoir faire exactement ce que bon lui semble, d'où son apparente impertinence.

Enfin, la repartie, selon Bergler (1956, p. 188), «*is a clever, ready and witty retort; it generally appears in answer to an opponent's witty statement, or when another person's remark leaves an opening for reducing to absurdity*[2]». La réplique, tout comme les autres types de jeu de mots dont il a été question jusqu'à maintenant, n'est pas nécessairement ironique; cependant, les ripostes suivantes contiennent une part de l'agressivité caractéristique de l'ironie, car elles résultent d'une confrontation et d'une rivalité entre personnages. Suzanne Jacob a la repartie incisive; voici, à la suite, trois répliques bien senties:

> – Et comment vont Julie et Marc? demande Tristesse post-coïtum.
> – L'un sans l'autre. (Jacob, 1978, p. 64.)
>
> – On prend l'air frais, dit un homme en s'asseyant.
> – On vous le rendra, dit Flore. (Jacob, 1978, p. 57.)
>
> – Un jour, tu me donneras raison, dit Marc. [...] Par habitude, Flore répond:
> – Je te téléphonerai ce jour-là, promis. (Jacob, 1978, p. 64-65.)

Flore Cocon donne une impression de confiance inébranlable en elle-même: cette supériorité du personnage fait ressentir comme ironiques des traits d'esprit qui pourraient, entre amis, être simplement humoristiques. L'auteure joue à la fois sur la polysémie, «prendre l'air», et sur l'utilisation de certains mots au sens littéral: le verbe «aller» et l'expression «un jour»; en somme, Jacob semble suivre à la lettre les recommandations de Bergler et ménage à son héroïne des «ouvertures» pour d'éventuelles réponses absurdes.

Ces jeux de mots en cascade révèlent des auteures délurées, qui éprouvent et font partager le plaisir de jouer avec le sens. Elles ne perdent jamais de vue la cible qu'elles visent, toutefois, comme si elles se méfiaient par-dessus tout d'une facilité qui priverait leur parole du pouvoir de l'ironie.

---

2. «est une réplique intelligente, prompte et spirituelle; elle survient généralement en réponse à l'assertion d'un adversaire ou lorsque la remarque d'un locuteur invite à répondre par l'absurde».

Le mot disjoncteur et le choc des styles

Pour détecter l'ironie, il faut se maintenir à l'affût du «choc des styles» (*clashes of style*) qui constitue, selon Booth (1974, p. 67), un indice très important de la présence possible de l'ironie dans un texte. Ce choc est causé par un mot ou un propos disjoncteur, que Morier appelle aussi «mot d'alerte» (Hamon, 1982, p. 170), qui, par son insertion dans le texte, a pour effet de mettre en relief une «opération de contraste» (*ibid.*, p. 167) par le biais d'une «fusion momentanée de deux matrices habituellement incompatibles» (Koestler, 1985, p. 80).

Souvent les «adverbes modalisateurs» (Kerbrat-Orecchioni, 1978, p. 34), tels que «bien sûr, comme chacun sait», constituent un premier exemple de ces mots disjoncteurs. Annonçant l'antiphrase, ils soulignent aussi l'incongruité à venir, dévoilant par le fait même la distance que prend l'auteure par rapport à son propos. Madeleine Ferron en fait la preuve:

> L'incendie est assez vite maîtrisé pour que les mérites soient partagés, différemment selon les spectateurs, entre la virtuosité des pompiers, l'ascendant du curé et les prouesses du vicaire. Évidemment il n'y a dans cette échelle des valeurs aucune place pour l'eau. (Ferron, 1966 b, p. 22.)

Autre exemple, tiré cette fois de *L'Euguélionne*: «Évidemment, celles qui sont célibataires *n'ont pas de nom* à donner à leur enfant...» (Bersianik, 1976, p. 160.) Mieux que n'importe quel autre mot sans doute, l'adverbe «évidemment», par son côté péremptoire, laisse sourdre ce que Sperber et Wilson (1978, p. 410) appellent le «moralisme de l'ironie». Les auteures citées se posent en juges absolus de la situation évoquée. Sans être aussi directifs, d'autres adverbes indiquent parfois que la narratrice ironise sur les agissements des personnages et se désolidarise d'eux momentanément. Dans *Un amour maladroit*, le personnage affiche une bonne volonté très malhabile: «"Je te jure que tu as l'air moins Juive que moi", affirmait bénévolement Elizabeth.» (Bosco, 1961, p. 83.) L'adverbe signale que les paroles d'Elizabeth sont gratuites et bien intentionnées; elles expriment tout de même un compliment douteux. Même Gabrielle Roy, que l'on croirait peu adepte de l'ironie, par l'intermédiaire de la narratrice, se moque gentiment d'Esmeralda, femme généreuse et bourrue, qui s'occupe avec brusquerie d'un homme à la santé précaire: «De jour en jour, se décidant à la toute dernière minute seulement à sortir encore une fois le Vieux, Esmeralda l'avertissait charitablement: – C'est peut-être la dernière fois.» (Roy, 1970, p. 109.)

Le lecteur attentif flairera l'ironie dans l'étrange juxtaposition de mots ou de propos. Dans *Les Funambules*, par exemple, on lit: «Du temps de Renée, les hommes n'hésitaient pas à cogner et les filles la bouclaient! Et puis quoi! Le romanesque existait!» (Blondeau, 1980, p. 397.) Dans *J'elle*, maintenant: «Elle est enthousiaste. Il est tuberculeux. Ô, aller le visiter à l'hôpital! Le romanesque de la situation la submerge.» (Rioux, 1979, p. 46.) Romanesque, violence, enthousiasme et tuberculose ne sont pas des thèmes mis régulièrement en parallèle; le choix des auteures crée une rupture de ton propre à désarçonner le lecteur, ou à tout le moins à lui mettre la puce à l'oreille.

L'ironie, tout comme l'humour, «dépend principalement de l'effet de surprise, du "choc bisociatif"» (Koestler, 1985, p. 77). Les auteures ont exploré différentes façons de faire surgir cet étonnement. Hébert, par exemple, met en scène une «sœur économe [qui] hurle derrière la porte qu'elle est un homme d'affaires» (Hébert, 1975, p. 140), reflétant ironiquement dans un lieu détaché des biens de ce monde une volonté toute pragmatique de gérer le volet profane du couvent. On trouve aussi deux cas de personnages qui ironisent sur leur état de santé en optant pour ce choc de «bisociation». Jean Le Maigre dit: «Laissez-moi tousser en paix puisque cela me fait plaisir» (Blais, [1965] 1980, p. 19), et Legris s'explique ainsi: «Mes intentions ne regardent que moi. J'ai l'intention de mourir. Je suis très malade. Ça m'occupe.» (Lamirande, 1971, p. 159.) Les protagonistes tournent en dérision leurs malheurs en leur associant des verbes positifs comme «faire plaisir» ou «s'occuper», donnant par ce moyen l'impression de se regarder avec un complet détachement.

La prochaine citation illustre une ironie récurrente qui fait alterner deux niveaux de discours. Cette fois, si la surprise est quelque peu émoussée, l'ironie reste efficace dans la mesure où la répétition du procédé contribue à renforcer la critique de l'auteure à l'endroit des téléphages:

> Sur l'écran, on vole, on crie: «À l'assassin!», ils mangent des chips. On viole, on torture, on dresse des bûchers, une p'tite gorgée de bière, «Y fa chaud!» Les maisons s'écroulent, trente mille tonnes de pétrole à la mer, quarante mille morts en Turquie, «Ôte-toé de devant la télévision que je voye ça!» On pille, on torpille, on fusille... [...] «Aye! ya pus de pinottes!» (Ouvrard, 1980, p. 138.)

L'énumération dans la confrontation contribue à faire de ce passage une irrésistible escalade ironique qui incite le lecteur à se reconnaître dans ce téléspectateur blasé des catastrophes mondiales et préoccupé uniquement des réserves d'arachides.

Booth prévient le lecteur: «*When you're reading anything that seems to have been written carefully, and you run into something odd in the style, watch out: it may be ironic*[3].» (Booth, 1974, p. 68.) De fait, tout comme l'antiphrase précédemment, le mot disjoncteur repose sur une chute finale qui vient renverser le sens de la phrase ou du passage. Ainsi: «À l'intérieur, lamentable, la pension entretenait outre des étudiants aussi pauvres que moi, des blattes, des rats et parfois des Polonais.» (Maillet, 1963, p. 11.) Une telle déclaration a pour effet de réactualiser le pacte de lecture, obligeant le lecteur à mettre en opposition ce qu'il connaît de l'auteure et de ses convictions. Ici, Maillet dénonce les conditions de vie insalubres: le parallèle littéral suggéré par les mots blattes et Polonais, dans une même séquence, est impensable.

Le recours au «changement de registre d'expression» (Sperber et Wilson, 1978, p. 409) ou à «la présence simultanée d'un style noble et familier» (Sareil, 1984, p. 178) vient donc élargir les possibilités rhétoriques de l'ironie au féminin. Axé sur la *construction* même du passage ironique plutôt que sur un quelconque jeu de langage, l'usage du mot disjoncteur permet d'insérer dans le corps du texte une ironie brève mais incisive.

Le sous-entendu

L'ironie consiste, on l'a vu, en un détournement de sens, en un camouflage de la pensée réelle et en une distance par rapport aux choses et aux événements. Elle se cache aussi dans le sous-entendu auquel recourt le personnage pour «faire entendre quelque chose *en plus*» (Sperber et Wilson, 1978, p. 401). Il «est ce que je laisse conclure à mon auditeur [...] [mais] revendique d'être absent de l'énoncé lui-même, et de n'apparaître que lorsqu'un auditeur réfléchit après coup sur cet énoncé» (Ducrot, 1969, p. 36).

Chez Blais, par exemple, on lit: «Inspirés par le directeur, le Septième et moi voulions devenir des bourreaux d'enfants.» (Blais, 1980, p. 96.) La charge de l'insinuation réside dans l'amalgame des trois mots, inspirés, directeur et bourreaux: ces termes retracent le cheminement de la pensée de Jean Le Maigre et dénoncent, par ricochet, le comportement du directeur, ce que l'auteure a voulu faire entendre «sans le dire» (Ducrot, 1969, p. 35).

Parlant d'une parente qui a quitté mari et enfants pour suivre un inconnu, une grand-mère déplore: «Si encore elle s'était sauvée avec un duc» (Maillet, 1975, p. 103), laissant entendre sans doute que la honte familiale aurait été estompée au profit du prestige et du romanesque

3. «Quand vous lisez un texte qui semble avoir été écrit avec soin et que vous rencontrez quelque chose d'étrange dans le style, méfiez-vous: cela pourrait être de l'ironie.»

rattachés à ce titre. En fait, le sous-entendu est un appel ouvert à l'interprétation du texte auquel le lecteur peut apporter la réponse qu'il désire (Ducrot, 1969, p. 36). Le sens qu'il choisit de donner à l'insinuation est donc aléatoire dans la mesure où l'intention véritable et la motivation resteront toujours connues de l'auteure seulement. Mais, en général, l'auteure bâtit le texte de telle sorte que le lecteur, même laissé à lui-même, arrive à la déduction souhaitée. Témoin l'extrait suivant:

> «Aucun Camaraire n'a jamais mis le pied dans un bordel ni un tripot, dit un jour mon père, à qui mentir effrontément n'a jamais provoqué une vergogne [...].
> – Il y eut toujours assez de gourgandines [...] dans l'entourage de votre famille.» (Maillet, 1977, p. 122.)

Le lecteur comprendra, infailliblement, le message suivant: les Camaraire n'avaient pas à se déplacer pour aller au bordel puisqu'ils bénéficiaient des «ressources» nécessaires à domicile. La narratrice, spectatrice de ce dialogue, examine ses parents avec une ironique lucidité: «Mon père dit que l'amour rend les gens aussi stupides que des veaux. Fut-il stupide avec sa première femme? Avec ma mère, il est très intelligent.» (Maillet, 1977, p. 160.) Ici, quel autre message en déduire sinon celui-ci: le père n'est pas amoureux de sa femme.

Les questions d'héritage familial préoccupent aussi Maillet qui ironise en ces termes dans un dialogue entre Delphine et Nicolas:

> – Tu m'as dit à maintes reprises que tu n'avais pas de famille.
> – Celui qui laisse cent mille dollars d'assurance en mourant a toujours de la famille. Une famille post-mortem. (Maillet, 1972, p. 191.)

L'argent est un puissant aimant qui attire vers lui même les membres les plus éloignés d'une famille. Ferron fait écho à ce penchant pour la cupidité en se moquant des personnes pressées de prendre possession de la fortune laissée par un proche: «Les héritiers respectifs de chaque défunt oublient temporairement leur chagrin.» (Ferron, 1977, p. 137.) La peine est de courte durée, semble-t-il, pour qui doit toucher un important héritage. Elle sera courte en tout cas pour Judith, nouvelle veuve, qui a beaucoup souffert des escapades de son défunt mari. Une parente témoigne sa sympathie en disant qu'au moins Judith «saura où est son mari tous les soirs maintenant» (Dumoulin-Tessier, 1980, p. 47).

Parallèlement aux secrets familiaux et aux querelles d'héritage, le sexe, faut-il s'en étonner, constitue la principale source de sous-entendus.

Les auteures prennent plaisir à multiplier les euphémismes ou les allusions pour aborder la question sexuelle. Marthe B. Hogue écrit: «Cela avait débuté par des ballades [*sic*] en auto où sans parler dans la même langue, garçons et filles s'étaient si bien compris que les trois compagnes attendaient un enfant.» (Hogue, 1974, p. 55.) La phrase passe ici sous silence l'acte sexuel lui-même, la cause évidente des grossesses, conclusion qui s'impose bien évidemment. Le propos suivant, venant d'une femme au sujet de son amant, nettoyeur de profession, est tout aussi limpide: «Chaque fois qu'il apportait nos vêtements nettoyés, nous faisions l'amour. Je n'ai jamais fait autant nettoyer notre linge que durant ces six mois.» (Naubert, 1978, p. 27.) Cette constatation auto-ironique donne la mesure de la passion qui habite les deux amants clandestins, obligés de saisir au vol les occasions dans un contexte on ne peut plus prosaïque et dépourvu de romantisme; elle met aussi en lumière, par le possessif conjugal «notre», une ironie plus situationnelle: grâce aux vêtements qu'il salit, le mari trompé fournit sans le savoir des prétextes à l'adultère de sa femme.

Certains sous-entendus relèveront plus précisément de la métonymie:

> Un homme s'était approché, lui demandant de s'asseoir à sa table.
>
> – Oui, avait-elle répondu, mais à la condition que vous ne me parliez pas.
>
> Il avait jeté un regard méprisant à la lesbienne et était vite parti chercher le dialogue auprès d'une femme plus accorte. (Mailhot, 1975, p. 56.)

Pour cet homme, aucune femme «normalement» constituée ne peut avoir l'idée de décliner une telle offre; un refus équivaut à un «aveu» automatique d'homosexualité. En une phrase cinglante, Mailhot reproduit un comportement machiste pour aussitôt le dénoncer. De fait, souvent le sous-entendu se dissimule dans une assertion péremptoire qui oblige, en quelque sorte, une rapide lecture de «cause à effet». Une jeune femme, pour faire comprendre l'attitude rétrograde et dépassée d'un personnage, dira: «Le directeur nous embête. Paraît-il qu'il a déjà eu vingt-cinq ans.» (Lamarche, 1978, p. 33.) Pauline Archange, de son côté, fait ce commentaire lourd de sens à une copine: «Tu n'as pas l'air assez respectable pour voler» (Blais, 1970, p. 56), insinuant que sa pauvreté évidente fait d'elle une coupable désignée à l'avance et à qui les marchands et les vendeuses ne feront pas spontanément confiance.

Enfin, on relève un sous-entendu particulièrement incisif dans ce dialogue entre un Arabe et une Québécoise avec qui il a une liaison: «– Tuer! Une femme sur qui je peux tout. – Prends une femme de ton pays. Elles ont l'habitude.» (Michel, 1978, p. 72.) La domination des femmes arabes par leur conjoint ainsi que le refus catégorique de la Québécoise de se prêter au jeu cruel de son amant font l'objet de ce sous-entendu qui, au-delà de la boutade, met en présence deux mentalités diamétralement opposées.

Ces sous-entendus tiennent presque de la repartie tant ils ont une efficacité d'évocation. Ajoutés aux autres formes rhétoriques de l'ironie des femmes, ils mettent en évidence le pouvoir énorme que s'arrogent celles qui les manipulent: pouvoir de la réplique assassine qui sauve de la déroute celui ou celle qui la formule, pouvoir du sous-entendu qui éconduit momentanément pour mieux asservir l'interlocuteur pressé de «comprendre» où on l'amène, pouvoir enfin de la parole, simplement: une parole qui traque l'hypocrisie, la bêtise humaine, les petits et grands travers de l'existence pour prendre par rapport aux êtres et aux choses une distance bénéfique.

DEUXIÈME PARTIE

Les cibles de l'ironie au féminin

CHAPITRE IV

L'Église

Les multiples exemples cités jusqu'à maintenant ont montré que l'ironie au féminin, par sa facture rhétorique, suit les règles de fonctionnement de l'ironie en général; l'antiphrase, la métaphore, bref les éléments abordés précédemment, ne portent pas *a priori* – ou alors de loin – les marques spécifiques d'une «généricité». Cette subversion du genre se percevra plutôt dans le parti pris de lecture et – surtout – dans le choix des cibles privilégiées par les auteures. Ces cibles, on s'en doute, sont toutes, dans des proportions différentes, des avatars du Pouvoir. Étant écartées – du moins partiellement – des instances décisionnelles sociales, gouvernementales et même conjugales, les auteures récupèrent l'arme du dominant, l'ironie, pour pallier leur manque de pouvoir personnel et collectif et faire entendre leurs voix. L'ironie, cependant, s'attaque aussi à des pouvoirs plus discrets mais révélateurs dans la mesure où ils contribuent à maintenir les femmes dans un rôle subalterne.

L'Église, d'abord. On s'entend pour affirmer que la Révolution tranquille a contribué à mettre un terme à la domination du clergé sur les instances sociales et gouvernementales au Québec. L'influence du monde clérical a eu de fortes répercussions sur la production littéraire; dans son essai *L'anticléricalisme dans le roman québécois (1940-1965)*, Claude Racine (1972, p. 39) résume bien la façon dont les auteurs ont réagi à cette ingérence du pouvoir religieux dans le privé en écrivant que «les romanciers mettent [...] en accusation l'impérialisme spirituel du clergé qui fait fi de la liberté de conscience». On sait moins, cependant, que la production féminine des années soixante et soixante-dix conteste aussi cette mainmise, *autrement*: les auteures vont créer des personnages par le truchement desquels elles exposeront une image du clergé qui, si elle n'est pas beaucoup plus favorable que celle qu'a relevée Claude Racine, n'en demeure pas moins très différente. À travers leur production se profilera «la volonté des femmes d'imposer leur angle de vision» (Dupré, 1992, p. 402) en ce qui concerne le pouvoir religieux.

La vie de couvent: la religieuse comme héroïne

Les religieuses sont, d'après l'analyse de Claude Racine (1972, p. 66), «d'une naïveté ou d'une étroitesse d'esprit peu ordinaire»; «les religieux et les religieuses, dit-il, n'occupent dans le roman qu'une place bien humble. Les "sœurs" surtout n'apparaissent qu'accidentellement, et leur physionomie n'a jamais beaucoup de précision» (*ibid.*, p. 63). Or deux romans de femmes vont au contraire donner le premier rôle à des personnages de religieuses et les montrer sous un nouveau jour: *Le Portique* de Michèle Mailhot (1967) et *Cogne la caboche* de Gabrielle Poulin (1979). Ces œuvres mettent en scène des religieuses ou des narratrices qui, chacune à sa façon, ironisent sur la vie en communauté. Personnages très forts, ces femmes font éclater les murs du cloître pour inviter le lecteur à pénétrer dans la vie secrète des couvents et à démystifier les rites et les pratiques qui y ont cours.

Dans *Cogne la caboche* de Gabrielle Poulin, une narratrice omnisciente observe sœur Anna. L'ironie contenue dans ce roman vient de la distance créée par la narratrice entre sa perception de la pratique religieuse et le choix de sœur Anna. Celle-ci évolue avec sérénité dans un univers de prières et de recueillement qui cesse peu à peu de lui convenir. Les contacts avec le monde extérieur, ses études à l'université surtout, l'amènent à remettre en question l'utilité d'une vie qui s'abîme dans la dévotion à un Être suprême qu'elle ne met pas en doute, certes, mais qu'elle veut servir autrement.

Ce roman présente une ironie très intéressante d'un point de vue narratologique: les règles du couvent dans lequel vit sœur Anna et les pensionnaires qu'elle côtoie sont la cible de l'ironie de la narratrice, mais ne semblent pas trop répugner à la religieuse elle-même. Les travers de l'existence en communauté échappent en fait à la principale intéressée, trop absorbée par son nouveau mode de vie; ils sont systématiquement relevés par une narratrice vigilante et soucieuse de présenter au lecteur l'envers du décor religieux.

Pour illustrer l'écart entre les perceptions d'Anna et celles de la narratrice, l'auteure a recours à certains moyens stylistiques et typographiques propres à l'ironie dite *marquée*; les parenthèses abondent, ainsi que les points de suspension invitant à compléter la pensée de la narratrice; l'emploi de la majuscule met en évidence et tourne en dérision les règles du couvent: «(ELLES AURONT BEAUCOUP DE RESPECT POUR LEUR SAINT HABIT.)» (Poulin, 1979, p. 41.)

Cet exemple parmi tant d'autres, non ironique en soi, le devient parce qu'il est intégré à la narration pour souligner la particularité des règles régissant la vie de sœur Anna. Le choix du pronom personnel ELLES, d'abord, propose une option de reconstruction de l'ironie; invitées à se détacher du monde extérieur et d'elles-mêmes, les religieuses ont l'habitude de se reconnaître dans ce ELLES qui devient, par opposition au VOUS, un pronom *impersonnel* affirmant le renoncement à leur individualité. Les parenthèses créent ensuite un aparté qui met le lecteur dans la confidence à l'insu des religieuses et décentre la séquence narrative en donnant l'impression que c'est la narratrice elle-même qui énonce les règlements, toujours pour le lecteur seulement, en se substituant à l'instance religieuse principale. Les majuscules et les parenthèses laissent soupçonner que ces phrases n'ont pas été dites, concrètement, par la mère supérieure, mais qu'elles sont «soufflées» au lecteur par une narratrice narquoise.

L'auteure recourt très souvent à cette technique et embrouille les pistes narratives, de sorte que l'on doit sans cesse réévaluer, au sens genettien des termes, qui *parle* et qui *voit* tout au long du roman. La dépersonnalisation de la religieuse qui choisit la vie de couvent peut-elle aller jusqu'à annuler le «je» pour l'amener à parler d'elle-même au «elle»? Dans la phrase suivante, «Sœur Anna s'éloigne» (Poulin, 1979, p. 175), et dans le contexte du roman, se pourrait-il que la narratrice soit elle-même cette sœur Anna qui se décrit avec tant de détachement? Deux autres extraits prêtent ainsi à interprétation et à confusion:

> (Priez, mes sœurs. Les communistes s'infiltrent dans le pays. [...] Le séparatisme, ce sera la fin de la religion dans notre province. Non, non, ne soyez pas inquiètes: Monsieur le Député, qui est aussi un bienfaiteur de notre communauté, mettra des voitures à notre disposition...) [Poulin, 1979, p. 45.]

> Mon Père, je m'accuse d'avoir manqué à mon vœu de chasteté (le confesseur dresse l'oreille). (Poulin, 1979, p. 171.)

Dans la première citation, la parenthèse incite encore une fois à penser que c'est la narratrice qui tourne en dérision, par la voix de la supérieure, la crainte du clergé de voir, aux élections, la province tomber aux mains des communistes. Cette «peur du communisme» (Racine, 1972, p. 97), colportée et nourrie en grande partie par les religieux qui voyaient dans cette idéologie une menace pour leurs privilèges, constitue un thème largement exploité dans la littérature québécoise; ici, l'ironie indique la prise de distance face au contrôle exercé sur les individus par les instances cléricales. La promesse du député de fournir des voitures pour les conduire au bureau de vote rappelle, dans un sous-entendu ironique transparent pour tout Québécois un tant soit peu au courant de son histoire, la connivence du clergé et du gouvernement dans la société québécoise traditionnelle. L'actualisation de l'information se trouve de plus renforcée par l'apposition «un bienfaiteur de notre communauté» qui fait la preuve de cette complicité et laisse entrevoir tous les intérêts en jeu.

Dans le second extrait, on comprend que c'est sœur Anna qui *parle*. Logiquement, toutefois, la suite de la phrase ne peut émaner d'elle puisqu'elle n'est pas censée voir le confesseur ou à tout le moins percevoir un changement d'attitude si subtil. C'est donc la narratrice qui va *constater* l'attention soudainement éveillée du confesseur pour les propos subséquents. Un tel changement de perspective permet à l'auteure de décocher une flèche ironique en direction du prêtre et de son rapport à la sexualité, un des tabous cléricaux les plus résistants (Racine, 1972, p. 61).

Grâce à la tension ainsi maintenue, Gabrielle Poulin, dans son monde fictif, peut se livrer à une critique sévère du milieu monastique. Elle dénonce l'hypocrisie de certaines conventions:

> Pour d'obscures raisons, d'autres aspirantes passeront presque leurs deux années de Noviciat à récurer les bols de toilette. [...] Mais ce sont des exceptions, des sœurs particulièrement timides [...] aux allures un peu rustres, sans grande élégance ou beauté physique, qu'on réussit à convaincre plus vite que les autres que la volonté de Dieu se cache derrière les tâches les plus humbles. (Poulin, 1979, p. 121.)

L'ironie se détecte ici dans l'utilisation antiphrastique du mot «obscures»; rien n'est plus limpide, en effet, que les raisons justifiant l'inégalité du traitement infligé aux religieuses. Encore une fois, l'histoire personnelle ou familiale du lecteur québécois facilite le décodage: on connaît maintenant l'importance de la dot que devait apporter avec elle la jeune postulante; la valeur du montant allait souvent de pair avec les privilèges dont bénéficiait la nouvelle arrivée. C'est à tout le moins une *rumeur* tenace que semble corroborer l'ironie de la séquence.

Le roman de Poulin démystifie les motivations secrètes des religieuses en dévoilant leurs rancunes cachées ou certains agissements peu édifiants: le contraste entre l'idée de sainteté que l'on présuppose être l'apanage de ces femmes et la réalité toute terrestre du quotidien fait jaillir l'ironie:

> Ce n'est toutefois que le jour de sa Profession perpétuelle que la religieuse peut enfin se sentir membre à part entière [...]

> (pour plusieurs, c'est aussi le signal de la détente et le début de l'escalade du relâchement). (Poulin, 1979, p. 212.)

Les commérages et les mesquineries – qui l'eût cru! – font partie de l'existence de ces aspirantes à la sainteté. L'extrait suivant doit sa résonance ironique à l'adverbe qui, à la manière de l'antiphrase encore une fois, connote tout le passage pour mettre en relief la bassesse de ces âmes qui cherchent à s'élever vers Dieu:

> La lumière fera ressortir les ombres et les sœurs, qui en ont toujours voulu à sœur Sara d'être montée si vite, pourront la ramener vertueusement à leur niveau. Un peu au-dessous, si c'est possible, sans manquer à la charité. (Poulin, 1979, p. 175-176.)

La méchanceté contredit l'intention louable de ramener les qualités de sœur Sara à leurs justes proportions. De fait, tout le mécanisme de l'ironie de *Cogne la caboche* tient à ce réajustement des choses au détriment du sacré; les passages ironiques et profanes se font d'ailleurs de plus en plus serrés à mesure que progresse la narration: ils atteindront leur plus grande acuité au moment où sœur Anna annoncera sa décision de quitter la communauté. À preuve cette séquence où la supérieure remet à l'ex-religieuse un petit montant d'argent pour subvenir à ses besoins à l'aube de sa nouvelle vie; les parenthèses donnent accès à une pensée *en contrepoint* de la narratrice qui commente:

> [...] (la communauté, c'est entendu, ne doit rien à la religieuse qui l'a servie par amour pour Dieu et pour les âmes), ce n'est pas non plus un cadeau (on ne fait pas de cadeau à quelqu'un qui meurt, ni une récompense à qui mériterait plutôt un châtiment). Non, c'est une aumône, comme l'assiette de soupe [...] qu'on offre au quêteux pour qu'il s'en aille au plus vite. (Poulin, 1979, p. 229.)

Plus loin, les compagnes que sœur Anna s'apprête à saluer une dernière fois lui «souhait[ent] beaucoup de bonheur», mais lui «jett[ent] ce vœu comme un anathème ou comme un défi» (Poulin, 1979, p. 229) avant de lui tourner le dos pour entreprendre une litanie de médisances sur son compte. La narratrice est, d'une certaine façon, le grand «vainqueur» de ce roman, dans la mesure où la conclusion donne à croire que sœur Anna, si fervente et si enthousiaste à son arrivée au couvent, s'est rendu compte, petit à petit, de tous les travers de la vie en communauté qu'exposait au grand jour une narratrice plus avertie. Mais l'ironie du roman, et c'est là un paradoxe, oblige le lecteur à garder une distance par rapport au texte; après la lecture subsiste l'impression que c'est l'attrait de la vie du dehors qui a eu raison de la vocation de sœur Anna beaucoup plus que les vicissitudes de la vie à l'intérieur du couvent.

Dans le roman *Le Portique,* Michèle Mailhot pratique un tout autre type d'ironie. Josée, la narratrice de cette narration autodiégétique, fait aussi l'expérience du noviciat dont elle témoigne avec une lucidité souvent déconcertante: elle se juge, s'évalue, se condamne sans pitié à la moindre entorse aux règlements. Sa perception du couvent contraste grandement avec celle de *Cogne la caboche.* Elle ne remet jamais en question la pertinence ou la désuétude des conventions et des rituels religieux: elle se contente de mesurer son incapacité à s'adapter à ces conventions. Les mesquineries et les hypocrisies des religieuses, c'est d'abord en elle qu'elle va les relever, comme en fait foi cet extrait relatant une de ses visites chez la supérieure alors qu'elle est en proie au doute quant à sa vocation:

> J'irai en Afrique, je serai missionnaire. Des lions, des enfants, des ouragans, de la misère noire. De l'imprévu, quelque chose d'audacieux et de turbulent [...].
> – Pourrai-je devenir missionnaire Sœur Gemma?
> – [...] vos motifs?
> Les lions ne se baptisent pas, les ouragans passent vite, la misère est partout et les enfants aussi. Qu'est-ce qui me reste que la fuite avouée? (Mailhot, 1967, p. 30.)

Sœur Josée réfute mentalement tous les arguments forgés pour convaincre la supérieure de la validité de sa requête sans les avoir même prononcés devant l'intéressée: incapable de se leurrer, la novice démasque méthodiquement ses véritables intentions.

Dans *Le Portique,* la cible n'est pas tant l'Église que la difficulté qu'éprouve Josée à s'habituer aux règles de la vie religieuse – notamment celle du silence – et à ses nouvelles compagnes: «Ici un coup de dent dans un céleri déchirerait tous les tympans. Nous n'avons jamais de céleri. Rendons grâces à Dieu! Je suis sûre que Sœur Jeanne en raffole.» (Mailhot, 1967, p. 23.) De telles pensées manquent de charité, mais «ces soubresauts intérieurs ont pourtant un avantage, celui d'alimenter [s]es confessions» (*ibid.*, p. 12).

La novice, en quelque sorte, fait jouer au lecteur le rôle du confesseur; elle ose lui faire part de certaines réflexions peu édifiantes, comme si elle voulait se débarrasser de ces obstacles à la vie spirituelle. Le lecteur-témoin écoute, ne juge pas, mais sourit à maints passages où sœur Josée réagit d'une façon toute «terrestre» à certaines incongruités. Voici deux exemples:

> Je songe à saint Martin dont on loue encore la libéralité pour avoir donné la «moitié» de son manteau à un pauvre. La moitié! et ça passe dans les chroniques pieuses. (Mailhot, 1967, p. 86.)

> Pendant le dîner, pour nous faire goûter ce mouvement d'ensemble, une novice lit «La belle vie en commun» écrite, j'imagine, par un moine solitaire enfermé dans sa cellule, une sorte de général à l'abri derrière la ligne de feu et qui pousse bravement ses troupes au combat. (Mailhot, 1967, p. 19.)

L'aspirante religieuse exerce, sur ses vagabondages intérieurs, une ironie qu'elle doit sans cesse juguler. Non exprimés à haute voix, ses commentaires agissent comme une soupape et trahissent un esprit critique peu caractéristique des religieux dans les romans québécois plus traditionnels. C'est en grande partie ce qui crée le choc ironique de la narration: le détachement spirituel tant recherché par Josée se résume à cette distance maintenue entre elle et sa vie monastique. Peut-être est-ce là la raison qui motive son départ de la communauté à la fin du roman: le détachement reste «cérébral» et n'atteint pas le niveau spirituel. Josée semble trop rationnelle et critique pour s'élever au-dessus de certains détails pragmatiques qui ont raison de sa vocation.

Malgré une conclusion qui ressemble fort à une défaite, on sent chez l'auteure une intense sympathie pour les combats intérieurs de Josée. Écrit au milieu des années soixante, à une époque où le Québec remettait de plus en plus en question les pratiques traditionnelles de sa religion, le roman n'avait pas fait beaucoup de bruit[1]: il manifeste pourtant une volonté de comprendre les motifs des religieux qui renoncent à leur engagement.

Le point de vue narratif et le type d'ironie privilégiés par Mailhot éliminent le risque de condamnation en règle du système clérical mais permettent une évaluation assez sévère de la vie en communauté; Josée se confesse devant le lecteur de son inaptitude au noviciat en se prenant comme cible principale d'ironie, mais elle révèle, dans le même mouvement, les contradictions et les aberrations d'une institution mal adaptée aux changements sociaux et incapable d'encourager les vocations. La prochaine citation, symbolique, pourrait être interprétée comme un des rares reproches de sœur Josée formulés à l'endroit d'un système qui s'ingénie à compliquer l'existence des postulantes: «Pourquoi un Dieu infiniment bon, après m'avoir avertie des dangers qui ceinturent ma

---

1. Il a été réédité en 1988 en format de poche: le lecteur serait-il prêt à redécouvrir l'œuvre et l'auteure?

faiblesse, met-il un sac sur ma tête au lieu de me donner des ailes?» (Mailhot, 1967, p. 119.)

Les conclusions des deux romans, soit l'abandon de la vie religieuse pour les deux héroïnes, si semblables en surface, diffèrent dans la façon des protagonistes d'assumer leur décision. Sœur Josée, sitôt sortie du couvent, s'empresse d'allumer une cigarette et lui trouve un «goût âcre» (Mailhot, 1967, p. 161); cette perception nouvelle d'une habitude agréable et pas si lointaine laisse soupçonner les changements survenus en elle durant le noviciat. La période de solitude lui a permis de réévaluer ses priorités. Chez sœur Anne, la sortie du cloître apparaît davantage comme une délivrance après une vaine période d'austérité et de renoncement. Les auteures ont cependant toutes deux choisi le cloître comme noyau de leur univers fictif et invité le lecteur à pénétrer dans une enceinte tenue jusqu'alors secrète dans la littérature québécoise.

Les figures religieuses au pilori

Outre ces deux ouvrages qui proposent des personnages religieux féminins complexes, les auteures font épisodiquement intervenir des sœurs et des curés, figures religieuses secondaires par le biais desquelles elles raillent des aspects spécifiques de l'institution religieuse qu'elles désirent remettre en question ou dont elles souhaitent signaler la faiblesse ou l'inconvenance. Ces éléments narratifs, donc, ne sont pas au cœur de la trame romanesque mais viennent rappeler, par l'ironie dont les auteures les investissent, les travers d'une caste considérée comme «intouchable» par le monde laïque. Se dégage alors de la lecture de ces fragments une constante intéressante: les auteures, au moyen de ces boucs émissaires, tiennent à signaler l'écart entre la véritable nature des religieuses et des religieux – leur côté «humain» – et l'image idéalisée de «gardiens des âmes» que le clergé souhaite en projeter. Sous la plume railleuse des auteures, les personnages font la preuve de leur manque de sens critique et de jugement et d'une absence totale de compassion.

Marie-Claire Blais, dans la trilogie romanesque des *Manuscrits de Pauline Archange*, s'est employée à détruire les remparts protégeant les réputations des autorités religieuses. L'extrait suivant, tiré de *Vivre! Vivre!*, donne la mesure de la virulence de sa prose:

> S'informant de la profession de notre père («Arrangeur de lavabos, Mère Saint-Georges, fleuriste pour les morts») [la sœur] toussote de confusion odorante lorsque Marthe Dubos, dont l'ambition est de devenir plus tard «lieutenant dans la marine ou ben pilote d'avion», dit en mâchant de la gomme

> que son père «est un gros avôcat, sans cœur, qui pense seulement à manger l'argent de son prochain», mais seule une note hiérarchique a touché le cœur de Mère Saint-Georges car elle dit en frémissant: «Nous sommes toujours heureuses d'avoir des avocats dans notre couvent.» (Blais, 1969 b, p. 62.)

Ce passage met en relief le côté calculateur des communautés religieuses; mère Saint-Georges fait un lapsus métonymique – «avoir des avocats dans notre couvent» – qui trahit l'intérêt des religieuses pour les avantages pécuniaires et les retombées sur la réputation de leur maison qu'engendre la présence d'une fille de professionnel, évaluée avant tout en fonction de sa généalogie et de sa situation financière. Si le passage tend vers la satire en ce qu'il contient une condamnation du personnage par l'auteure – «*satire is a lesson*[2]» selon Nabokov (cité dans Hutcheon, 1984, p. 18) –, il demeure ironique par le jeu de la parenthèse et le croisement des discours.

Marie-Claire Blais ironise aussi sur la dureté de cœur des religieuses censées obéir à un vœu de charité mais promptes à juger les jeunes filles coupables d'avoir «fauté», comme la pauvre Huguette Poire, la bien nommée, compagne de Pauline Archange dans *Les Apparences*, qui échoue à la crèche Maria-Goretti-Des-Pécheresses: «Les religieuses avaient refusé de la secourir, couvrant ses cris et ses supplications de leurs basses prières, à la chapelle.» (Blais, 1970, p. 49.) Outre le regard ironique sur la situation – prières contre supplications –, il faut remarquer la lourdeur allusive du mot «basses» qui trahit ce que pense l'auteure de la valeur de la prière.

Toujours chez Blais, on relève, dans *Une saison dans la vie d'Emmanuel*, à travers le personnage d'Héloïse, une équation iconoclaste – couvent = bordel – qu'André Belleau (1983-1984, p. 56) cite comme exemple carnavalesque d'une «inconvenance parodique et profanatrice». Cette association permet à l'auteure de souligner ironiquement la ressemblance du destin des prostituées et des religieuses: ces femmes vivent dans une certaine forme de communauté et se mettent au service d'un être «supérieur», Dieu dans le premier cas et le client dans le second. Elles dépendent de cet être pour leur survie et lui doivent une soumission absolue.

Une profonde contradiction intérieure caractérise Héloïse: au bordel, elle fait preuve d'une «pureté» incongrue compte tenu de ses fonctions, alors qu'au couvent, dans son application à la prière, elle se laisse submerger par une sensualité débordante amalgamée à une quête

2. «la satire est une leçon».

maladive de sainteté. Comble d'ironie, la supérieure, qui devrait normalement représenter le modèle à suivre en matière de spiritualité, doit la ramener aux réalités du quotidien:

> Sa piété excessive, les brutales privations qu'elle s'imposait, attirèrent l'attention de la Supérieure qui n'aimait pas que l'on dérange l'ordre établi par des élans personnels. [...] «Mais purgez-vous, ma fille, vous vous sentirez mieux!» (Blais, 1980, p. 39.)

Clémence DesRochers, pour sa part, remet en question l'aptitude des religieuses à prendre des décisions éclairées: dans son texte «Le Claquoir» (1966), elle raconte que les toilettes du couvent sont bouchées parce que les élèves doivent toutes aller «se soulager» en même temps, au son du claquoir. Les religieuses prennent alors les dispositions nécessaires: elles font refaire toute la tuyauterie plutôt que de renoncer au sacro-saint claquoir et de permettre aux filles d'aller aux toilettes selon l'urgence. DesRochers, par une prose joyeuse et délirante, soulève la sérieuse question de l'obéissance aveugle aux règlements qui incitent quelquefois à accomplir des gestes d'une absurdité désarmante. Plus encore, elle superpose à son propos une vision carnavalesque du couvent, insistant sur les appels du bas corporel en un lieu où le corps, justement, doit être en principe assujetti à l'âme.

Madeleine Ferron a aussi tourné en dérision certains membres du clergé; chez elle, cependant, les religieuses trouvent grâce. La nouvelle «La rentrée», tirée de *Cœur de sucre* (1966 a), brosse en effet un tableau sympathique de sœurs compréhensives qui prennent la défense, par une complicité à la fois muette mais explicite, d'une femme que l'entourage s'apprête à ostraciser. Ferron réserve ses flèches aux hommes cléricaux, plus particulièrement au curé traditionnel. Ainsi, dans *La Fin des loups-garous*, un violent incendie ravage une grange: les curieux se rassemblent et des âmes secourables essaient de combattre l'élément destructeur. Ferron décrit ainsi la contribution cléricale: «La situation est biblique: la foule répond aux suppliques de ce long curé en soutane noire qui s'évertue à toucher Dieu le Fils en son âme de pompier», pendant que le vicaire, lui, distribue des médailles, persuadé que «les situations importantes, profanes ou religieuses, y gagnent toujours à tenir de l'exploit sportif» (Ferron, 1966 b, p. 20-21). Ce même curé, plus loin, se trouve dans une situation délicate; il vient de découvrir un pendu dont il ne sait trop que faire:

> Les prières n'étant pas prévues pour les morts raidis, le curé imperturbable achevait celle des agonisants. Il grognait ses

> formules, l'air maussade. «Encore un, pensait-il, que je serai obligé de passer par l'Église!... Un instant d'aliénation mentale, qu'ils diront, comme chaque fois... *Erue Domine animam ejus...* Avec tout ça, il s'en pend une couple par année... Faudrait pourtant qu'on en fourre un dans le champ du potier... *Requiescat in pace...* Ça ferait peur aux autres... Celui-là serait idéal: un étranger. *Domine exaudi orationem meam...*» (Ferron, 1966 b, p. 24-25.)

Les paroles sacrées, en italique, alternent avec les réflexions toutes terrestres de cet homme d'Église; l'ironie jaillit de ce que l'auteure nous donne accès aux pensées du curé, pensées qui reflètent un savant calcul – faire de cet étranger un exemple –, un vocabulaire qui tranche avec le lexique ecclésiastique et un détachement certain devant la détresse humaine. En cela, la perception de Ferron se rapproche de celle de Blais, dans cet extrait d'*Une saison dans la vie d'Emmanuel*:

> – Un ange de plus dans le ciel, dit Monsieur le Curé. Dieu vous aime pour vous punir comme ça!
> – Mais, Monsieur le Curé, c'est le deuxième en une année.
> – Ah! Comme Dieu vous récompense, dit Monsieur le Curé. (Blais, 1980, p. 67.)

Le curé semble imperméable à la peine de sa paroissienne; il a recours à des idées reçues – les épreuves de Dieu sont une preuve de son amour – pour apaiser, sans grande conviction, la douleur de la grand-mère. Blais va très loin dans sa critique du clergé. Consciente que, dans les années soixante, les pratiquants hésitaient à attaquer «la religion en personne» (Blais, 1968, p. 46), elle va donner une voix à ses narratrices pour dénoncer les abus de pouvoir, souvent sexuels, des hommes religieux.

Elle crée ainsi un personnage religieux à la moralité douteuse, «le mystique Franciscain [...] dont [la mère de la narratrice] ignore complètement l'étrange conduite, dès qu'il avait quitté sa chambre» (Blais, 1968, p. 46): le «saint homme» abuse impunément de l'adolescente qui prend le lecteur à témoin de son impuissance. Le roman *Un Joualonais, sa joualonie* relate dans la fictive «revue Mystique» un fait divers qui provoque la réaction suivante: «[...] (la liaison d'une enfant avec un prêtre âgé, quelle horreur, nous savons que cela ne pourrait jamais se produire chez nous)» (Blais, 1973, p. 204). La parenthèse, dont j'ai déjà mentionné la valeur comme marqueur d'ironie, indique ici la distance que maintient l'auteure entre ses écrits et ses convictions.

Jovette Bernier ne résiste pas non plus à l'envie de régler certains comptes avec un curé. Puce, de *Non monsieur* – dans un extrait qui donne tout son sens au titre –, a obtenu un emploi d'enseignante dans un coin de pays perdu et elle reçoit régulièrement des invitations du curé:

> Avec lui, en tête-à-tête au presbytère j'ai partagé les dîners fins que je ne pouvais refuser. Mais je n'ai pas compris qu'il fallait rester à coucher. [...] J'ai subi le renvoi sans réplique. (Sans réplique parce que – vous avez remarqué – dès que le pelé vient s'expliquer le bureau des plaintes est fermé.) [Bernier, 1969, p. 24.]

Chose intéressante à souligner, les abus de pouvoir de nature sexuelle causent plus de dommages physiques, psychologiques ou autres – perte d'un emploi, par exemple, comme c'est le cas pour Puce – aux personnages féminins; les protagonistes masculins semblent garder une distance et considérer la question avec légèreté, tel cet avocat de Québec: «Lequel d'entre nous n'a pas eu un prêtre dans sa vie à un moment ou l'autre? Au lit ou en chaire, c'est la même chose!» (Blais, 1973, p. 21.) Ainsi, même s'il se sent traqué, le personnage masculin sort apparemment moins meurtri d'une telle expérience; pensons au Septième qui, bien que terrifié par le frère Théo Crapula, réussit à s'échapper.

Les figures religieuses qui traversent l'œuvre de Ferron et de Blais, plus particulièrement, s'inscrivent toujours – il importe de le préciser – dans le contexte des années où le clergé avait la mainmise sur tout le Québec. L'apparente stupidité des membres du clergé, de même que leur paresse et leur opportunisme, nécessite une relecture aujourd'hui; à travers ces personnages souvent grotesques, caricaturaux, subsiste cependant la critique d'une époque religieuse révolue. Les œuvres citées, autre détail important, datent des années soixante; l'écriture au féminin, dans la montée du féminisme qui s'amorce, est alors sur le point de connaître un essor sans pareil, et cet élan donnera lieu à une contestation très différente de la religion.

La remise en question de la «parole» religieuse

Les années soixante-dix seront en effet marquées par la quête d'une voix propre aux femmes. Cette recherche passera aussi, comme il fallait s'y attendre, par une contestation des discours traditionnels: la «parole» religieuse, dans un sens élargi qui englobe la Bible, les personnages liturgiques, les fondements mêmes de la religion catholique, dont la pratique laissait peu de place à la participation des femmes, devient alors la cible d'une ironie qui se fait virulente et destructrice.

Il ne s'agit pas ici de mesurer le degré de féminisme des auteures selon la dureté de leur charge contre la religion; il importe plutôt de souligner que la contestation du pouvoir religieux, à partir du moment où le féminisme s'affirme comme moyen de lutter contre toutes les oppressions, change singulièrement de visage: délaissant les anecdotes et les travers des membres du clergé, les auteures railleront la «parole» religieuse au moyen de leur parole à elles.

Les auteures s'attaquent d'abord à des segments de prières: mots appris par cœur, répétés inlassablement au fil des cérémonies religieuses, ces formules sont reprises dans un processus provocateur d'intertextualité et prennent un sens nouveau. Geneviève Amyot, dans *L'Absent aigu*, tourne ainsi en dérision la prière à la Vierge: «Je vous salue Marie [...] faites que Jean-Paul ne pisse plus au lit, que Gaston cesse de bégayer.» (Amyot, 1976, p. 104.) Elle raille: «Le téléphone, je trouve, est une grâce bénie entre toutes les femmes et le fruit de nos entrailles s'écoulera toujours en vain.» (*Ibid.*, p. 39.)

La première citation débute par les mots rituels de la prière, transforme l'*Ave* en vulgaire opération de «quémandage» et atteint un double but de dérision: rabaisser la portée sacrée des paroles par la nature même de la faveur demandée et se moquer de ceux et celles qui pratiquent ce genre de marchandage avec l'au-delà. La seconde citation donne un aperçu encore plus précis du style de l'auteure. Dans une écriture apparentée au monologue intérieur, Amyot rapproche les mots «téléphone» et «le fruit de nos entrailles» pour créer un segment qui prête à de multiples interprétations: la communication superficielle entre les êtres par le cordon du téléphone et la communion intime par le cordon ombilical, par exemple. L'ironie se trouve dans l'association irrespectueuse établie entre le ventre de la Vierge, le téléphone et l'inutilité du cycle menstruel chez la mère du Christ.

La virginité de Marie est considérée par les féministes comme une tentative de l'Église de nier aux femmes le droit à la jouissance physique. Plusieurs auteures font allusion à cette incongruité – ou ce qui apparaît tel d'un point de vue féministe – et cherchent par là à contester d'abord cette représentation de Marie à qui on a évité l'«impureté» de l'acte sexuel. Toujours chez Amyot, dans *Journal de l'année passée* cette fois, la narratrice raille ce non-sens biologique qui trahit la peur du corps féminin à travers celui de Marie: «La vraie sainte celle-là puisqu'elle était vierge, mère par surcroît, quelle aubaine.» (Amyot, 1978, p. 103.) Même Claire de Lamirande, dans sa prose discrète, transpose la prière, l'adapte à son personnage et suggère l'isolement de cette femme «modèle»: «Pourquoi souris-tu Marise? La plus seule de toutes les femmes.» (Lamirande, 1971, p. 118.)

La forme d'idéal féminin que célèbre l'institution religieuse en la personne de Marie semble rallier très peu d'adeptes: les femmes ont plutôt tendance à «laïciser» la Vierge en l'incorporant, ironiquement toujours, dans leur quotidien. C'est le cas dans *Triptyque lesbien*, une œuvre particulièrement revendicatrice de Jovette Marchessault dans laquelle on lit: «C'est le mois de Marie, c'est le mois le plus beau, c'est le mois de mai à Montréal et les rues défoncent.» (Marchessault, 1975, p. 180.) Toutes les auteures ne font pas preuve d'un tel cynisme. Marie José Thériault, dans son recueil *La Cérémonie*, se moque plus doucement; elle raconte la scène de l'Annonciation en inventant un dialogue entre l'ange et Marie qui fait de cette dernière une intermédiaire docile:

> – [...] Vous allez être mère.
> – Mère? Moi? Mais je ne saurais...
> – Mais si, mais si... Cela s'apprend tout seul, vous verrez.
> – Je veux dire, je ne vois pas comment...
> – Votre maman ne vous a jamais rien appris?
> – À quel sujet?
> – Mais les fleurs, les petits oiseaux...
> – Ah! je vois! Vous voulez visiter le jardin! [...]
> – Madame, je ne parle pas du jardin! pas de celui-là, en tout cas! [...]
> Vous donnez naissance [à un enfant] dans des circonstances que vous vous efforcez de rendre spectaculaires, on parle de vous dans les journaux et, pendant les siècles des siècles, l'humanité est sauvée de l'enfer, Dieu est content, j'obtiens une promotion, amen! rien de plus simple. (Thériault, 1978, p. 110 et 113.)

Pour Thériault, plus empathique, Marie apparaît comme la victime d'un «système» religieux qui fonctionne à l'image d'une banale entreprise. Cependant, comme les autres auteures, elle fait aussi une critique *au féminin* de la Bible et de la liturgie en général; toutes, elles cherchent la trace de leur existence dans les Écritures, mais éprouvent de sérieuses difficultés à trouver leurs «sœurs» dans la liturgie ou les écrits religieux, ou à tout le moins «une femme sexuée dont on célèbre le corps, pas un pur esprit, un modèle inaccessible comme la Sainte Vierge» (Saint-Martin, 1991, p. 252). Cette absence mérite leur ironie comme l'indiquent ces deux extraits de Marchessault:

> Mais qu'ont-elles donc toutes les femmes de la bible à n'enfanter que des fils? [...] La réponse a fusé, sens unique. N'est-il pas évident qu'ici-bas – ce bas est évidemment le ventre des femmes – le dieu des armées doit intervenir. (Marchessault, 1980, p. 45.)

> La musique est une prérogative des prêtres [...] Sainte-Cécile, patronne des musiciens? Une erreur de parcours, un égarement de jeunesse. (Marchessault, 1980, p. 48.)

L'ironie se fait encore plus directe et décapante, avec une densité que l'on mesure souvent à la crudité des mots qui élargit l'écart entre le sacré et le profane. «On n'a jamais rien inventé de mieux pour emmerder le monde que la naissance du Christ» (Maheux-Forcier, 1980, p. 273), gémit une narratrice d'*En toutes lettres*, tandis que Marchessault renchérit avec une expression trafiquée:

> Une semaine qui commence le mercredi des cendres, qui se poursuit avec le jeudi de la trahison, le vendredi de la mort à trois heures, les oraisons éjaculatoires du samedi soir, la résurrection époustouflante du dimanche. (Marchessault, 1980, p. 40.)

Avec une évidente et joyeuse «mauvaise foi», les auteures s'en prennent aux textes et aux personnages sacrés. Amyot surtout, dans son délire déconstruit, laisse échapper des paroles particulièrement iconoclastes:

> C'est blanc comme la robe de Jésus au sortir du tombeau a-t-on déjà vu un Jésus glorieux en col roulé bleu taché de rose dessous les bras. (Amyot, 1978, p. 143.)

> Cela faisait comme sur les médailles adhésives où l'on voit saint Christophe charroyant le petit Jésus pour qu'il ne se mouille pas les fesses (c'était à l'âge où il calait encore). (Amyot, 1978, p. 19.)

En réaction à la négation de la femme qu'elles perçoivent dans l'histoire sainte, quelques auteures s'emploient à nier à leur tour l'aspect de sainteté des hommes de la Bible ou de leurs représentants. Marchessault, en particulier, rappelle que Jésus, pur esprit qui s'est fait chair, est avant tout un «homme», ce qui consacre l'exclusion de la femme, éternelle subalterne. Cette frustration donne lieu à une envolée mémorable qui enjoint aux femmes, ironiquement bien sûr, de se soumettre:

> Avalez le doux Jésus, laissez-vous faire. [...] Laissez la graine de sa bonté vous ensemencer. Autrement il pourrait y avoir danger d'irrévérence envers l'hostie ou envers le membre viril du clergé qui leur met l'hostie dans la bouche. La pornographie est partout, mes chères sœurs! (Marchessault, 1980, p. 40.)

Marchessault pousse la charge ironique à son maximum; par ses excès mêmes, le texte témoigne de la virulence qu'a atteinte la parole féminine à l'apogée du féminisme militant. L'irrespect témoigné envers l'institution religieuse donne la mesure de la colère des femmes devant des idées qu'elles jugent périmées. La lourdeur de la charge, cependant, laisse entrevoir à la fois les possibilités et les limites d'une ironie plus engagée: l'attaque devient caustique, presque cynique.

À cet égard, la progression de la violence du propos contenu dans les différentes œuvres est révélatrice d'une affirmation simultanée du féminin; dans les années soixante, Ferron et Blais, surtout, ont usé d'une ironie que l'on peut qualifier de «sociale», qu'elles ont exploitée à partir de personnages alibis par lesquels elles *représentaient* certains aspects de la religion. Si la critique ne manque pas de mordant, elle se tient toujours à distance de la cible. La montée du féminisme, ensuite, a fait évoluer cette critique pour la porter au cœur même du discours religieux; les auteures, Marchessault et Amyot principalement, ne se moquent plus des curés un peu patauds ni des religieuses sans jugement, mais s'attaquent aux dogmes et aux fondements mêmes de la pratique religieuse[3].

Cette différence fondamentale entre les deux décennies de production au féminin se cristallise dans la divergence de perception des romans de Mailhot (1967) et de Poulin (1979) analysés au début du présent chapitre. Dans *Le Portique*, la narratrice se juge elle-même sévèrement, avec une auto-ironie qui écorche la religion certes, mais qui s'attarde surtout à démontrer l'inaptitude de la novice à la vie religieuse; *Cogne la caboche*, au contraire, condamne les principes de la communauté pour excuser son personnage.

Mais plus encore que le propos, c'est la signature, peut-être, qui crée l'intérêt d'une telle contestation. Le fait que ces attaques proviennent de femmes est un élément clé dans la réception de ces œuvres; que l'on songe seulement au tollé déclenché en 1979 par la pièce de Denise Boucher, *Les fées ont soif*, œuvre dramatique qui constitue une somme sur le sujet... Car l'ironie des femmes bouscule les règles du jeu: les auteures, par ce moyen rhétorique, s'approprient un pouvoir dont elles avaient été privées. Et cette nouvelle arme leur permet de présenter leur vision des choses.

---

3. Deux auteures ont aussi contesté le discours religieux par le biais de la parodie: Anne Hébert, dans *Les Enfants du sabbat*, et Louky Bersianik, dans *L'Euguélionne*. Ces œuvres diffèrent des autres par la volonté des auteures d'inscrire leur critique – qui est aussi ironique – dans un mouvement plus précisément parodique. Chez Hébert, ce procédé prendra la forme d'une alternance entre monde sacré et monde profane (voir Paterson, 1986); chez Bersianik, il déterminera la structure même du roman, organisé en versets, comme la Bible.

Il reste cependant à comprendre, chez les auteures, cette volonté commune de choisir le pouvoir clérical comme cible première de leur ironie: en d'autres termes, pourquoi s'attaquer d'abord au curé et non pas au mari? Pourquoi contester la mainmise du clergé et non la domination du conjoint? Serait-ce que cette instance incarne pour les femmes la plus haute – entendons ici haïssable – représentation du patriarcat? De fait, les œuvres démontrent que le clergé exerce sur les femmes un pouvoir à la fois politique, idéologique et privé. La novice soumise à un ordre religieux lui-même assujetti à un clergé masculin, la religieuse à la solde de l'appareil électoral, l'image féminine laissée pour compte dans le discours religieux, la misogynie de ces «Pères de l'Église, ces célibataires forcenés qui draguaient l'Esprit-Saint pour accoucher de la haine de la femme» (Mailhot, 1975, p. 31): autant d'éléments qui expliquent le besoin de dénoncer la religion et de mettre en lumière le peu de place que réservait aux femmes un clergé mal disposé à partager son pouvoir.

CHAPITRE V

Médecine et société

Au Québec, durant les années quarante et cinquante, «la religion tient lieu de médicament, de lénitif psychologique» (Racine, 1972, p. 114); elle perd quelque peu de son pouvoir curatif dans les années subséquentes. La médecine prend alors la place laissée vacante pour exercer son pouvoir.

Les «organes»

Par l'ironie, les auteures protesteront contre cette institution qui décide, souvent à la légère, du sort de leur corps et de leur esprit et dénonceront surtout, condition féminine oblige, le peu d'attention accordée aux problèmes inhérents à leur système reproducteur. En cela, elles sont tout à fait au diapason des revendications féministes du Québec des années soixante-dix, au moment où «des femmes se rendent compte qu'elles sont à la merci d'une science qui, étant aux mains des hommes, reflète très souvent des préjugés masculins ou tout simplement de l'indifférence à l'égard des femmes» (Collectif Clio, 1982, p. 495). Geneviève Amyot, plus précisément, vilipende la manière expéditive avec laquelle on règle la question: «Vous savez ce que c'est on fouille là-dedans on s'ambitionne on vous coupe aussi l'autre ovaire et l'autre trompe et quant à y être on garde l'utérus ça fait une meilleure finition.» (Amyot, 1978, p. 100.) Elle fustige aussi le manque total de compassion des médecins:

> Il m'a écrit sur un carton bleu le nom et l'adresse de quelqu'une de sa connaissance qui a perdu comme cela l'appareil au complet il ajoutait qu'elle était parfaitement heureuse

prenait ses hormones contre la barbe elle pouvait jouir correctement. (Amyot, 1978, p. 101.)

L'absence de ponctuation, particulière à la prose d'Amyot, accentue l'ironie du propos en accélérant le rythme de la visite chez le médecin et en l'associant à une comédie médicale. Frustrée, la narratrice tente de se rebeller, de secouer l'indifférence du monde de la santé. La progression du désespoir se lit chez la patiente réduite à mendier un peu de sympathie:

> Hier je faisais le décompte des parties qu'ils ne peuvent pas ôter du tout même en fractions il n'y en a pas terriblement je réclame le droit à la mort dans son ampleur totale et non par petits bouts en petits jours désinfectés [...] laissez-moi je vous en supplie un morceau d'ovaire une portion d'âme que je me porte à terme [...] dans un petit sac comme pour les abats des poules. (Amyot, 1978, p. 146-147.)

On note l'association fortement connotée que la narratrice fait d'elle-même avec une poule, terme peu flatteur utilisé pour désigner les femmes; elle se sent traquée, à la merci d'un système dépersonnalisé. Même impression de solitude glacée chez Hélène Rioux, dans *Yes monsieur*, lorsque la jeune fille décide d'aller se faire avorter: «Et ne croyez surtout pas que les deux femmes qui m'hébergeaient et le médecin qui m'opérait le faisaient par grandeur d'âme.» (Rioux, 1973, p. 88.) Impasse féminine, la question de l'avortement est une prérogative dont se moque Marie-France Dubois en se demandant: «À quoi peuvent bien penser des hommes avortés? (chanson connue)» (Dubois, 1975, p. 26.)

Paradoxalement, si les auteures prennent à partie les médecins entre les mains desquels elles doivent mettre leur santé, elles témoignent d'une indulgence certaine envers les charlatans, ces guérisseurs qui s'improvisent médecins; il est vrai que, dans ces cas particuliers, l'ironie se fait aux dépens de ceux qui se laissent duper. Il reste que ces personnages bénéficient de leur clémence, sans doute parce que, faux médecins, ils n'ont sur elles que le pouvoir qu'elles veulent bien leur concéder.

Beaucoup moins sévère que la précédente, cette ironie se moque du besoin maladif des gens de se savoir en bonne santé et de leur manque de sens critique devant l'évidence de l'imposture. Qu'on en juge par ce que Gabrielle Roy dit du charlatan Ephrem Brabant: «Des gens en parfaite santé essayèrent son remède et ne s'en déclarèrent nullement incommodés, ce qui, autant que les cures, ajouta au prestige d'Ephrem Brabant.» (Roy, 1975, p. 34.) Chez Ferron, le charlatan se présente sous les traits de Langelier dans le conte «Le don de Dieu», dans un extrait marqué par l'habile emploi polysémique du mot «formes»:

> L'extraordinaire dans son cas, c'est la manifestation plutôt particulière de son don qu'une providence généreuse avait déposée au bout de son sexe. [...] Langelier et sa malade récitaient beaucoup d'avés et multipliaient les invocations avant de passer religieusement dans la chambre à coucher. [...] S'il acceptait quelques argents, c'était mon dieu pour sauver les formes. Certaines en valaient la peine, tant elles lui paraissaient parfaites. [...] C'est épuisant à la longue, «soigner» à ce rythme-là, certains médecins l'admettront. (Ferron, 1966 a, p. 29-32.)

Le point de vue adopté par les auteures se veut détaché; issus d'une nouvelle et d'un conte, les deux charlatans sont présentés sous un angle plutôt ludique ou lubrique visant à souligner l'aspect comique de leur forme de pratique médicale.

D'une façon générale, l'ironie la plus sévère envers la médecine frappera la désinvolture avec laquelle elle traite les problèmes relatifs à l'appareil reproducteur des femmes – leur spécificité biologique –; mais les auteures ne se limitent pas à mettre en question le pouvoir des médecins sur leur corps: elles protesteront fortement contre les pratiques de ceux qui tentent de contrôler leur esprit.

La folie

L'«hystérique» est un personnage récurrent dans la littérature des femmes[1]. Réellement déséquilibrée pour un moment dans son existence, convaincue de folie par l'incompétence du psychiatre[2], ou évoluant volontairement à côté du réel, la folle chez nos auteures passe par toute la gamme des instances médicales. Sa fragilité émotionnelle fait d'elle une victime toute désignée. Louky Bersianik sert une sérieuse mise en garde aux femmes en ce qui a trait à la manipulation mentale, dans une charge appuyée par des italiques ironiques:

> Le psychologue se moque de vous quand il veut vous convaincre que votre unique ambition est de rivaliser avec

1. Le Théâtre des femmes a donné plusieurs pièces qui tournent autour de ce thème. Voir à ce propos mon article «L'émergence de l'ironie dans la littérature des femmes au Québec: héritage du féminisme?» (Joubert, 1992).
2. Psychiatre et psychologue ne sont évidemment pas synonymes; on relèvera cependant des citations contenant l'un ou l'autre terme, car les deux professions ont comme but, en partie, de rendre à la patiente un certain état de santé et d'équilibre mental.

> l'Homme et que cette ambition est néfaste, que votre jalousie n'est pas fondée même quand vous êtes certaine du contraire, que vous *devez* tenir la maison de votre mari parce qu'il faut bien que ça se fasse et que c'est dans votre *nature* de le faire. (Bersianik, 1976, p. 362.)

Certaines auteures ont fait de la *folie* des femmes un de leurs principaux chevaux de bataille. Michelle Guérin, par exemple, donne à ses personnages une distance vis-à-vis de leur déséquilibre mental; le recul permet donc à ces femmes de faire comprendre au lecteur les états d'âme d'une personne fragile et vulnérable mais assez forte, toutefois, pour s'exprimer et dénoncer les failles des thérapies et traitements. La narratrice de *En importunant la dame* s'interroge ainsi: «Je me demande si ces rêves sont bons pour moi. Si je devrais continuer à les évoquer. Le psychiatre m'a dit que je trouverais moi-même la réponse (cet imbécile, pourquoi le paye-t-on alors?).» (Guérin, 1979, p. 20-21.) La narratrice se livre, tout au long du roman, à une auto-analyse qui ne la mène nulle part et illustre le cul-de-sac que constituent certaines introspections mal dirigées. À défaut de conseils judicieux, elle se rabat sur les idées reçues: «Je fus attirée vers des hommes inaccessibles comme le fut mon père. Saint Freud, priez pour moi!» (*Ibid.*, p. 72[3].)

La même auteure, dans *Onyx*, s'est penchée d'une façon plus marquée sur le problème de l'amnésie. Ce trouble de la mémoire n'est pas synonyme de folie; il réduit tout de même le personnage à un état de *non-être* et l'oblige à se soumettre au corps médical qui le prend en charge. Le roman repose donc lui aussi sur les confidences d'une femme en quête de son identité. Le monologue intérieur lui permet de critiquer les traitements dérisoires et de faire partager au lecteur le sentiment d'impuissance qui l'envahit lorsqu'elle se trouve à la merci de la médecine:

> [Le docteur] veut se rassurer en essayant de me rassurer. Mais il commence peut-être à douter de la validité de son diplôme. [...] il me promet toute une panoplie d'encéphalogramme-artériographie et d'autres trucs en «ie» ou en «amme» pour me punir de ne pas me souvenir. (Guérin, 1975, p. 18.)

3. Il est intéressant de remarquer la «canonisation» ironique de Freud que l'on retrouve aussi dans *L'Euguélionne* sous le nom de St Siegfried (Bersianik, 1976); les auteures soulignent et tournent en dérision en même temps la très grande influence que Freud a eue, et a encore dans certains milieux, sur l'explication du «mécanisme psychique» des femmes. Sarah Kofman, dans son ouvrage *L'énigme de la femme. La femme dans les textes de Freud*, commente et remet en question certains écrits du psychanalyste.

Ce propos met aussi en relief la culpabilité naissante chez la narratrice qui n'accomplit pas les progrès attendus malgré ses efforts et sa bonne volonté. La jeune femme métaphorise sa propre inaptitude à guérir: «La machine refuse de se laisser roder. Je suis un citron.» (Guérin, 1975, p. 30.) Tout en sentant que le poids de l'échec de la thérapie repose en partie sur ses épaules, elle reste assez lucide pour faire la part de l'incompétence médicale: «J'essaierai de ne plus vous faire de scène aussi ridicule. Vous aurez moins chaud, docteur» (*ibid.*, p. 85), dit la narratrice comme une enfant qui promet à des parents grondeurs d'être plus sage à l'avenir. Car les patientes, qu'elles soient traitées pour amnésie ou pour déséquilibre mental, expriment souvent, au moyen de comparaisons réductrices, l'état d'infériorité dans lequel elles sont maintenues par le système médical:

> Depuis que je suis ici, je me fais l'impression d'un petit concombre à marinade dansant, sautant, tournant le long des tapis de métal roulants parsemés d'orifices de diverses grandeurs pour enfin finir par retrouver ses congénères pareils à lui dans le même sac. (Guérin, 1975, p. 26[4].)

Claudette Charbonneau-Tissot, dans *La Chaise au fond de l'œil*, souligne l'infantilisme avec lequel on traite les «pensionnaires»: «Ils se rengorgent et multiplient les renforcements positifs. J'aurai peut-être droit au bonbon ou à l'os. [...] Je leur lance un merci qu'ils se mettent à gruger.» (Charbonneau-Tissot, 1979, p. 84-85.) Le point de vue que donne cette auteure du monde de la maladie mentale diffère de celui de Michelle Guérin dans la mesure où, même internée, la femme domine la situation. L'ironie dégagée n'est pas de la même nature que la précédente: l'amnésique raillait le sentiment de dépendance ressenti devant la nécessité de s'en remettre à une médecine qu'elle estimait d'une efficacité douteuse; Charbonneau-Tissot, au contraire, tourne en dérision l'impuissance de la médecine à tirer sa protagoniste d'une folie qui devient un refuge précieux contre le réel: «Sous le couvert de la folie, nous vivons la liberté la plus sauvage, interdite à tout autre. Ils croient nous encager mais le zoo est dehors.» (Charbonneau-Tissot, 1979, p. 53.)

Dans ce roman très particulier, la narratrice oscille entre la folie et la lucidité, par une inversion ironique: «Tant que la lucidité ne m'atteindra que par brefs instants, je serai sauve.» (Charbonneau-Tissot, 1979, p. 32.) La folie, en fait, est l'état dans lequel la narratrice déclare se sentir le mieux. Ce point de vue crée de délicieux quiproquos, comme le mo-

4. On remarquera au passage que cette citation est un autre exemple de ces métaphores «culinaires» dont il fut question au chapitre III.

ment où la narratrice, accompagnée d'une bénévole pour une «sortie», entre dans un magasin:

> [La bénévole] a dit à la caissière de ne pas me servir. Que j'étais sous sa garde.
> Que j'étais une malade mentale.
> La caissière me regarda, étonnée et perplexe. Je lui ai dit de ne pas contrarier la dame. Que ces choses n'étaient, après tout, que des vétilles dont je pourrais facilement me passer. Que je me contenterais de cigarettes. D'un regard entendu, elle me vendit des cigarettes. (Charbonneau-Tissot, 1979, p. 100.)

La narratrice se complaît à défier le réel au milieu de sa folie. Elle brouille ainsi volontairement les pistes, et son entourage a bien du mal à détecter des signes d'amélioration à partir des critères courants d'évaluation de la normalité. Victorieuse même au plus profond de sa cellule d'aliénée, cette femme témoigne d'une volonté d'être *autrement* et d'assumer ce choix.

Les médecins, particulièrement ceux de l'esprit, n'ont pas bonne presse[5]. Les auteures les dépeignent comme des spécialistes peu attentifs à la déroute intérieure de leur clientèle constituée essentiellement de femmes en état de crise et particulièrement vulnérables: par le biais de monologues intérieurs ironiques, les femmes résistent, protestent à leur façon, prenant le lecteur comme seul témoin d'une lucidité que les autres protagonistes ne soupçonnent même pas.

Classes et groupes sociaux

La médecine s'inscrit dans le fonctionnement global d'une société donnée; les préjugés envers les différentes classes de cette société et le clivage social sont aussi objets d'ironie. Le Québec, bien évidemment,

5. Jacques Ferron, dans un récit intitulé «Le pas de Gamelin», semble donner raison à l'indignation des femmes; il y raconte le sort que l'on réservait aux patientes à l'hôpital psychiatrique Saint-Jean-de-Dieu. Dans l'extrait qu'il me semble pertinent de reproduire ici, le médecin donne un exemple de la *spécificité* des traitements imposés aux patientes, à partir du cas de Mariette, jeune adulte récalcitrante qui se révolte contre les électrochocs: «La médecine commence à sévir contre elle. C'est une médecine d'homme, assez équivoque, sinon perverse. [...] [Ses] crises surviennent à la veille de ses règles: on lui ouvre le ventre, on l'éviscère [...]: la matrice, l'appendice, l'ovaire droit, peut-être un morceau du gauche. Bref, on s'attaque à son sexe, on la castre, mutilation qui se pratique contre la femme, contre l'homme, jamais. Médecine d'homme, ai-je dit. Je le répète à ma propre honte.» (Ferron, 1987, p. 59.)

servira de référent principal à l'expression de cette contestation, les auteures débordant rarement du cadre québécois pour livrer leur message[6].

Pour elles, semble-t-il, le monde se partage en deux camps bien distincts: les pauvres et les riches. De prime abord simpliste, cette vision permet cependant des oppositions assez originales. Hélène Ouvrard, par exemple, remarque dans *La Noyante* que les riches et les pauvres se distinguent par leur dentition: «Il n'y a que ceux qui possèdent, ici, qui possèdent encore leurs dents.» (Ouvrard, 1980, p. 148.) Signe de santé, d'une alimentation adéquate, d'une vie plus aisée, la dent naturelle se porte uniquement chez celui ou celle qui a les moyens de la préserver dans tout son éclat.

Pour Madeleine Ferron, on naît du bon ou du mauvais côté de la machine. Dans *Le Baron écarlate*, au sujet de Luc, frais émoulu du collège, elle écrit: «C'est ainsi que Luc ne travailla pas en usine pour observer comment y vivent les hommes et fonctionnent les machines. L'instruction lui donna accès immédiatement au bureau de direction.» (Ferron, 1971, p. 78.) Cependant, même si les riches viennent au monde avec des privilèges, ils trouvent matière à se plaindre de leur malheureux sort. Comme le montre Ouvrard, les gagnants résistent difficilement à la tentation de faire croire aux perdants qu'ils sont, en réalité, plus chanceux dans leur misère: «– Il faut payer bien cher, parfois, pour être celle chez qui on fait des ménages. Crois-moi, Éléonore chère, il vaut mieux être celle qui les fait.» (Ouvrard, 1980, p. 23.)

À travers leurs personnages, y compris ceux qui feignent un intérêt pour leurs «inférieurs», les auteures réaffirment l'évidence de l'inégalité des classes en la tournant en dérision. Manifestement, les nantis tiennent à leur standing et ne souscrivent pas à l'idée d'une société qui reposerait sur l'égalité des individus. Jeanne Ferny, personnage de *Quand j'aurai payé ton visage*, résume bien cette résistance bourgeoise au nivellement social quand elle songe à l'avenir d'un fils qui nourrit un penchant, même très discret, pour le socialisme: «À vingt ans, [Robert] nous amènera une petite de rien du tout qu'il voudra épouser pour faire un beau geste [...]. J'aurai bonne mine devant mes amies.» (Martin, 1962, p. 28.)

Le terme «beau geste» traduit toute la condescendance de la bourgeoise préoccupée avant tout de ne pas ternir sa réputation par une telle mésalliance. Les riches gagnent à maintenir le clivage entre les classes et les personnages en oublient quelquefois toute subtilité, comme ce directeur d'école s'adressant à ses élèves: «"Mes petites *pauvres*", déclara

6. Il faut, encore une fois, citer *L'Euguélionne* comme contre-exemple; le roman de Bersianik, dans sa structure parodique, constitue une attaque en règle contre toutes les lois et conventions sociales et déborde les frontières du Québec pour rejoindre l'universel, même si le lecteur est constamment sollicité par des référents québécois.

Monsieur Guindon...» (Maillet, 1966, p. 36.) Par l'italique, l'auteure communique au lecteur l'opinion qu'elle a de son personnage. Autre exemple d'ironie sur cette résistance à l'abolition des classes: «Ce collège [...] acceptait souvent de troquer les frais de pension pour des produits de ferme. [...] "Ça prend combien de cochons pour faire un bachelier?" demandaient les fils de bourgeois sarcastiques.» (Ferron, 1971, p. 147.)

Les auteures se moquent, par protagonistes interposés, de l'inégal partage des richesses et des privilèges. Au-delà de l'ironie pratiquée aux dépens des personnes «nées du bon côté», il faut voir une sorte de douce revanche pour ces auteures, qui sont, par leur condition de femmes, et jusqu'à maintenant du moins, du «mauvais côté» du pouvoir. Marginalisées par leur sexe, seraient-elles plus sensibles aux manifestations de ségrégation? Il est permis de le supposer.

Marie-Claire Blais va aborder cette question de la lutte des classes sous un tout autre angle. Plus spécifiquement dans son roman *Un Joualonais, sa joualonie*, titre en soi évocateur, l'auteure attaque l'hypocrisie de certaines attitudes dites antibourgeoises. En fait, sa dénonciation se cristallise surtout autour d'un personnage nommé Papineau. Celui-ci, marié et père de deux enfants, possède l'intime conviction d'être marxiste avant la lettre et de constituer le seul digne représentant de la philosophie de Karl Marx.

Blais se plaît à tourner en dérision ce beau parleur qui se révèle, au fil de ses interventions dans le roman, plus bourgeois que ceux qu'il fustige. Invité à souper chez des «riches», Papineau accepte en ces termes: «Nous n'avons pas l'habitude d'accepter des invitations de la société capitaliste, ma femme et moi, mais cette fois la pneumonie de Blaise est notre excuse.» (Blais, 1973, p. 82.) Tel un Tartuffe nouveau genre, Papineau tient un *discours* qui n'a rien à voir avec ses *intentions*.

Dans ce même roman d'ailleurs, l'auteure décrit un défilé de différentes «factions» sociales qui vont revendiquer leurs droits. La multiplication ironique des options possibles veut montrer combien il peut être difficile de se définir dans notre société actuelle et facile de verser dans l'opportunisme sous le couvert de l'engagement politique. Parmi les manifestants, on note les «Secrétaires Féminines, la Femme Radicale», la «Ligue des Épouses et Mères», les «Courtisanes du Québec» et leurs «supporters», des hommes ravis qui scandent «on est libre cette nuitte, la femme qu'on aime, on la choisit!» (Blais, 1973, p. 246, 257.) L'auteure illustre dans cette séquence le danger de se détourner d'un militantisme efficace vraiment voué à une cause collective pour limiter son engagement à la défense d'intérêts purement personnels. Mimi, le travesti, résume ce risque en manifestant son indécision sur le parti à prendre; doit-il aller «avec le Front des Homos ou les gars du Sexe Libéré» (*ibid.*, p. 229)?

Devant une telle quantité d'avenues possibles, Geneviève Amyot exprime en écho sa lassitude: «Je n'ai pas envie de ister avec les istes d'aucune mode.» (Amyot, 1978, p. 80.) La trop grande fragmentation des groupes, dirait-on, atténue les chances de succès des revendications et ne suscite, chez cette auteure en tout cas, qu'un profond pessimisme.

Le gouvernement, ses institutions et la société de consommation

Cette société est gérée par un gouvernement qui n'échappe pas aux critiques et à l'ironie: un fonctionnariat borné et des institutions inadéquates inspirent aux auteures des personnages et des réflexions qui traduisent le malaise ressenti face à un système déshumanisé.

Huguette Le Blanc, dans son roman *Bernadette Dupuis ou la Mort apprivoisée*, crée le personnage type du fonctionnaire imbu de son pouvoir bureaucratique. Il menace d'éviction Bernadette, une dame âgée, et le mari malade dont elle doit prendre soin jour et nuit; le gouvernement souhaite raser leur maison pour construire à la place des immeubles modernes plus rentables. L'intérêt du roman réside dans le changement du rythme textuel qui accompagne l'alternance des protagonistes. La narration en général, lente et doucement nostalgique, se met au diapason des états d'âme de Bernadette qui, malgré les épreuves, entretient son bonheur au prix d'efforts surhumains. Lorsque paraît Sablon, le fonctionnaire zélé, les plans deviennent saccadés et le ton se fait sarcastique, comme si l'auteure déversait sur ce personnage minable un trop-plein de rancœur:

> Âgé de quarante-deux ans, il avait connu les emplois temporaires, le chômage [...] mais depuis qu'il était au service du Gouvernement comme assistant de monsieur Dubé [la] famille ne le reconnaissait plus. Il parlait plus fort à la maison [...].
> Il était fonctionnaire.
> Il en jouissait. (Le Blanc, 1980, p. 29-30.)

Sablon est l'exemple parfait du raté qui exerce son pouvoir où il peut et se venge sur plus petit que soi. Conscient de la vulnérabilité des deux personnes âgées, il tente d'imposer sa loi. Mais il n'obtient pas les résultats escomptés; de fait, il se révèle totalement impuissant à vaincre l'entêtement de Bernadette, et face à cette résistance imprévue, il ne «[sait] plus que faire de cette mallette noire qui [perd] son pouvoir» (Le Blanc, 1980, p. 86).

Le personnage du fonctionnaire sert de bouc émissaire à l'auteure pour dénoncer l'indifférence des instances gouvernementales et la lourdeur de l'appareil bureaucratique qui multiplie les interventions inutiles au lieu d'aborder les vrais problèmes. Chez Hélène Ouvrard, on lit ce commentaire acerbe: «Il se trouve sur cette scène beaucoup de gens qui s'arrogent des droits sur l'enfant et bien peu qui s'offrent à en porter la charge.» (Ouvrard, 1977, p. 75.) Plus que l'inefficacité du gouvernement, la remarque s'attaque à l'*irresponsabilité* d'un système.

Cette idée d'inconséquence trouve aussi écho chez Amyot:

> Je connais un homme qui était ornithologue il a tout laissé tomber ses dix enfants ont maigri de sept livres chacun (le bébé ne pèse plus beaucoup) sa femme est en dépression le Bien-Être ne veut rien faire il leur a expliqué le cas en détail ils ne sont pas très sensibles à ce genre de problème fort peu enclins à défrayer spontanément les ravages de la culture américaine. (Amyot, 1978, p. 32.)

Sur un mode ludique, l'auteure raconte un drame familial et personnel à peine exagéré et fait ressortir la nonchalance d'une bureaucratie imperméable à la misère concrète. Michèle Mailhot, dans la transposition onirique et vaguement iconoclaste d'un procès, se moque des décisions absurdes qu'imposent parfois les autorités de tout acabit, incapables d'évaluer adéquatement les cas un tant soit peu marginaux:

> – Comment osez-vous paraître devant moi toute nue?
> – Mais Votre Honneur, je viens de naître!
> – À quarante ans?
> – Oui, à quarante ans.
> Le juge hausse les épaules, chagriné, se gratte la tête: le code pénal n'a pas prévu le délit des naissances tardives. Une colombe qui semble s'y connaître dans les cas de natalité obscure se pose sur sa tête et lui inspire cette sentence lumineuse:
> – Je vous condamne à vivre. (Mailhot, 1972, p. 27.)

Frustration devant l'inertie ou l'ineptie des gouvernements, exaspération devant l'indifférence de la société, résistance aux institutions en général: l'ironie, toujours, vient à la rescousse des auteures pour traquer la bêtise et tenter de l'éliminer. L'heure n'est pas à l'optimisme cependant. Ouvrard tâte le pouls du Québec pour évaluer sa santé sociale et constate avec une amertume diffuse que «notre plus grand succès au cinéma», c'est «*Aurore, l'enfant martyre*[7]» (Ouvrard, 1980, p. 170). La perception

7. Afin de reconstruire l'ironie ici, contenue dans un référent culturel, il faut évidemment connaître le film en question. Pour la grande majorité des Québécois, cependant, le nom d'Aurore évoque le savon, le fer à repasser et l'enfant battue.

de Nicole Brossard n'est guère plus réjouissante: «La foule. Le pop corn. Les policiers: toute fête québécoise étant une fête de perdants...» (Brossard, 1970, p. 59.)

D'une façon plus universelle, les auteures déplorent l'hypocrisie des codes qui régissent la vie sociale: Louise Maheux-Forcier, par exemple, raille ces «milieux les plus éclairés où, par snobisme, on affectait de se pâmer pour ce qu'on aurait eu honte de ne pas connaître» (Maheux-Forcier, 1969, p. 102). Dans la même veine, Madeleine Leblanc affirme: «L'éthique sociale exige ces parades de salon où chacun se travestit selon ses intérêts particuliers. On m'a dit que cela faisait civilisé d'être artificiel.» (Leblanc, 1965, p. 25.)

Les faux-semblants et les ruses sont à la source d'un certain type de réussite mondaine. Amélie, du roman *Le Doux Mal*, s'accommode relativement bien de ce perpétuel mensonge: elle «est beaucoup plus intensément au théâtre le personnage qu'elle joue qu'elle n'est elle-même, chez elle à la ville où elle vit en sourdine» (Maillet, 1972, p. 49). L'auteure (1962, p. 35) reprend cette idée de la périlleuse fusion entre le «moi réel» et le «moi social» avec ces «jeunes bohèmes anglo-saxons qui, depuis certains articles que leur a consacrés le *Montreal Star*, s'efforcent consciencieusement de ressembler à leurs propres personnages».

Obsession du «paraître», hantise de la réussite: Ferron se moque des rivalités effrénées dans *Le Baron écarlate*: «La conversation prit l'allure cavalière d'une compétition. Chacun lançait à la tête de l'autre sa réussite personnelle. Ce fut un match nul.» (Ferron, 1971, p. 159.) Il faut être à la hauteur si l'on veut rester dans la course; il est important aussi de veiller prioritairement à ses intérêts. Ceux-ci d'ailleurs l'emportent sur toute autre considération:

> – Germaine! s'exclama [...] Morin avec une indignation qui lui allait très bien. Germaine! pense que Londres sera peut-être bombardé!
> Comme il ne prévoyait pas d'avantageuses fluctuations sur le marché de la «pitoune», il pouvait se permettre un noble désintéressement. (Ferron, 1971, p. 134.)

Rares néanmoins sont ceux et celles qui étouffent leur vraie nature au profit d'une attitude plus socialement rentable. Du moins est-ce l'impression que donnent les œuvres: les auteures ne mettent pas souvent en scène ce genre de personnage tricheur qui parvient à berner l'entourage; elles semblent se poser plus fréquemment en témoins révélateurs des mensonges et des mesquineries des protagonistes. Par la bouche de leurs personnages, elles laissent filtrer leur mépris pour l'inauthenticité.

Il importe de signaler, en terminant, que les flèches décochées au gouvernement sont bien peu nombreuses par comparaison avec celles qui sont réservées au système médical. Sauvons d'abord les corps et les esprits, semblent recommander les auteures; on s'attaquera ensuite aux lourdes structures gouvernementales... Il reste que leur ironie, sur ce thème particulièrement, se fait beaucoup plus pessimiste, comme si la gravité de la situation leur pesait en leur enlevant jusqu'aux ressources pourtant inépuisables des jeux de langage.

CHAPITRE VI

L'éducation

Les attaques contre l'éducation, en tant que système et rouage sociaux, vont mettre en évidence, comme dans les deux sections précédentes, la nouveauté de la perspective proposée par l'écriture au féminin. En plus de contester l'efficacité de ce système en général, les auteures vont souligner et dénoncer, par la condamnation des stéréotypes, la mince place que leur réservait traditionnellement le monde de la connaissance.

Les traditions fustigées

> Je suis venue au monde à vingt-six ans de père inconnu et de mère inconnaissable. [...] J'étais une fille et j'appris ceci de la différence:
> Léa aide maman — Léo lit le journal
> Lia fait les lits — Léon fume la pipe de papa
> Léonie lave l'assiette — Paul sera mé-de-cin
> (Lévesque, 1979, p. 25.)

En reproduisant les stéréotypes qui marquent les filles dès leur tendre enfance, Solange Lévesque attaque le «mal» à la racine: le conditionnement des filles, qui commence très tôt à les préparer à remplir leur rôle traditionnel dans la société. Les comportements, les destinées mêmes semblent définis une fois pour toutes par une hiérarchie qui confine les filles à une position d'éternelles subalternes. L'auteure, par sa technique d'opposition, accentue l'aspect dérisoire des tâches féminines par rapport au «sérieux» des préoccupations de l'autre sexe. Elle remet du même coup en question la valeur d'un système d'éducation qui «réduit la fonction des femmes à la "reproduction de l'espèce" et à la préservation du foyer paternel» (Gould, 1991, p. 36) en inculquant ces modèles aux enfants et en servant de renforcement à la situation qui prédomine dans les familles. La petite fille n'a pas le choix, semble suggérer l'auteure: elle voit sa mère servir la famille et va à l'école pour apprendre que c'est ce qu'elle fera toute sa vie.

Le conditionnement est efficace: jusqu'au début des années soixante, la littérature au Québec, même celle des femmes, remet rarement en question l'ordre établi[1]. Depuis, plusieurs auteures ont dénoncé le sort réservé aux filles instruites, celles qu'on consentait à envoyer à l'école jusqu'à la venue du mari salvateur. Madeleine Ferron montre clairement que l'école était, de l'avis de l'homme, une étape peu utile dans la vie d'une fille. Dans *Le Baron écarlate*, la jeune fille, encore portée par l'euphorie de la collation des grades, rêve de son avenir. Elle revient chez son oncle adoptif qui guette son arrivée avec impatience: «Je m'avançais dans l'ivresse de ma gloire présente et future [...] il dit [aux autres invités venus célébrer l'événement]: "Je l'attendais depuis si longtemps à la maison." Ma vie fit la culbute.» (Ferron, 1971, p. 110.) Les études, essentielles pour la jeune fille, constituaient aux yeux de l'oncle un intermède agréable; après quoi, la collégienne devrait reprendre sa *vraie* fonction de ménagère.

Il ne fallait pas non plus qu'elle s'enhardisse à étudier des matières traditionnellement réservées aux hommes; elle se contentait d'un programme intitulé «Lettres-Sciences, nom prétentieux d'un cours d'études réservé aux jeunes filles de bonne famille» (Ferron, 1971, p. 109) et qui était en fait, au Québec, «surnommé prestigieusement cours "universitaire"»; il fut aboli en 1956 (Collectif Clio, 1982, p. 406). Plusieurs passages très ironiques donnent à penser que les hommes se sentent moins menacés par des femmes peu intelligentes ou qui n'ont pas appris à développer leurs capacités intellectuelles. La narratrice d'une nouvelle d'*En toutes lettres* fait cette confidence: «Mon père dit souvent que [son épouse] n'est pas la "tête à Papineau" et que c'est même pour ça qu'il l'a épousée... parce qu'il avait eu assez de mal, en premières noces, avec une femme brillante.» (Maheux-Forcier, 1980, p. 112.) Chez Carol Dunlop (1980, p. 116-117), «l'ignorance [des villageoises fait] la joie» d'Albert qui peut ainsi raconter n'importe quoi à des filles naïves, et au sens critique peu aiguisé.

L'intelligence n'est pas un atout pour les femmes; les études non plus. Un voisin confie ses préférences à la narratrice de *Ne me demandez pas qui je suis*: «Une femme doit avoir une belle poitrine, des bras forts

---

1. Rares, en effet, sont les personnages féminins qui, telle Florentine Lacasse, osent avouer à leur mère qu'elles ne veulent plus vivre comme les femmes de leur génération.

pour travailler [et] doit posséder un petit esprit dans un petit cerveau.» (Shore, 1965, p. 25.) Apparemment, l'ouverture d'esprit et la soif de connaissances rendent les femmes subversives, car «le savoir, dit Madeleine Gagnon (1980, p. 29), c'est du pouvoir, [...] les 8 millions de sorcières brûlées le furent, justement, parce qu'elles savaient trop de choses». Cette idée de la «connaissance dangereuse» trouve des racines profondes dans l'histoire du Québec, comme le souligne Mona-Josée Gagnon:

> Une femme trop instruite risquait de se sentir limitée par une vie strictement domestique. Puisque le statut de la nation dépendait de la famille [...] il fallait former les femmes de façon à ce qu'elles s'intègrent parfaitement aux fonctions ménagères et familiales et n'aspirent pas à autre chose. (Gagnon, 1974, p. 34.)

Les femmes sont, en quelque sorte, les otages d'un projet social qui mise sur leur soumission. Le personnage féminin de *New Medea*, toutefois, endosse délibérément ce rôle; amoureuse d'un homme, elle perçoit confusément le risque de paraître intelligente: «Pour lui plaire, elle redeviendra ignorante comme une fille de ferme.» (Bosco, 1974, p. 112.) La narratrice de *Tout est sous la peau*, au contraire, se rebelle contre les obstacles qui l'empêchent de bâtir son avenir:

> – Si t'aimes tant ça les diplômes et les certificats, marie un gars avec son cours classique! –
> Le raffinement intellectuel par osmose. Mon mari pénétrera en moi, et vlan! Je serai brevetée. Miracles continuels dus à cette extension de l'anatomie. (Bonvouloir-Bayol, 1975, p. 153.)

L'auteure fustige cette idée de la femme qui s'épanouit à travers le succès de son conjoint et qui joint les rangs de «l'immense troupeau de femmes qui ne vivent que par procuration» (Groult, 1972, p. 109) au lieu de chercher à diriger leur destin personnel.

L'institutrice

Dans la société traditionnelle, l'entourage exerçait de fortes pressions pour que les jeunes filles terminent au plus vite leurs études et se marient. Pour celles qui n'avaient pas le goût du mariage, ou pas de fiancé pour y rêver, les options restaient aussi limitées que peu intéressantes. Puce, dans *Non monsieur*, les résume ainsi:

> Trois métiers: l'un aussi honnête que bête, écurer les saloperies des autres. Non monsieur. Ils pouvaient aller se faire lanlaire avec leurs domesticités. L'autre labeur? Ni honnête ni bête si seulement il avait été légalisé. Restait un petit turbin à étiquette libertine: maîtresse. [...] Le métier n'était pas commode. Un choix? oh que non. C'était plutôt ce qui vous échoit. [...] Sorties permises: de l'école à l'église. Encore valait-il mieux baisser les yeux devant la provocation d'un caleçon que le vent voluptisait. (Bernier, 1969, p. 11.)

Le métier d'institutrice, un des plus anciens ghettos d'emplois féminins, a inspiré aux auteures des personnages calqués sur ces «représentantes» d'un certain pouvoir. Les enseignantes sont en général dures, inaccessibles ou simplement stupides: «Nous étions quarante morveuses à la merci d'une ignorante», écrit sans complaisance Louise Maheux-Forcier (1969, p. 166). Madeleine Gagnon présente le personnage comme un être amputé de sa vie privée: «La maîtresse c'était une exhibitionniste et en plus elle avait horreur de la cour. Il faut dire qu'on ne l'avait jamais courtisée. C'était la maîtresse à tout le monde depuis bientôt trois générations d'enfants.» (Gagnon, 1969, p. 89.) Jocelyne Felx (1975, p. 106) parle d'une maîtresse «atteinte d'un certain dessèchement de la cervelle, cela étant les termes mêmes employés dans le rapport».

Les institutrices forment un clan de parias institutionnalisés; marginalisées surtout par le célibat, ces femmes échappent à la «normalité» de la maternité. On les craint, on les observe de loin, on les aime peu. Le fait qu'elles soient souvent membres d'une communauté – à l'époque où le clergé assurait la majeure partie de l'enseignement dans les écoles du Québec – n'atténue pas l'animosité que suscite le manque de discernement qu'on leur prête en général; on a pu le voir au chapitre IV sur l'Église et on le constate de nouveau dans la citation suivante qui rappellera à tout lecteur de plus de quarante ans la vente, fortement encouragée, des «petits Chinois» organisée pour venir en aide aux pays défavorisés:

> – Ça coûte une piastre, a dit Mère Sainte-Scholastique.
> – C'est du vol, Pauline Archange, dans mon temps on achetait les Chinois et leur ciel pour dix cents. [...] [Les Chinois] descendaient ou s'élevaient de leur balance de rédemption au rythme des sous que nous avions la générosité de leur offrir. (Blais, 1970, p. 32-34.)

Heureusement, Mademoiselle Léonard, de la trilogie des *Manuscrits de Pauline Archange* et Puce, de *Non monsieur*, contrebalancent cette image négative des institutrices, la première par la passion sensuelle qui la déchire et fait d'elle un être «incarné», la seconde par l'ironie mordante avec laquelle elle décrit son métier[2]. Alors, pourquoi cet acharnement sur ce personnage? Force est de constater que la «maîtresse» traditionnelle, femme ou si peu, s'attire la foudre des auteures qui traitent habituellement avec une plus grande sollicitude leurs protagonistes féminins. Est-ce là l'indice d'une frustration imputable à ces femmes qui ont, inconsciemment ou non, ralenti leur marche vers la connaissance? Porteuses d'un savoir non subversif parce que restreint et tributaire d'un discours dominant qui voyait au maintien des traditions, ces enseignantes – celles qu'on présente en fiction du moins – entrouvraient la porte à une autonomie de pensée, qui permettait les plus grandes aspirations, pour la refermer aussitôt; d'où, peut-être, cette hargne rétrospective des écrivaines à l'égard de celles qui, paradoxalement, contribuaient à perpétuer la formation de femmes «dépareillées», bonnes mères, ménagères exemplaires et épouses soumises...

La valorisation de l'ignorance: une ironie

S'instruire était donc pour les femmes une perte de temps: même en 1964, les «pères de la réforme scolaire [...] persistent à concevoir l'éducation des femmes en marge de leur "vocation" première...» (Collectif Clio, 1982, p. 406). Est-ce pour cela qu'il existe chez les auteures une tendance à faire, par l'ironie, l'éloge de l'ignorance? Y a-t-il un rapport possible entre le fait d'appartenir à un groupe – les femmes – qui a été tenu longtemps à l'écart des études avancées et celui de créer des personnages qui contestent la nécessité de s'instruire?

Les exemples qui suivent incitent à penser que le choix de la situation visée par l'ironie n'est pas fortuit; de plus, l'instruction est tournée en dérision par des auteures elles-mêmes scolarisées, ce qui élimine le risque de mal reconstruire l'ironie. En d'autres termes, le fait de connaître cette caractéristique des auteures, qui ne peuvent *vraisemblablement* pas «penser ce qu'elles disent», invite à lire comme ironiques les propos de ceux qui souhaitent maintenir les gens, plus particulièrement les femmes,

---

2. Parmi ces images positives, il faudrait mentionner, à un autre niveau, le portrait que Gabrielle Roy trace d'elle-même comme institutrice dans *Ces enfants de ma vie*, ouvrage qui contient les souvenirs de ses expériences d'enseignante au Manitoba: présentées comme des récits fictifs, les anecdotes semblent pourtant autobiographiques pour une large part et donnent une idée assez précise du type de «maîtresse d'école» qu'elle a été.

dans l'ignorance. Adrienne Choquette, par exemple, rend compte d'une réunion du conseil de ville où l'on s'en prend au commissaire d'école:

> Qui donc [...] eut l'idée de lancer [au commissaire] en pleine assemblée qu'il ne savait pas lire? [...]
> – Qu'est-ce que vous disez, vous là?
> – Je dis que vous ne savez pas lire. Un commissaire d'école, faut que ça save lire [...].
> Tout le village savait que le commissaire ne savait pas lire [...]. Après tout, quelle nécessité de savoir lire pour visiter des classes qui ne le savaient pas non plus? (Choquette, 1975, p. 39.)

Il y a, dans ce passage d'une ironie empreinte de tendresse, une attitude de tolérance et une certaine complicité dans l'ignorance. L'indulgence manifeste de Choquette souligne tout de même l'incongruité de la situation. Même chez Blais l'autodidacte, on pointe du doigt le savoir, sur un ton différent et au moyen d'une technique narrative complexe: dans *Le Sourd dans la ville*, c'est la narratrice qui s'infiltre dans la conscience de Berthe la studieuse et se moque d'elle: «N'était-elle pas parasitaire avec ses bourses d'études misérablement acquises, son intelligence déjà si lourde de connaissances dont elle ne se servirait jamais?» (Blais, 1979, p. 108.) Tout concourt à donner l'impression que Berthe, à force d'entendre des commentaires du genre, a assimilé un certain discours dévalorisant et commence à douter de la pertinence et de l'utilité de ses études.

Dans le même roman, Gloria, la mère de Berthe, renchérit ainsi: «Viens donc m'aider à laver les verres Lucia, y a assez de ta sœur à l'Université, la snob, qui fait de la poésie, avec tout ce qu'on leur raconte de nos jours, dans ces bâtisses-là!» (Blais, 1979, p. 141.) Florence, témoin de la scène, pense en elle-même que c'est une «conspiration de la bêtise» (*ibid.*), reconstruisant l'ironie pour le lecteur et lui prouvant que Gloria dit le contraire de ce que l'auteure croit vraiment.

Jeanne Ferny de *Quand j'aurai payé ton visage*, tout comme Gloria, n'a pas fait d'études; elle évalue les ambitions de la génération qui suit la sienne à la lumière de son système de valeurs personnel et éprouve une irritation semblable devant un acharnement au travail futile à ses yeux, tant chez les garçons que chez les filles:

> C'est bien horripilant, toutes ces histoires d'études. Autrefois, on se passait bien de ça. Mon beau-père avait laissé l'école à treize ans. Ça ne lui a jamais nui au contraire. On ne l'en trouvait que plus formidable. Il est mort riche. Que peut-on demander de plus à un homme? (Martin, 1962, p. 29.)

Plus loin, le même personnage dit de Lucile, une invitée: «Je suis prête à parier qu'elle ne se mariera jamais. Qui voudrait d'une psychologue?» (Martin, 1962, p. 30.) Mariée à un riche homme d'affaires, Jeanne Ferny baigne dans l'inconscience caractéristique d'une bourgeoisie bornée, raciste et ultraconservatrice; de plus, elle appartient à une génération qui ne croit pas à la valeur des études, plus spécifiquement encore pour les jeunes femmes, rejoignant par là le personnage du grand-père de Pauline Archange qui lui dit, à propos des femmes de la famille: «L'instruction, qui a dit que c'était pour les femmes? Viens, Pauline, y faut toujours que les femmes vous rabaissent le caquet!» (Blais, 1970, p. 30.)

Yvette Naubert exprime encore plus directement ce mépris dû à l'ignorance dans le deuxième tome des *Pierrefendre*; elle oppose à Gérard, homme quelque peu grossier et volage, son frère Edmond, religieux, bon et curieux de tout: «"Edmond ne songe qu'à s'instruire" disait-on de lui comme si l'on avait parlé d'une infirmité congénitale.» (Naubert, 1975, p. 209.) Le respect que l'auteure manifeste à l'endroit d'Edmond se traduit par l'influence qu'elle lui fera exercer sur Micheline, sa plus jeune nièce. L'adolescente en quête d'elle-même apprendra auprès de lui la valeur de l'activité intellectuelle. Même sympathie chez Christine Latour (1980, p. 39) pour le personnage d'Alexis, dans *Le Mauvais Frère*, «entré à l'Université sous le regard méprisant de [s]a mère qui n'appréciait pas les "diplômes d'artistes", comme elle disait».

Si les divers personnages se montrent tellement réticents à reconnaître la nécessité de l'instruction, c'est peut-être qu'ils perçoivent, au-delà des apparences, un monde qui leur échappe. Les gens instruits, justement à cause de leurs plus grandes connaissances, peuvent susciter la méfiance. Léa Pétrin se moque de cette crainte: elle dit de Laverdière, homme tranquille et écologiste avant l'heure, préoccupé uniquement de préserver son domaine des spéculations étrangères: «Si Philippe Laverdière avait eu de l'instruction, son acharnement à poursuivre son rêve eût paru dangereux [...]. Mais justement, il n'avait aucun diplôme.» (Pétrin, 1979, p. 7.)

Le diplôme remis en question

Les auteures se gardent toutefois de présenter le monde de l'éducation comme le paradis de l'épanouissement intellectuel. Là encore, elles exercent un jugement critique: l'accumulation de diplômes, d'attestations et de cartes de compétence ne signifie pas nécessairement qu'on a des connaissances.

Hélène Ouvrard exprime ainsi cette idée: «B. songe à l'absurdité de posséder tant de science pratique de la mer [...] quand c'est de diplômes qu'on a besoin désormais pour avoir le droit de vivre dans l'île.» (Ouvrard, 1977, p. 33.) Il faut élargir ses connaissances, certes, mais pas n'importe comment ni à n'importe quel prix. Dans une nouvelle du *Chemin des dames*, Ferron déplore le caractère expéditif d'une séance de formation, couronnée par un document officiel dont on peut contester la valeur réelle. La jeune protagoniste a en effet obtenu un «diplôme sibyllin. Il lui avait été décerné par un maître-coiffeur de Paris venu à Montréal pour y donner un cours intensif d'une semaine» (Ferron, 1977, p. 60).

Marie José Thériault exprime un doute encore plus grand quant à la valeur de ces symboles dans un passage railleur: «Ainsi, le cabinet d'aisances de la Caverne des Loisirs Populaires où sont également dispensés des cours intensifs en relations humaines s'orne d'un parchemin impressionnant – [le diplôme de doctorat de Magnus Fossor] – qui dissimule [...] quelques disgracieux graffiti.» (Thériault, 1978, p. 123.) On voit où peut mener l'instruction, ou à tout le moins la surenchère de connaissances mal assimilées.

En fait, l'ironie dirigée contre les diplômes trahit un désenchantement face au milieu de travail dont ils sont censés ouvrir les portes: «Un diplôme pour traire vingt vaches. Deux diplômes pour faire la tambouille d'un curé. Le degré universitaire pour quoi faire? Vendre de la limonade aux touristes américains.» (Bernier, 1969, p. 34.) Claire de Lamirande exprime aussi la désillusion qui naît de l'écart entre les rêves d'étudiant et l'arrivée dans le monde du travail: «On choisit la géographie, on s'imagine qu'on va explorer le monde, on aboutit devant trente élèves qui ont hâte que le cours finisse.» (Lamirande, 1980 b, p. 91.)

Le monde de l'éducation ne tient pas ses promesses, semblent dire les auteures, et les lieux du savoir auxquels elles ont eu si péniblement accès ne sont pas les havres espérés: ce constat un peu pessimiste donne lieu à l'expression de commentaires désenchantés sur certains opportunistes qui ont su tirer pleinement profit du système en place. Marie José Thériault, de loin la critique la plus virulente du milieu universitaire, à tout le moins dans la période qui nous intéresse ici, trace ainsi le portrait du professeur type: «Comme tout Professeur digne de ce titre sent le pressant besoin d'équilibrer le poids des vacances avec celui du labeur, Cleophas Drulle s'accorda un repos sabbatique de quinze ans.» (Thériault, 1978, p. 133.) Lise Lacasse, à son tour, prend à partie la paresse institutionnalisée que certains enseignants camouflent sous des intentions à première vue honorables: «Barbeau, c'était une queue de classe. Faut pas se surprendre qu'aujourd'hui, y prône le travail d'équipe.» (Lacasse, 1977, p. 157.)

Vigilantes comme toujours, les auteures scrutent de près les institutions, dénonçant les programmes vides, qui ne mènent nulle part, et l'incompétence des hommes et des femmes qui empêchent la diffusion d'une connaissance nécessairement subversive. Depuis 1960 – époque où les structures commencent à changer –, le regard qu'elles portent sur le monde de l'éducation se fait donc rétrospectif; la lecture prend alors une signification historique qui incite à mesurer l'énorme chemin parcouru en quelques décennies.

CHAPITRE VII

Couple et famille

Les auteures créent majoritairement des héroïnes, plutôt que des héros, qui doivent composer avec un monde hostile. Des jeux de pouvoir s'exercent même dans le foyer de ces protagonistes qui, à l'image des femmes dans la réalité, vivent des conflits amoureux, conjugaux et familiaux que les auteures vont présenter par le biais de l'épouse, de *sa* vision du mariage, du quotidien à deux et de sa perception du conjoint.

Le mariage: l'attente et la désillusion

Le mariage a longtemps été perçu comme l'accomplissement personnel ultime pour une femme: traditionnellement, les jeunes filles, au seuil de leur vie d'adultes, se trouvaient face à trois choix: «entrer chez les sœurs, se marier ou rester vieille fille» (Collectif Clio, 1982, p. 405). Toutes n'avaient pas la vocation et le célibat suscitait la raillerie. Le mariage apparaissait donc comme la voie la plus souhaitable et l'aboutissement d'un processus normal: la jeune fille fréquentait un peu l'école, «un ou deux certificats de lettres "en attendant" n'ayant jamais empêché une jeune fille de se marier» (Groult, 1972, p. 81); elle travaillait peut-être quelque temps, mais trouvait bien vite un homme pour subvenir à ses besoins. Cet ordre des choses a contribué à nourrir l'idée que les jeunes filles, aiguillonnées par la peur de mourir célibataires, partaient très vite à la chasse au mari[1]; dans une

1. C'est une idée récurrente dans certains romans québécois qui présentent les personnages de femmes célibataires comme des furies ou d'éternelles frustrées: pensons, entre autres, à *Une chaîne dans le parc*, d'André Langevin. Les années quatre-vingt auront donné lieu à l'élaboration de personnages de femmes célibataires qui échappent à ces stéréotypes; signalons dans ce sens *Myriam première* de Francine Noël.

telle optique, le mariage semblait être l'issue rêvée et faisait l'objet des ambitions les plus secrètes de toute adolescente.

La littérature des femmes, cependant, brosse un tout autre tableau de la situation. Il y est très peu question des aspirations matrimoniales des jeunes filles; à peine relève-t-on, dans *Non monsieur*, une remarque, un brin cynique, sur l'état conjugal: «Le mariage, permettant tout ce qui lui faisait envie, n'exigeant ni chasteté, ni dot, ni diplôme lui parut une philosophie reposante.» (Bernier, 1969, p. 9.)

Cet optimisme ne trouve pas beaucoup d'écho dans la production québécoise. Le mariage correspond plutôt à une entreprise assez ardue qui exige beaucoup de doigté et d'à-propos:

> Il y a dans l'amour un moment très précis qui est le plus propice à ce grand chambardement qu'est le mariage. Si vous ne l'attendez pas vous risquez de prendre un petit feu pour un grand, si vous attendez trop vous avez déjà de la cendre un petit peu partout. Vous n'avez pas cristallisé au bon moment. (Martin, 1962, p. 14.)

Cette réflexion laisse aussi soupçonner la difficulté de concilier, aussi étrange que cela puisse sembler, amour et mariage; l'un assassine l'autre, pourrait-on croire; en tout cas, ils ne font pas bon ménage très longtemps. Pour certaines femmes, la désillusion s'amorce très vite. Chez Yvette Naubert, l'épouse découvre tôt la dure réalité du quotidien: «Elle s'était réveillée de son beau rêve presque au lendemain de ses noces et s'était demandé avec consternation ce qui avait bien pu la séduire en Pierre-Paul.» (Naubert, 1978, p. 112.) Pour d'autres, le désenchantement commence dès la journée des noces, comme le rapporte la narratrice de *Que mon désir soit ta demeure* à propos de sa mère:

> [...] croupissant encore en robe de mariée au soir de ses noces comme une nonne promise au couvent qui ne verrait jamais le visage de Celui à qui elle serait «mariée», ce qui pour des femmes comme ma mère était la solution idéale (Blondeau, 1975, p. 123).

Il reste à cette femme mariée et aussitôt abandonnée la respectabilité de son titre d'épouse qui la sauve du célibat en lui permettant de se soustraire au devoir conjugal. Plus généralement, on raille la vitesse avec laquelle se détériorent des rapports amoureux que l'on croyait éternels: «Puis le petit lait des fiançailles qui brousse rapidement pour devenir fromage matrimonial...» (Fontaine, 1962, p. 22.)

On s'attaque aussi à la piètre qualité des communications entre époux. Dans *Paroles et musique*, la narratrice commente ainsi l'harmonie de son couple: «Le temps avait fait son œuvre et [...] nous étions pris au piège des mariages réussis.» (Maheux-Forcier, 1973, p. 136.) La juxtaposition des mots «piège» et «réussis» connote le mariage de façon à lui donner un sens paradoxal d'emprisonnement consenti.

La sensation d'étouffement et d'ennui causée par le mariage est un thème récurrent. Michèle Mailhot en donne même un synonyme dans la phrase suivante:

> En vacances avec Philippe, je m'ennuie ferme lorsque Mireille entre dans notre chambre et nous présente son mari. J'ignorais qu'elle fût mariée et cette nouvelle me réjouit comme si de partager un même *embêtement* nous rapprochait davantage. (Mailhot, 1972, p. 90; c'est moi qui souligne.)

La vie en commun est éprouvante pour les deux époux: ce sont les femmes surtout qui mesurent avec consternation ce qu'elles étaient *avant* le mariage et évaluent toutes les concessions qu'elles font *pendant* leur union. La riche bourgeoise de *Quand j'aurai payé ton visage* révèle au lecteur le prix à payer pour l'aisance et le luxe dans lesquels elle évolue: «Du plus loin que je me souvienne, il me semble que je n'ai fait que ça: sourire à des gens dont Georges attend quelque chose.» (Martin, 1962, p. 46.) Du coup, cette femme, jusque-là des plus antipathiques, affiche une lucidité qui la rend plus humaine, plus vulnérable. Son impression d'être constamment au service de son mari se trouve confirmée par Robert, son fils: «Une associée – même pas, un agent des relations publiques de la firme Ferny. Voilà à quoi on l'avait réduite.» (*Ibid.*, p. 50.)

Soumission et renoncement résument la vie de l'épouse. Seule l'ironie qui se dégage de tous ces constats pessimistes permet de voir que les héroïnes, même prises au piège de l'amour, se révoltent, sinon en agissant, du moins en faisant part au lecteur de leur sentiment de frustration. Le *Journal de l'année passée* met en lumière le danger d'abandonner un travail pour renouer avec les stéréotypes sociaux et joindre les rangs des ménagères: «Elle troquera sans chigner ses crayons contre un couteau à patates et elle sera telle qu'elle doit être pour sa paix et le contentement de tous.» (Amyot, 1978, p. 138.)

Ici, Amyot signale ce qui apparaît comme une abdication face aux pressions extérieures qui s'exercent sur un personnage trop faible pour y résister; toutefois, les mots «pour sa paix» indiquent que la femme en question est retournée à la cuisine après un long combat intérieur. La désillusion sous-jacente n'est pas sans rappeler d'ailleurs celle qu'éprouve la narratrice du *Baron écarlate* de Ferron, dont il a été question au chapitre précédent, qui, forte et fière de son diplôme tout juste obtenu, se voit vite sommée d'attacher son tablier.

La détérioration des rapports entre conjoints donne lieu à des remarques particulièrement amères, comme celles que formule l'épouse dans *La Saison de l'inconfort* au sujet de ses affrontements répétés avec un mari jaloux: «Le sempiternel disque des injures a repris et puis le lendemain, il a fallu entendre l'autre face du disque [...] "remords et réconciliation".» (Saint-Onge, 1968, p. 140.) Cette femme a une liaison avec un autre homme; dégagée émotivement du chantage affectif que veut lui faire subir l'époux soupçonneux, elle peut observer avec distance et ironie les scènes prévisibles qu'il lui joue à intervalles réguliers.

Paule Saint-Onge pousse plus loin l'autopsie d'une vie de couple:

> – Tu as l'air d'une condamnée à mort, observa Fernand, vexé.
> – Oui, à une mort lente, c'est la pire.
> [...] il a gardé dans ce qu'il persiste à appeler son amour pour moi une telle âpreté, que cela ressemble plutôt à une allergie furieusement entretenue. (Saint-Onge, 1968, p. 140, 144.)

On note dans cet amour-allergie l'idée à la fois d'attirance et de répulsion que révèle la clairvoyance de la femme quant à la nature du sentiment que lui voue Fernand: enchaîné dans ses habitudes, l'époux refuse de voir son quotidien bousculé par l'imprévu. Les changements perçus chez une femme autrefois satisfaite de son sort viennent troubler son existence tranquille et exacerbent sa jalousie qu'il persiste à considérer comme une preuve d'amour.

Les épouses s'expriment plus que les maris sous la plume des auteures – phénomène certes prévisible; les maris semblent dépourvus de moyens face à l'enlisement sentimental et apparaissent comme la source principale de l'ennui des femmes. Dans *Le Plat de lentilles*, le manque d'imagination du mari en matière de jeux sexuels exaspère sa partenaire: «Un, le bras serre la taille. Deux, il glisse entre les cuisses. Trois, il palpe la toison. Elle propose d'inverser l'ordre une fois. Une seule. Ça ne serait pas bien extravagant, ça reposerait du train-train habituel.» (Ouellette-Michalska, 1979, p. 116.) Exil, dans *L'Euguélionne*, exprime un ennui analogue dans un langage un peu plus cru:

> Mon mari Bétamu se jetait sur moi une fois par semaine, le samedi exactement. Invariable. Le processus aussi était invariable. Masturbation réciproque (qui ne me procurait aucun plaisir car sa main était malhabile et sans finesse), puis pénétration et aussitôt chasse à l'orgasme, une deux, une deux, tu viens? moi je vais venir! Ça y est! l'amour est fait! *Tourne de bord pi dort!* (Bersianik, 1976, p. 167.)

Quelques passages – très peu fréquents toutefois – abordent la question du mariage et de ses ravages sous l'angle de l'homme en tant que victime. Chez Marthe B. Hogue, par exemple, le narrateur reprend, dans une métaphore limpide, l'idée que le mariage consiste, pour l'homme, à se mettre la corde au cou: «Il me fallait faire les démarches nécessaire [*sic*] à la célébration de notre mariage à l'église, et j'aurais préféré me présenter à la barre des accusés.» (Hogue, 1974, p. 105.)

Dans *Doux-amer*, le «je» narrateur commente l'effritement de la personnalité que provoque l'osmose conjugale chez le mari de Léonie, un ami qui se confie à lui:

> Il portait le résultat de dix années de mariage avec Léonie comme on porte une signature, copyright dans tous les pays [...].
> [Léonie] m'a indiqué où se trouve la Vérité. (Je sentais la majuscule dans son intonation.) Avant de l'épouser, j'aimais la musique moderne et la peinture... Il rêva un long moment sur ses erreurs passées, l'air de ne pas en revenir. Puis contrit:
> – Je lisais des poètes... (Martin, 1968, p. 28-29.)

L'homme peut être, des deux conjoints, le plus vulnérable à l'influence envahissante de l'Autre. Ce genre de stratégie thématique – victimisation de l'homme par la femme – est cependant très rare dans le corpus et subit un traitement plutôt ironique[2].

La vie conjugale est semée d'obstacles; la narratrice du roman *Les Morts* exprime ainsi sa frustration devant les difficultés de cette course au bonheur: «Nous ne savons même pas mener nos amours, alors que le premier couple de pigeons venu s'en tire fort bien. Mais ils n'écrivent pas de romans.» (Martin, 1970, p. 148.) Il faut apparemment une certaine dose d'inconscience et de pureté pour réussir en amour. Les meilleures dispositions résistent mal au quotidien. Louise Maheux-Forcier résume admirablement l'effet dévastateur du temps sur les sentiments: «Samedi [est] jour de plaisir pour les jeunes couples d'amoureux désargentés, comme il est jour de chamaille chez les vieux couples de rapaces agrippés aux flancs du mont Royal.» (Maheux-Forcier, 1978, p. 66.)

L'une des solutions proposées pour rester amoureux est tout simplement de renoncer au mariage; l'union consacrée incite chaque conjoint à considérer l'autre comme sa propriété et le dispense de fournir les efforts nécessaires pour garder bien vivant le sentiment amoureux. À

---

2. C'est le cas, entre autres, du roman *Une liaison parisienne* de Marie-Claire Blais dans lequel Mme d'Argenti semble faire la vie dure à un mari silencieux et consentant; le lecteur se rend compte très vite toutefois que la situation convient tout à fait à M. d'Argenti, qui peut organiser ses amours à sa guise.

propos d'un couple dont la femme est charmante, un témoin soutiendra, dans *La Maîtresse*: «C'est parce qu'ils ne sont pas mariés, tiens! Pour le garder, elle est bien obligée d'être aimable.» (Saint-Onge, 1963, p. 28.) La mort de l'être aimé reste la voie pour éviter la désillusion et la déroute conjugales: «S'il avait vécu, sans doute aurais-je cessé de l'aimer mais peu importe, puisqu'il est le seul qui ne m'a pas déçue. Il n'en a pas eu le temps.» (Naubert, 1977, p. 35.)

Le couple illicite: l'amant ou la maîtresse

Rares, donc, sont les couples qui résistent à l'usure du quotidien. Plusieurs personnages se rabattent sur des aventures extraconjugales pour pallier le manque d'exotisme de leur relation. L'adultère, fréquent dans la littérature des femmes du Québec, n'est toutefois pas souvent objet d'ironie. Les femmes, plus souvent trompées qu'infidèles, n'ont apparemment pas assez de recul devant leur souffrance morale pour pouvoir rire de la situation. Çà et là se glissent quelques réflexions ironiques laissant entendre que même dans l'adultère les femmes n'arrivent pas à combler leur besoin d'amour. L'infidèle de *La Saison de l'inconfort* déchante devant l'attitude d'Éric, son amant:

> J'admire les femmes qui savent sortir de cette condition éminemment féminine qu'est l'attente. [...] La belle au bois dormant avait bien de la chance. Moi, je veille depuis cent ans. [...] Il y a des moments où l'on est forcé de constater qu'un amant peut être encore plus décevant qu'un mari. (Saint-Onge, 1968, p. 118, 123.)

Elle accumule les déceptions et ne peut s'empêcher de comparer les deux hommes de sa vie: «Éric, Fernand: deux pôles extrêmes de l'égoïsme. Et la destinée s'amuse à me les faire subir en même temps.» (Saint-Onge, 1968, p. 115.) En fait, les personnages féminins semblent souvent reporter leurs frustrations sur leurs compagnons, impuissants à satisfaire leurs désirs. Certains hommes sont jugés avant même d'avoir pu faire leurs preuves. Dans *Les Funambules*, par exemple, on comprend que le règne de Brian, amoureux d'Anne, sera de courte durée:

> Brian rajeunissait d'une folie amoureuse qu'il communiquait à Anne par le biais de mots aussi révélateurs que son besoin de l'épouser le plus tôt possible. [...] Il était de ces amants qui ne le sont jamais et s'empressent de se comporter en époux. (Blondeau, 1980, p. 227.)

Les amants jouissent d'un prestige bien éphémère auprès de leurs maîtresses. Chez la jeune fille qui tente ses premières expériences, la déconvenue est encore plus grande. Témoin cette adolescente qui commente avec lucidité la performance de son copain: «J'évitais de bouger afin de lui laisser le temps de se remettre. Cela n'était jamais bien long.» (Ouellette-Michalska, 1975, p. 34.) Le désenchantement des personnages féminins traduit, semble-t-il, un malaise assez généralisé: en quête de leur identité, les femmes croient trouver dans l'amour une réponse qu'elles doivent d'abord chercher en elles-mêmes. Le frisson éprouvé dans les bras du compagnon illicite est de courte durée, et elles sont vite ramenées à leur solitude.

Le personnage de la maîtresse, posée en rivale de l'épouse cette fois, prend rarement la parole. Comme s'il s'agissait d'un des points les plus sensibles de la vie des femmes, les auteures laissent peu de place à celle qui bouleverse l'existence du couple. Il y a, je l'ai dit, beaucoup de femmes trompées, mais la «trouble-fête» figure rarement parmi les protagonistes principaux. Elle existe à l'état de référence diégétique, c'est-à-dire que l'épouse finit par apprendre son existence – d'une façon assez brutale en général, comme dans la nouvelle «Le canotier» du *Chemin des dames* de Madeleine Ferron –, mais demeure incapable de l'affronter. Tel un fantôme, la maîtresse hante l'épouse et ruine le couple: on parle d'elle mais elle n'intervient pas, sauf, comme on l'a vu, dans *Les Oranges d'Israël* de Michelle Guérin. Dans une situation romanesque qui implique la maîtresse, les auteures préfèrent avoir recours à l'auto-ironie pour leur protagoniste plutôt que de diriger leur attaque contre l'intruse.

En fait, seule Michèle Mailhot, dans un contexte très particulier, s'aventure à ironiser sur la nouvelle maîtresse du mari de l'héroïne de *Veuillez agréer...* Celle-ci est en instance de divorce, donc assez détachée affectivement de Claude son ex-époux; elle écrit une lettre à celle qui aurait pu être sa rivale. En voici quelques extraits:

> Madame,
> J'ai failli vous appeler, «chère amie» et cela très spontanément, croyez-moi. Puis je me suis ravisée, non pas parce qu'il peut paraître impudent de dire «chère amie» à la maîtresse de mon mari, mais tout simplement parce que je ne saurais avoir de véritable amitié pour quelqu'un qui choisit si légèrement ses relations. [...] Le fait que vous ayez été [...] irrésistiblement attirée par Claude, m'oblige à douter d'une évolution que je croyais acquise à toutes les jeunes femmes d'aujourd'hui. (Mailhot, 1975, p. 93, 102.)

La maîtresse passe ici du rôle de rivale à celui de victime et inspire à la femme trompée une compassion ironique pour celle qui prend, auprès de Claude, la place laissée vacante. Les triomphes du genre sont rarissimes dans le corpus étudié. On préfère parler de la maîtresse que de lui donner le «beau rôle».

La vie de famille et le divorce comme rupture du pacte

De nombreux romans mettent en scène des cellules familiales plus ou moins réussies, les contestent et les démantèlent; peu d'auteures se moquent de la famille en tant que noyau social. Seule Marie-Claire Blais, dans *Une saison dans la vie d'Emmanuel*, en a créé une qui défie la définition même du mot: les membres, dans une atmosphère d'indigence physique et morale, semblent n'avoir aucun contact mutuel; sans ironiser précisément sur la famille comme unité de base de la société, Blais, par l'image qu'elle choisit de nous en donner, laisse deviner le peu de confiance qu'elle accorde à cette structure, ce qui peut constituer une sorte de clin d'œil ironique.

D'autres se sont attardées à un aspect particulier de la vie de famille. Thérèse Dumoulin-Tessier, avec *Le Salon vert*, traite des interrelations tumultueuses de trois sœurs célibataires; Yvette Naubert, dans sa trilogie des *Pierrefendre*, présente les hauts et les bas de la vie d'une même famille au fil des générations. L'ironie, comme outil de dénonciation, y brille toutefois par son absence. À peine quelques auteures relèvent-elles l'hypocrisie des réunions de famille. À ce propos, Louise Maheux-Forcier donne, dans *Amadou*, l'extrait le plus éloquent:

> Les «retrouvailles»... les larmes au coin des yeux! toute cette comédie de l'affection!... Cette famille de bandes illustrées! cette supercherie de la petite brue [*sic*] timide et rougissante qui entre dans le grand cercle qui se greffe à l'arbre généalogique. [...] Et tout ce beau monde souffrant de cette obsession généralisée, de ce chancre purulent: la télévision. (Maheux-Forcier, 1963, p. 143-144.)

Ce passage, il faut le préciser, détonne par rapport au reste du roman: l'atmosphère onirique générale de l'œuvre est ramenée à un niveau beaucoup plus réaliste, comme si l'auteure, dans un sursaut de dégoût, n'avait pu résister à l'envie d'exprimer son ressentiment à l'égard de la famille: elle insère cette remarque acerbe dont la teneur et la présence incongrue dans le texte modifient la lecture qui passe sans transition du rêve à la brutale banalité du quotidien.

Les réunions de famille ont lieu surtout au temps des Fêtes, constante que souligne Geneviève Amyot: «Peut-être que [les policiers] ont eu un suicidé cette nuit ou qu'ils en prévoient pour la journée les statistiques prouvent une recrudescence en période officielle de réjouissance familiale.» (Amyot, 1978, p. 142.) Sous une allure détachée, cette phrase signale toute la misère humaine de ceux qui sont ou se sont exclus d'une cellule familiale peu accueillante. Une première remarque glissée par la même auteure confirme cette impression: «Et puis c'est fête nom de Dieu il est normal que l'on s'assemble n'est-ce pas ici je le soutiens une sorte de famille la preuve je ne parle à personne.» (*Ibid.*, p. 141.)

Même si elle n'est pas souvent objet d'ironie, la famille, manifestement, préoccupe les auteures qui s'arrêtent plus volontiers à la responsable de la rupture du pacte conjugal et familial: la divorcée. Ce personnage révèle l'ambivalence qui habite toute femme ayant choisi de faire éclater le noyau familial. La réaction peut être des plus positives: ainsi, cette femme nouvellement divorcée de *Veuillez agréer...* parle de «sa vie antérieure (c'est ainsi qu'elle nomme cette étape de sa métempsycose où elle avait été transformée en épouse)» (Mailhot, 1975, p. 108). On sent le soulagement de l'épouse libérée de toute entrave qui peut dès lors réaliser ses projets. Cependant, l'euphorie fait vite place à la découverte des conséquences d'une telle initiative et du prix à payer pour s'évader. Toujours dans le roman de Michèle Mailhot, les problèmes juridiques fondent aussitôt sur la divorcée:

> – Cette femme est intelligente.
> Or, une femme intelligente peut gagner sa vie.
> Donc, cette femme peut gagner sa vie.
> Corollaire I: elle n'a pas besoin de la pension de son mari.
> (Corollaire II: les femmes qui ont une pension ne sont donc pas intelligentes?) [Mailhot, 1975, p. 83.]

Ce sophisme ironique, qui illustre les déboires des femmes dans les méandres du système judiciaire, trouve un écho semblable chez Thérèse Bonvouloir-Bayol qui prête à sa narratrice ce monologue intérieur:

> Monsieur le Juge, Votre Honneur, comment peut-on évaluer les services rendus entre les partenaires d'une entreprise matrimoniale? Quel montant approximatif apposer au bas de l'addition pour 1,800 déjeuners et des milliers de dîners? Même en utilisant le tarif minimum de main-d'œuvre? (Bonvouloir-Bayol, 1979, p. 33.)

La liberté coûte cher et les divorcées tentent tant bien que mal de payer la note; ces femmes traversent nécessairement une période d'incertitude que Lamirande, parlant d'une des voyageuses de *L'Opération fabuleuse*, résume ainsi: «la divorcée qui essaie sa nouvelle façon de vivre» (Lamirande, 1978, p. 72). Peu fréquent, le personnage de la divorcée témoigne quand même, dans les décennies 1960 et 1970, de l'émergence d'une nouvelle catégorie de femmes et des problèmes qui se rattachent à cet état civil.

Enfin, les auteures mettent souvent des enfants en scène, des mères et des pères, mais elles font très peu d'ironie sur l'essence de ces rôles. À peine quelques-unes remettent en question la place et le pouvoir, jugés abusifs par certains, que sont en train de prendre les enfants. Dans *Le Baron écarlate*, par exemple, la narratrice voit clair dans le jeu de son cousin: «Instinctivement, Luc avait trouvé les prémices d'un système qui devint la victoire du siècle par la jeune génération: la culpabilité des parents.» (Ferron, 1971, p. 114.)

De même pour le personnage de la mère: on se moque de son conditionnement ou de sa soumission – le personnage de Jeanne Ferny de *Quand j'aurai payé ton visage*, par exemple –, mais on ne tourne pas en dérision sa fonction reproductrice[3]. On peut donc y voir un effet bénéfique de la fiction qui évite à la mère d'être «objet de l'ironie et du mépris» comme elle l'est «du côté du réel» (Larue, 1982, p. 53).

Un quasi-silence tout aussi révélateur entoure le personnage de la belle-mère, cible facile de l'ironie des hommes, au point que le mot lui-même s'en trouve automatiquement connoté. Nathalie Fontaine, dans *Le Képi et la cravache*, présente une bru narratrice aux prises avec une belle-mère acariâtre des plus stéréotypées. Dans *Le Plat de lentilles*, la narratrice doit essuyer des reproches qu'elle tourne ainsi en dérision:

---

3. Encore une fois, il faut distinguer l'écart qui sépare le fait d'ironiser sur la maternité et le choix de mettre en scène, comme le fait Marie-Claire Blais, des mères dépassées et débordées par leur progéniture. La mère agit alors comme élément latent d'une dénonciation et non comme cible de la dérision. Ce silence de l'ironie des femmes au sujet de la mère a manifestement des racines très profondes, psychanalytiques, qui s'éloignent de mon propos. Les réflexions de Julia Kristeva, toutefois, tracent des pistes pour expliquer l'absence d'ironie. Elle dit: «La socialisation de l'individu exige donc le refoulement ou la sublimation de cette relation primitive à la mère: l'interdit de l'inceste dont on sait qu'il constitue l'ordre social en même temps que l'ordre du langage, est en fait une interdiction de la mère pour le garçon et pour la fille. Mais l'homme va trouver un ersatz de la mère dans une partenaire sexuelle, tandis que la femme sera toujours l'exilée de ce territoire archaïque puisque son partenaire sexuel normativement est un homme. Pour l'hétérosexuelle la mère est une rivale.» (Kristeva, 1975, p. 26.) Dans un tel contexte, j'émets l'hypothèse que cette problématique relation mère-fille fait écho d'une certaine façon à la relation auteure-femme-fille-personnage-mère et qu'elle touche un point trop sensible. Comme le souligne Jankelevitch (1964, p. 164), «les événements sont de moins en moins "drôles" à mesure qu'ils intéressent des régions profondes et plus centrales de l'existence».

> Une litanie d'observations, de recommandations et d'exhortations concernant le mieux-être de son Fils-Objet. [...] Un doigt accusateur se lève. Le front du Fils marque des rides, son crânes [*sic*] se détériore. Je n'entoure pas mon époux de soins suffisants. Je suis coupable de négligence criminelle. (Ouellette-Michalska, 1979, p. 33.)

Il semble que les auteures aient hésité à reproduire le discours usé de l'ironie aux dépens de la belle-mère. Est-ce parce qu'elles-mêmes remplissent, dans la vie privée, cette fonction tant décriée et qu'elles voient le rôle de la belle-mère sous un autre angle? Il est difficile de se prononcer à ce sujet; quoi qu'il en soit, elles ont eu très rarement recours à cette importante protagoniste sous les traits stéréotypés qui sont habituellement son lot. La belle-mère, grâce à l'écriture au féminin, connaît enfin un peu de répit!

CHAPITRE VIII

Les hommes

Les différents *rôles* joués par les hommes en tant que représentants d'un *système* – membres du clergé, médecins, amants et conjoints – ont été jusqu'ici les cibles d'une ironie mordante. Les auteures réservent aussi aux hommes d'autres flèches qui les atteindront en tant qu'*individus* dans leurs comportements quotidiens et leurs façons de percevoir les femmes. Compte tenu du parti pris chromosomique dont il a été question dans la première partie, l'ironie sera fortement marquée par l'*exclusion*, notion bien définie par Lucie Olbrechts-Tyteca (1974): les remarques des personnages ou des narratrices sur les hommes vont isoler une attitude, une parole ou un comportement masculins que l'auteure cherche à dénoncer pour rallier un tiers – en l'occurrence le lecteur – et l'amener à partager son point de vue[1]. Cette ironie touche l'éternel conflit entre les sexes et met en relief la lucidité des femmes devant les agissements des

1. L'assertion qui suit de James T. Boulton, cité par Wayne Booth, englobe à la fois l'idée de fusion ironiste-auteure et celle de l'ironie d'exclusion: «*To write ironically with success a writer needs to be alert to two audiences: those who will recognize the ironic intention and enjoy the joke, and those who are the object of the satire and are deceived by it. This implies that the ironist has ranged himself with those of his readers who share his superior values, intelligence and literary sensibility; together they look down on the benighted mob.*» («Pour écrire l'ironie avec succès, un auteur doit tenir compte de deux types de lecteur: celui qui reconnaîtra l'intention ironique et appréciera la blague, et celui qui fait l'objet de la satire et n'y verra que du feu. Cela implique que l'ironiste s'est rangé du côté des lecteurs qui partagent ses valeurs, son intelligence et sa sensibilité littéraire; ensemble, ils regardent de haut le commun des mortels, qui reste dans l'ignorance.») [Booth, 1975, p. 105.] Les auteures obligent en fait le lecteur à se situer face à leur énoncé: la lectrice peut sourire si elle est d'accord avec le trait ironique ou trouver que l'auteure va trop loin; de même, le lecteur peut être froissé de voir qu'on le ridiculise ou garder une distance par rapport au propos s'il ne se reconnaît pas dans le personnage ou le comportement qui fait l'objet de l'ironie.

hommes: elles se moquent des certitudes de leurs partenaires quant à leur supériorité et à l'image qu'ils ont d'eux-mêmes.

Les certitudes de l'homme[2]

Les certitudes masculines vont être sérieusement ébranlées par des auteures soucieuses de contester le profond sentiment de supériorité des hommes à l'égard des femmes. L'adolescente du roman *Chez les termites*, par exemple, entend son ami lui dire, après leur première relation sexuelle: «On n'en meurt pas», ce à quoi elle répond, en s'adressant à elle-même et au lecteur: «À l'âge atomique, on ne pouvait s'attendre à ce qu'un garçon déclame des alexandrins aux filles.» (Ouellette-Michalska, 1975, p. 15.) Loin d'être abattue par l'arrogance du jeune garçon, la fille se moque de son manque de délicatesse. La maturité du commentaire tend à illustrer l'ingérence de l'auteure dont j'ai parlé plus haut. La difficulté, dans ce cas précis, est de décider «qui parle»; une toute jeune fille amoureuse pour la première fois, si délurée soit-elle, peut-elle faire preuve d'autant d'objectivité face à sa propre déception? Il y a fort à parier que l'auteure, par son ironie, vient ici au secours de la narratrice pour l'investir d'une expérience qu'elle n'a pas encore acquise.

Impression récurrente dans plusieurs œuvres, l'idée que les femmes ont l'«habitude» des hommes et peuvent prévoir leurs réactions témoigne de la volonté de prendre une revanche et d'afficher, à leur tour, une sorte de supériorité sur l'autre. Quelques affirmations sont péremptoires et font office de vérité universelle, telles que: «un homme, ça écoute mais ça n'entend pas» (Dubois, 1978, p. 41), ou encore:

> Les hommes aiment assez vous faire comprendre que vous plaisez en affectant de vous blesser. Ils croient volontiers qu'une cour tendre est le fait de tous les séducteurs et que, pour une fois, la cruauté va vous mieux secouer qu'elle les fera mieux remarquer. Si bien que c'est la joute et que le tendre est devenu exceptionnel. (Martin, 1962, p. 11.)

L'écriture des femmes s'emploie à donner un point de vue différent en révélant les pensées les plus intimes des personnages féminins qui analysent, sous un angle nouveau, la présence de l'homme. Par des

2. Même si, dans la rhétorique féministe, on emploie plus souvent le mot «mâle» pour désigner l'homme, faisant référence, entre autres, à l'aspect instinctif de sa condition de dominant, j'emploie le terme «homme», moins connoté, car il respecte ainsi la volonté de dénonciation de certaines auteures qui, sans être nécessairement des féministes avouées et militantes, ont quand même tenu à se moquer de l'autre sexe.

remarques quelquefois anodines en apparence, les auteures dépouillent les personnages masculins de leur noblesse, ternissent leur éclat et les critiquent sans ménagement.

«Incommensurable vanité de l'homme. J'en ferai une thèse de doctorat en sciences morales» (Maillet, 1977, p. 130), écrit une protagoniste exaspérée. Les hommes, en effet, semblent tout à fait sûrs d'eux-mêmes; détenant le pouvoir, ils ne remettent presque jamais en question leurs décisions et leurs jugements. Plus encore, ils éprouvent quelquefois un orgueil de «race» que s'empresse de tourner en dérision cette même protagoniste: «Je me demande pourquoi autant d'hommes s'enorgueillissent de ce que Michel Ange [*sic*] ait été du genre masculin; ça ne les rend pas aptes à sculpter un Moïse!» (*Ibid.*, p. 134-135.) Le fait d'être du côté des «décideurs» donne aux hommes une assurance qui affaiblit leur sens critique. Les protagonistes féminins relèvent systématiquement cette vanité naïve que les hommes tirent de leur appartenance au groupe du pouvoir, vanité qui frise quelquefois l'aveuglement. Chez Naubert, par exemple, au cours d'une discussion entre conjoints, le mari exprime à sa femme sa certitude qu'elle n'aurait jamais pu le tromper et qu'elle n'aurait pas l'audace de penser même à faire un tel geste contre lui:

> Telle que je te connais, tu m'aurais tout avoué en pleurant.
> [...]
> C'est ainsi depuis que les hommes établissent les lois et les coutumes qui régissent notre vie. Autant dire depuis toujours. (Naubert, 1978, p. 25.)

L'ironie est ici perçue par le lecteur uniquement puisque le mari, convaincu de la fidélité de son épouse, est en fait cocu depuis quelque temps. Plus loin que l'anecdote, ce passage tend à démontrer la fatuité de l'homme qui refuse à la conjointe le droit d'exister en dehors de lui. Même type de connivence ironique avec le lecteur dans un passage de *L'Euguélionne*; Alfred revoit Omicronne, la femme qu'il a laissée pour une autre, en compagnie d'un très jeune homme:

> Cet ex-mari perspicace ne devinera pas un seul instant les relations existant entre son ex-femme et le jeune homme [...]. L'idée que la petite Omicronne puisse avoir un amant ne l'effleure même pas. Cela n'entre pas dans le champ des possibles qu'il cultive derrière son front hautement humanisé. (Bersianik, 1976, p. 187-188.)

Très sûrs d'eux-mêmes, les protagonistes masculins semblent aveuglés par la conviction qu'ils contrôlent les événements et les gens.

Dans *Le lendemain n'est pas sans amour*, un mari s'extasie devant un enfant qui n'est pas de lui: «Nous avons fait là un beau garçon, dit-il avec une fierté bien légitime.» (Maillet, 1963, p. 67.) L'adjectif «légitime» évoque aussitôt l'idée de la «naissance» légitime et vient ici appuyer la raillerie que l'auteure fait aux dépens de l'homme qui ne se doute de rien.

D'un point de vue plus social, l'ironie peut être lue dans l'orgueil de l'homme face à la naissance d'un garçon plutôt que d'une fille, car, traditionnellement, «la qualité des mères canadiennes-françaises était considérée comme devant être directement proportionnelle à la qualité souhaitée de la "race" dans son ensemble, c'est-à-dire essentiellement des hommes» (Gagnon, 1974, p. 19). Ici, les deux personnages peuvent donc se réjouir; ils ont respecté les critères de «qualité» souhaitée pour la perpétuation des générations. Dans le cas contraire, le personnage masculin peut tenter d'éveiller chez la femme un sentiment de culpabilité et l'impression de ne pas être à la hauteur de la situation. «Mon mari m'en voulait de ne pas avoir fait un garçon (comme s'il n'y était pour rien)» (Naubert, 1978, p. 99-100), dit une narratrice. Première étape d'une affirmation de soi, la réflexion entre parenthèses suggère que la narratrice prend le lecteur à témoin d'une contestation somme toute assez timide mais révélatrice d'un refus de se laisser imputer sans réagir une responsabilité aussi exagérée.

L'adolescente de *Chez les termites*, qui démontre encore une fois une connaissance assez cynique de l'âme masculine, va plutôt ménager la vanité des hommes en prétendant s'incliner devant leur science: «Il suffisait d'absorber leurs paroles, de devenir grosse de leurs idées jusqu'à en être soufflées, et de leur en restituer une, de temps à autre, afin de ne pas avoir l'air trop bête.» (Ouellette-Michalska, 1975, p. 23.)

Plusieurs auteures dénoncent la condescendance dont font preuve les hommes à l'égard des femmes et de leurs préoccupations. Monsieur Omega, dans *L'Euguélionne*, parle en ces termes des tableaux que peint sa conjointe: «Ça? Ah! ce n'est rien! Ne faites pas attention. C'est ma femme qui s'amuse comme ça à temps perdu. Je lui ai souvent dit que ce brouillon n'avait pas sa place dans la salle à manger.» (Bersianik, 1976, p. 82.) Même mépris de la part du mari, raconté cette fois par la narratrice de *La Noyante*: «"Il n'y a rien là", disait [Charles] avec commisération devant mes toiles où éclataient des arcs-en-ciel de couleurs. Mais: "Tu n'as pas bien nettoyé le bol de toilette", m'avisait-il.» (Ouvrard, 1980, p. 121.) Les remarques ironiques abondent aussi sur le paternalisme qui maintient la femme dans la subordination. Sous le couvert de la galanterie ou de la délicate attention, le compagnon manifeste la volonté d'affirmer son droit de propriété sur la conjointe. Les «largesses» masculines sont ainsi relevées par Bersianik: «Monsieur Omega a donné son nom respectable à la petite Omicronne. Monsieur Omega a même donné son nom respecté à deux ou trois enfants. Monsieur Omega est très généreux.» (Bersianik, 1976, p. 81.) Ouvrard va plus loin dans la dénonciation d'une prétendue sollicitude:

> J'étais, disait-il, une femme libérée. Sortait-il le soir (sans moi)? Il me rapportait quelque revue féministe, s'il-vous-plaît [*sic*] [...]. (Mais il n'était pas question que je sorte seule le soir et aille acheter moi-même ce qui m'intéressait). [...] Sans convenir que j'avais droit aux relations extra-conjugales autant que lui, il finit par me reprocher de ne pas avoir choisi mon amant parmi les amis qu'il aimait bien. (Ouvrard, 1977, p. 69-70.)

À travers une apparente acceptation du féminisme et de sa remise en question des comportements masculins, le mari se livre en fait à une entreprise de récupération; l'ironie d'Hélène Ouvrard met en relief ici la mauvaise foi d'un homme convaincu d'endiguer le mouvement de libération de la femme en feignant d'y adhérer.

La réflexion suivante, énoncée par une femme nouvellement divorcée qui juge maintenant à distance les manières de Claude, son ex-mari, souligne la condescendance de celui-ci dans son «attitude cavalière envers ceux qu'il considère comme ses inférieurs, que ce soit un garagiste, une serveuse de table ou sa femme» (Mailhot, 1975, p. 99). On note la gradation ironique du propos de la narratrice qui se place volontairement à l'échelon le plus bas dans l'estime du mari.

Les auteures dépeignent les hommes comme des enfants égoïstes, complètement centrés sur eux-mêmes, qui s'enorgueillissent d'actions ou de paroles anodines ou s'inquiètent pour des motifs dérisoires. Dans cette veine, Yvette Naubert crée Gérard Pierrefendre, un personnage antipathique qui trompe régulièrement sa femme, se désintéresse de ses enfants et se préoccupe uniquement d'une ancienne maîtresse qui vient d'emménager dans le chalet voisin. Sa femme ne s'abîme pas dans la tristesse, comme l'aurait voulu la tradition, mais se prend au contraire en main pour transcender sa situation; ses deux filles, au fort tempérament, font peur au père par leur autonomie et leur esprit de décision. Toutes, elles gravitent autour du malheureux Gérard qui «se [sent] la victime d'un formidable complot ourdi par les femmes pour le faire vieillir avant le temps» (Naubert, 1975, p. 147). Menacé dans sa position de pouvoir, Gérard sombre dans une paranoïa injustifiée que ridiculise l'auteure. Celle-ci d'ailleurs ne se prive pas pour pousser plus loin la charge contre ce père dépassé par les événements en lui prêtant la pensée suivante: «Les pères avaient raison de séquestrer les filles autrefois, de les surveiller de près.» (*Ibid.*, p. 141.)

Déstabilisés par la présence grandissante – envahissante diront certains – des femmes dans la société, les hommes craignent de perdre leurs privilèges. La narratrice de *Veuillez agréer...* tourne en dérision la courte vue de la gent masculine en matière de féminisme; elle juge les hommes inconscients «et idiots: avec un peu d'intelligence, ils n'hésiteraient pas à appuyer le mouvement féministe qui les libérerait. Au lieu de céder leur infernale place, ils y tiennent encore» (Mailhot, 1975, p. 89). L'entrée des femmes sur le marché du travail dispenserait les hommes de subvenir à leurs besoins et leur permettrait de regarder leur conjointe s'épuiser à l'ouvrage, dans «la torture du cinq à sept avec charge de mari et d'enfants en sus» (*ibid.*[3]).

Cette conception de l'égalité entre l'homme et la femme était prémonitoire si l'on considère la réalité que vivent aujourd'hui plusieurs femmes, candidates par excellence à l'épuisement professionnel à force de combiner leur nouveau rôle de travailleuse et celui de ménagère qui continue de leur échoir, malgré l'utopie du partage des tâches. Simone de Beauvoir a beaucoup insisté sur le fait que la véritable indépendance de la femme était d'abord d'ordre économique, sous-entendant la nécessité de se tailler une place sur le marché du travail. Michèle Mailhot, avec sa distanciation ironique, voit plus loin que le chèque de paye et sert une mise en garde: l'émancipation des femmes appelle aussi une réévaluation de la participation de l'homme dans le quotidien.

Cette même auteure s'élève contre la difficulté pour la femme d'accéder à des privilèges jusque-là réservés aux hommes: «Un homme a le droit d'avoir la paix dans un bar, de fuir la guerre conjugale. Sa femme non: qu'elle braille au foyer.» (Mailhot, 1975, p. 56-57.) La liberté est bien mince et fragile pour celle qui essaie de sortir des sentiers battus; on guette la moindre faille, le moindre faux pas pour la renvoyer dans sa cuisine[4].

Dans un des contes de *La Cérémonie*, Marie José Thériault brosse un tableau d'une situation qui, bien que fictive et hyperbolique, constitue un commentaire satirique sur un quotidien qu'ont connu ou connaissent encore, toutes proportions gardées, bien des femmes:

---

3. Il faut souligner la différence entre les points du vue de Michèle Mailhot et de Madeleine Ferron dans *Le Chemin des dames:* chez Ferron, l'ironie est dirigée contre soi, pour montrer une lucidité féminine par rapport à la double tâche, alors qu'ici Mailhot raille le manque d'opportunisme masculin devant le même phénomène.

4. *Veuillez agréer...*, un roman écrit au milieu des années soixante-dix, a encore des résonances très actuelles; même si l'on n'ose plus dire à haute voix que les femmes sur le marché du travail contribuent à augmenter le chômage chez les hommes et qu'elles devraient retourner au foyer, une réaction contre les acquis féministes se fait actuellement sentir, suggérant de renouer avec un mode de vie plus «traditionnel». Voir à ce propos le dossier intitulé «Fighting the Backlash Against Feminism», *Time*, 9 mars 1992, p. 38-47.

> Pour aller au plus court, il la nomma Vendredi, [...] parce que lui-même manquait totalement d'imagination. Puis, l'atteler aux travaux du ménage en n'oubliant pas de lui faire à temps perdu une bonne douzaine de morveux braillards et enfin, dans la sérénité que procure la vie familiale jointe à la grandeur d'une vocation, procéder à la simplification systématique de la langue française. (Thériault, 1978, p. 137[5].)

Exagérée, la comparaison reprend cependant des thèmes chers aux luttes féministes: la paresse symbolique pour trouver un nom à la conjointe, la condition de ménagère et de mère, mais surtout la juxtaposition des destins masculin et féminin: pendant que la femme s'échine à tenir maison, l'homme peut s'adonner à son Œuvre. La rancœur contenue dans un tel passage conduit quelquefois à une mauvaise foi ironique qui vise à railler n'importe quel homme, fût-il reconnu et respecté comme un génie:

> Je suis absolument convaincue que lorsque Michel-Ange avait une femme à sculpter, il commençait par pétrir un homme. Puis, en dernier lieu, il s'emparait de deux mottes de glaise et reculait de dix pas pour viser le poitrail de la statue. (Maheux-Forcier, 1978, p. 88.)

Dans un registre assez léger, cette boutade évoque le narcissisme masculin: les hommes sont à ce point satisfaits d'eux-mêmes qu'ils n'ont pas recours aux femmes comme modèles.

La virilité

Les auteures s'emploient aussi à ridiculiser ce que les psychanalystes, en dignes émules de Freud, considèrent chez elles comme un manque: le pénis et, bien sûr, ses fonctions. Le fait de se moquer du sexe des hommes, sans être spécifiquement de la grivoiserie, implique tout de même «la prise en considération nécessaire et déclarée du sexe des personnes en jeu et qui vient compliquer encore le mécanisme des alliances et des complicités» (Kofman, 1986, p. 169). L'auteure ne s'attaque plus à des stéréotypes ou à des comportements, mais bien – sans jeu de mots! – au point le plus sensible de la susceptibilité masculine: de cet organe dépendent la descendance de l'homme, sa réputation d'amant, ses performances, enfin sa position stratégique dans la hiérarchie sociale.

5. Il faut relever ici l'évocation parodique de Robinson Crusoé et de son célèbre Vendredi.

Cependant, rares sont les auteures qui vont ironiser bien précisément sur le membre viril, signe distinctif biologique de celui qui occupe les postes de commande. Pudeur? Embarras? En général, elles préfèrent procéder par l'allusion ou le sous-entendu. Yvette Naubert, par exemple, ménage l'orgueil viril de son personnage en prêtant à sa femme Anne-Marie ces pensées révélatrices: «Ce soir-là, très supérieurement mâle, Roger avait été plus ardent, presque adroit.» (Naubert, 1967, p. 68.)

D'autres auteures affirment plus directement le peu d'admiration qu'elles ont pour l'attribut masculin. La narratrice de *Veuillez agréer...* parle du pénis de son ex-mari en ces termes: «Mon sens de la propriété n'est pas assez vif pour me faire revendiquer en si haute instance un si commun objet.» (Mailhot, 1975, p. 51.) La palme dans ce domaine revient sans doute à Louise Maheux-Forcier qui, dans une nouvelle intitulée «La queue», met en scène une narratrice qui écrit une lettre à sa fille pour la mettre en garde contre les hommes. Voici un large extrait de ce texte:

> Sache donc que le mâle, roi de la Création, seigneur et maître du monde – d'après la Genèse et l'opinion généralement acceptée depuis Moïse et Napoléon – porte son sceptre – autrement dit: sa queue – non pas postérieur à l'anus, comme les animaux, mais dans le prolongement du bas-ventre [...] la queue du chien parle pour lui [...], la queue du sapajou est préhensile; le ruminant s'en sert comme tue-mouches [...]. Enfin quel homme, dis-moi, arrive à la cheville du paon dans ce domaine-là? [...] songe que ton compagnon est encombré d'un épi, et qu'un seul mauvais coup de ton genou frêle ferait une omelette des deux œufs qui flanquent cet épi. [...] Quand tu souffriras qu'il ne prenne au sérieux ni tes opinions, ni tes goûts, ni tes ambitions sur d'autres sujets que le sujet de l'alcôve, songe à sa queue et souviens-toi de mes paroles. (Maheux-Forcier, 1980, p. 150 et *passim*.)

Voilà remise en question la supériorité que confère la possession de ce membre. Même la très féministe Nicole Brossard, qui pourfend les phallocrates, n'atteint pas ce degré de sarcasme. Tout au plus relève-t-on dans *French Kiss* une allusion au manque de délicatesse des hommes dans le geste amoureux: «L'attitude très super mâle de Georges et de ses "il faut que j'te mette" quand on lui dit "Minute j'ai tout mon temps".» (Brossard, 1974, p. 18.) En fait, les femmes s'opposent surtout, par leur ironie, aux privilèges que donne apparemment la possession de ce membre, telle Valérie Bellerose, d'une nouvelle de Ferron, qui vient d'obtenir une promotion accordée à contrecœur par son patron. Elle sent le mépris latent qui entoure cette nomination: «Est-ce qu'on s'est enquis de la longueur de votre pénis avant de vous nommer gérant? se retint-elle de lui demander.» (Ferron, 1977, p. 88.)

La littérature au féminin s'adonne à des explorations que l'on n'aurait pas crues possibles, il y a à peine deux décennies. Les auteures commencent à prouver qu'elles peuvent, elles aussi, «faire de l'esprit sur le dos des hommes, [...] rire d'eux et de leur sexe au lieu de se contenter de surveiller simplement de tout leur haut leur langue et de se faire les complices de leur misogynie» (Kofman, 1986, p. 184).

Pour conclure, il importe de citer Carol Dunlop qui, dans *L'Immortaliste*, ironise non pas sur l'aspect érotique du pénis mais sur sa fonction d'élimination. Son personnage principal, M. Bloum, trouve dans sa miction matinale un sens à sa vie:

> Dans ce premier pissement, monsieur Bloum découvrait une liberté secrète, absolue: il n'en fallait pas plus pour y reconnaître une voie de salut. [...] Monsieur Bloum apprit à tirer gloire, [...] non seulement des pluies torrentielles qu'il commandait à son pénis, mais aussi des énormes rochers bruns qu'il labourait entre ses fesses, et qui fendaient l'eau comme des météores. (Dunlop, 1979, p. 25.)

La satisfaction démesurée qu'éprouve le personnage à uriner rend le texte carnavalesque; seule référence au «bas corporel» – ainsi nommé par Bakhtine – dans le présent corpus, les agissements de monsieur Bloum sont intéressants dans la mesure où ils donnent au personnage une dimension atemporelle et quasi mythique. «Le "bas" matériel et corporel est productif, soutient Bakhtine (1970, p. 376); il donne le jour, assurant ainsi l'immortalité historique relative du genre humain. Toutes les illusions périmées et creuses y meurent tandis que naît un avenir réel.» Il est essentiel de préciser que l'«immortaliste», Bloum en l'occurrence, occupe un poste de fonctionnaire dont le rôle consiste à empêcher les personnes âgées de se donner la mort, dans un univers kafkaïen où les femmes sont considérées comme des objets. Le lien entre le jet d'urine, «fontaine» de vie, et la fonction qu'exerce Bloum devient alors plus étroit. La miction devient le symbole ironique d'une victoire sur la mort, une victoire totale et masculine, puisque les femmes, subalternes et dépourvues de pénis, ne peuvent rivaliser avec son «jet»...

On aura remarqué que les hommes sont la cible d'une ironie qui se fait plus agressive dans cette partie; est-ce dû au fait qu'elle met face à face, si l'on peut dire, l'homme et la femme? Car même si l'homme conserve, dans le contexte, son statut fictif, on sent ici, plus qu'en ce qui concerne les cibles précédentes, une volonté des femmes de passer à l'attaque, de «se vider le cœur». La marge entre réalité et fiction se trouve réduite, entraînant des règlements de comptes qui délaissent les subtilités rhétoriques au profit d'une protestation encore plus vigoureuse et directe.

CHAPITRE IX

Langue et littérature

Les auteures tiennent aussi à exprimer leurs opinions sur des questions très actuelles, telles les confrontations entre anglophones et francophones, l'intégration des immigrants, la préférence linguistique des néo-Québécois ou encore l'attitude québécoise face aux voisins du Sud. Sujets épineux, s'il en est, que les femmes aborderont avec une audace surprenante par le biais de personnages épisodiques mais colorés...

Les Anglais

Comme il fallait s'y attendre, l'Anglais[1] subira souvent les attaques ironiques des auteures qui recourent aux stéréotypes pour tourner en dérision son identité et l'importance qu'il accorde aux traditions. Madeleine Ferron, d'abord, souligne par l'exagération l'immuabilité des habitudes anglaises en écrivant, dans *Le Chemin des dames* (1977, p. 43), que les deux sœurs Taylor, «depuis deux cents ans [...] tenaient précieusement dans leurs mains [...] leurs tasses de porcelaine». Ces deux sœurs sont en outre présentées sous les noms «mademoiselle Taylor I, mademoiselle Taylor II» (*ibid.*, p. 40), pour bien faire valoir que tous les Anglais se confondent en un seul type.

---

1. On englobe sous le terme «Anglais» les Britanniques et les Canadiens anglais parce qu'ils sont souvent désignés par l'un ou l'autre terme. L'héritage britannique semble en effet imprégner les personnages canadiens anglais; de plus, le mot «Anglais» a quelquefois, au Québec, une connotation péjorative qui frôle l'anathème. Presque une injure, ce mot sous-entend la différence de la langue, de la culture; il évoque la Conquête, les traditions britanniques, enfin, tout ce qui est différent et dominateur.

Ces demoiselles permettent aussi à l'auteure de reprendre le thème des «deux solitudes»; elles reçoivent la visite d'un jeune homme qui cherche des renseignements sur une femme dénommée Sophie Lagrange. Il se trouve que

> Sophie Lagrange [...] fut répudiée de sa famille, bannie de son village natal pour avoir épousé un Frank Taylor anglophone et protestant. L'ostracisme eut heureusement, dans ce cas précis, l'élégance de frapper simultanément les deux parties. Frank Taylor encourut l'anathème des siens... (Ferron, 1977, p. 39.)

Toute l'ironie de ce passage réside dans le mot «élégance» qui laisse sous-entendre que la répudiation est en général uniquement le lot du ou de la francophone. Cette fois, l'opprobre s'est étendu aux deux parties.

Suzanne Paradis fait, dans *Un portrait de Jeanne Joron*, un rapprochement à première vue anodin mais qui mérite attention: «Lascot [...] avait disparu comme un voleur, ou comme un anglais [*sic*].» (Paradis, 1977, p. 127.) Cette phrase amalgame les expressions «se sauver comme un voleur» et «filer à l'anglaise» dans un jeu ironique[2] qui rend synonymes les deux substantifs compléments. Clémence DesRochers pousse quant à elle l'irrévérence jusqu'à se moquer d'une Canadienne anglaise le soir de ses noces: «Elle ne savait pas qu'un tel objet existait, encore moins qu'il pouvait grandir à vue d'œil.» (DesRochers, 1974, p. 40.) L'auteure reprend à son compte le thème de la supposée passivité des Anglaises en amour et de leur pudibonderie. On raille aussi au passage «le "dear" des dames anglaises qui veut dire "cher" et "merde" en même temps» (Gagnon-Mahony, 1969, p. 85) pour bien montrer le fossé d'incompréhension qui sépare les deux groupes linguistiques.

Alice Parizeau fait dévier l'ironie vers un autre aspect de la question de la langue dans *Les Militants*. Par les paroles qu'elle prête à son personnage, l'auteure s'assure que Jenifer va s'attirer l'antipathie du lecteur – québécois: «Ils ne cesseront donc jamais de protester ces Québécois. Qu'ils se séparent donc et qu'on n'en parle plus. Ils se prennent pour le nombril du monde et, en fait, ils ne sont que des sous-développés.» (Parizeau, 1974, p. 163.)

2. Mentionnons qu'il y a déjà une ironie dans l'expression «filer à l'anglaise» si l'on en croit *le Dictionnaire des expressions et des locutions* (les usuels du Robert): «L'attribution aux Britanniques d'une conduite discrète jusqu'à l'impolitesse semble être récente (l'expression n'est pas dans Littré) et recevrait difficilement une explication rationnelle, si l'on n'y voit pas une vengeance par laquelle la langue française renvoie la balle aux Anglais qui disent précisément la même chose par l'expression *to take the [*sic*] French leave* ("prendre la fuite française").»

Le procédé permet à Parizeau de récupérer et de railler un discours anti-séparatiste souvent entendu à propos des aspirations politiques du Québec. L'auteure poursuit sa charge en présentant, dans le même roman, Thérèse Demontigny, une Québécoise de tête dont Jenifer dira: «Elle a beau être Canadienne française, elle a des relations dans le monde entier. Une exception quoi.» (Parizeau, 1974, p. 167.) L'ironie de l'auteure pèse d'autant plus lourd sur les épaules de la douce Jenifer que celle-ci est mariée à un Canadien français arriviste qui a renié ses origines et se fait appeler Jerry au lieu de Gérard, pour plus de sûreté.

La question linguistique

La résistance au français constitue une autre cible de l'ironie. Parizeau se moque de celui qui n'a pas le courage d'accepter et de défendre sa langue maternelle et qui opte pour la langue du pouvoir, d'autres auteures dénoncent le peu d'intérêt des immigrants pour la langue parlée au Québec. La narratrice du *Chemin des dames* donne son opinion à ce sujet, en parlant de Tommy: «Depuis vingt-cinq ans qu'il était au pays. Jamais il n'avait essayé d'apprendre le français. J'avais tout à coup pour lui la pitié que l'on ressent pour un infirme.» (Ferron, 1977, p. 84.)

Pour Ferron, de toute évidence, la première victime de cette obstination est avant tout l'anglophone. Cette même auteure dénonce aussi le refus des gens de voir le côté politique de la question et tourne en dérision la cupidité de Giard, un personnage mercantile qui clame bien haut son droit de faire affaire avec qui il veut: «Quand j'achète mes chevaux, je ne leur demande pas quelle langue ils parlent.» (Ferron, 1971, p. 89.)

Cette résistance n'obéit pas toujours à un motif économique. Yvette Naubert fait voir que certains immigrants optent pour l'anglais à cause de la facilité de la langue. Dans le premier tome de la trilogie des *Pierrefendre*, un Polonais fraîchement débarqué au Québec, Ignace Mickiewicz, ne parvient pas à se trouver du travail comme technicien, car il ne peut que baragouiner le français. En désespoir de cause, il entre dans un restaurant «et [demande] l'emploi en ces termes: – *Me want work.* Il fut engagé aussitôt» (Naubert, 1972 b, p. 175). Loin d'excuser cette façon de céder à la tentation de l'anglais ou d'expliquer un tel comportement, Yvette Naubert souligne au contraire les dangers à encourager de tels choix dans un passage particulièrement dur pour les immigrants et pour les Québécois qui tolèrent cette situation:

> Au contact des Mickiewicz, les petits Canadiens français sont rapidement devenus bilingues. Quant à leur propre langue maternelle (la merveilleuse langue française) ils la massacrent littéralement.

> Tout est bien cependant. Ignace Mickiewicz est parfaitement heureux chez «ce peuple libre qui vit dans l'harmonie, sous un gouvernement démocratique qui reconnait [*sic*] les droits de tous les citoyens». (Naubert, 1972 b, p. 315.)

Le narrateur d'un roman de Roger Viau (1987, p. 138) remarque avec amertume que «dans un pays bilingue une seule langue [...] suffit»; ici, on devine aisément laquelle. Madeleine Ouellette-Michalska, dans un passage de la nouvelle *Le Dôme* dont l'action se déroule en milieu carcéral, semble appuyer cette assertion et renchérit sur l'idée sous-entendue que l'anglais est la langue de contrôle par excellence:

> Tout se dit en anglais ici. D'abord, parce qu'on se trouve dans une prison fédérale et que le privilège de l'assimilation est offert à tout citoyen canadien sans égard à son statut civil. Ensuite parce que quatre-vingt-cinq pour cent du personnel et quatre-vingt-dix pour cent des détenus sont canadiens-français. (Ouellette-Michalska, 1968, p. 16.)

La haute direction s'assure ainsi de ne pas être comprise et peut agir à sa guise. L'usage d'une langue inaccessible à l'adversaire musèle toute velléité de protestation. Il faut remarquer toutefois que les auteures ont très peu ironisé sur les Anglais comme détenteurs d'une force économique et sociale; elles se sont surtout attaquées au mépris qu'ils manifestent pour la langue française. Cette nuance peut avoir des racines profondes; la langue, comme le suggère fortement le qualificatif de l'expression «langue maternelle», est traditionnellement enseignée ou à tout le moins transmise par la mère. Est-ce pour cette raison que la question linguistique fait plus vibrer les femmes dans leurs œuvres de fiction que la puissance financière des anglophones? La nécessité de transmettre un héritage linguistique de génération en génération semble en tout cas l'emporter chez les auteures sur toute autre considération économique; le lien maternel, cet «emboîtage universel» des femmes qui «l'une par l'autre incessamment [...] refont le monde» (Vérins, citée dans Groult, 1972, p. 276), devient lien linguistique et constitue pour elles, en soi, un pouvoir – intime et limité, certes, mais pouvoir quand même.

Les Français et les Américains: portrait d'un colonisé

Les Québécois parlent un français qui s'écarte un peu des normes hexagonales, pour utiliser un euphémisme. Les relations avec les Français se ressentent quelque peu du sentiment d'infériorité qu'ont longtemps nourri les Québécois par rapport à leurs cousins. Marie-Claire Blais, en particulier, dans *Une liaison parisienne*, donne une démonstration presque comique de l'attitude de colonisé adoptée par Mathieu Lelièvre, parti à Paris pour connaître la gloire littéraire. Je traiterai plus loin de l'ironie que destinent les auteures au monde de la littérature; pour l'instant, il s'agit plutôt de la servilité du personnage face à ceux qu'il tient inconsciemment pour ses supérieurs.

Madame d'Argenti se révèle une maîtresse capricieuse et exigeante; elle abuse sans vergogne du jeune homme qui se croit passionnément aimé pendant que le mari observe l'intrus avec une condescendance teintée de mépris. Ce roman expose une perpétuelle confrontation entre l'assurance française et la naïveté du Québécois convaincu d'être digne d'intérêt. L'exemple suivant illustre le choc des cultures:

> Il serra la main [à Monsieur d'Argenti] dans un élan de vive sympathie comme il eût fait en rencontrant un ami dans une taverne montréalaise, ce qui provoqua chez son hôte un regard de surprise, puis un geste de distance qui semblait signifier: «Allons mon petit, n'exagérez pas tout de même.» Geste que Mathieu interpréta comme une réprimande discrète et peut-être méritée, «car il faut toujours se mettre à la place de ceux qui nous voient d'un autre œil», pensa-t-il. (Blais, 1975, p. 14.)

Mathieu est prêt à toutes les concessions pour se gagner l'amitié et l'estime des Français. Il piétine son amour-propre et veille à éviter le moindre faux pas qui ternirait son image: «Il se doutait bien que [Madame d'Argenti] pensait encore de lui: "Il ne sait pas vivre" mais tout n'était-il pas sauvé si elle pensait aussi: "Moi, je lui apprendrai."» (Blais, 1975, p. 23.) Le jeune homme renie sa personnalité pour tenter de devenir ce que la femme, une coquette qui mérite bien son nom – d'Argenti –, souhaite qu'il soit. Elle le pousse, avec un détachement hypocrite, à se ruiner en cadeaux coûteux pour ensuite lui dire: «Vous n'êtes pas raisonnable, vous verrez, je le mérite si peu.» (*Ibid.*, p. 25.)

La charge ironique de ce roman repose principalement sur l'aveuglement de Mathieu, véritable jouet de Mme d'Argenti, et ridiculise à l'extrême un complexe d'infériorité encore fréquent chez les Québécois qui se traduit par une volonté de «calquer leur comportement sur celui des» Français. Blais tourne en dérision le parti pris hexagonal dans une séquence qui se fonde sur des considérations triviales destinées à mettre en relief l'exagération de l'adhésion de Mathieu au mode de vie français:

> Était-il vraisemblable, pensait Mathieu, que cette famille ne fût propre que du dehors et qu'elle fût capable dans le secret

> de commettre tant de péchés hygiéniques? [...] «Non, c'est nous qui exagérons avec la propreté, continuait de réfléchir Mathieu, ces gens-là sont trop instruits pour secouer sans cesse leurs poussières sous la douche, voilà»... (Blais, 1975, p. 30.)

Blais pourfend ceux qui renient leur identité pour «se prosterner» devant le Français; cependant, elle évite le chauvinisme culturel et linguistique en se gardant de valoriser un parler québécois qui tiendrait d'un jargon populaire incompréhensible. À preuve: dans un autre roman au titre évocateur *Un joualonais, sa joualonie*, elle se moque de ceux qui justement récupèrent le parler du peuple, en opposant son personnage aux spécialistes du joual:

> Plutôt que de dire Merde comme on dit à Paris, il dit «Maudite marde» qui résonne plus largement, selon les joualogues exilés à Paris et ceux qui se prétendent joualogues et qui sont Parisiens eux-mêmes. (Blais, 1973, p. 99.)

En fait, Marie-Claire Blais réclame le droit de parler un français compréhensible mais différent, qui ne serait pas sans cesse évalué en fonction des critères hexagonaux. Ces deux romans illustrent, l'un par l'attitude du colonisé, l'autre par une exploitation intéressée du joual, la difficulté de se définir à travers une langue et une culture que l'on remet sans cesse en question.

Mais, si les Québécois plient l'échine devant la France, ils font aussi des courbettes à leurs voisins du Sud. Hélène Ouvrard (1980, p. 79) souligne l'attitude intéressée de «Monsieur-le-prospecteur-de-terres-à-vendre-aux-compagnies-américaines» et Madeleine Ouellette-Michalska (1979 b, p. 132) déplore la servilité de Paul qui «veut donner sa chemise à l'Américain et le remercier ensuite d'avoir pu poser ce geste». Les Américains n'inspirent pas beaucoup les auteures qui se contentent d'écrire ici et là leur perception du «rêve américain» par la description, très dure, de certains personnages. Dans *Le Plat de lentilles*, on dépeint ainsi un couple de visiteurs: «*Sorry, I don't speak french* disait l'Américain. Sa femme frigide ingurgite sa dose quotidienne de Listerine en calculant le prix de la prothèse dentaire qui apaisera ses pulsions sauvages.» (Ouellette-Michalska, 1979 b, p. 141.) Minou Petrowski y va aussi de ce portrait désolant: «Des Américains qui mangent, c'est toujours triste, ça vous fait douter de la vie.» (Petrowski, 1970, p. 36.)

L'écrivain

Qui parle de langue parle aussi de littérature. Toutes mordantes qu'elles soient, les femmes ménagent les écrivains et la littérature en général. Dès qu'une auteure se risque à l'ironie toutefois, elle sollicite une lecture particulière de sa cible. Écrivaine elle-même, elle attaque donc un pair, ou sa propre image qu'elle soumet à l'interprétation du lecteur. Il s'agit alors de voir si l'auteure se moque d'elle-même ou si elle dénonce certains travers remarqués chez les autres. Ou fait-elle, plutôt, une critique du milieu pour démontrer son empathie à l'égard des auteures aux prises avec les mêmes instances décisionnelles?

Claire de Lamirande, pour sa part, feint de fustiger l'inutilité des écrivains:

> Le problème des livres inutiles non parus était un peu plus difficile à régler car les livres inutiles étaient liés aux auteurs et on sentait bien que le problème des livres inutiles durerait tant que durerait le problème des auteurs. En y pensant bien, ils découvrirent qu'il ne suffisait pas vraiment d'empêcher les écrivains de publier des livres inutiles: la subversion venait de plus loin. Il fallait les empêcher de les écrire. (Lamirande, 1975, p. 28.)

L'ironie de cette citation tient à sa facture syllogistique qui, sous le couvert d'un savant raisonnement, vise à désigner l'écrivain comme responsable d'un énorme gaspillage de temps, d'énergie et d'argent. La sympathie de Lamirande pour ses semblables se lit dans l'exagération antiphrastique de l'inutilité de l'écrivain et par l'emploi du mot «subversion» qui fait de lui un dangereux individu.

Michèle Mailhot, par contre, n'accorde pas son appui aux auteurs; elle se moque plutôt de leurs côtés capricieux et de leurs comportements de «diva». En fait, elle raille la susceptibilité du créateur face à la critique. L'extrait suivant narre la rencontre au restaurant d'un auteur et de Judith, l'attachée de presse de l'éditeur qui a refusé le manuscrit:

> On n'a pas compris le manuscrit. Le potage refroidit. On a mal lu, si on a lu. Il va nous expliquer. Les nouilles commencent à coller. [...] Vous savez qu'on a refusé Proust déjà? [...] Non pas de dessert merci. Mais il est disposé à faire certaines corrections. Tiens, il les a même déjà faites [...]. Le voilà en colère: il a perdu son précieux temps d'écrivain. Mais enfin, à qui faut-il s'adresser? Judith répondrait: «À Dieu le Père» qu'il demanderait un rendez-vous pour dîner. (Mailhot, 1975, p. 20-21.)

Mailhot tourne en dérision l'ego démesuré d'un certain type d'écrivains qui s'insurgent contre un refus qu'ils jugent injustifié et immérité. Cette prétention, dont les auteures, faut-il le souligner, investissent surtout les hommes, est la cible principale de l'ironie de Marie-Claire Blais dans *Une liaison parisienne*. Même si le talent littéraire de Madame d'Argenti est écorché au passage, l'auteure se montre encore plus cruelle dans les descriptions des écrivains. Elle débute son roman en présentant Mathieu Lelièvre comme le dauphin de Pierre-Henri Lajeunesse qui est «à vingt-cinq ans "un dandy de la plume", déjà fatigué» et qui parle «de son vieil âge à Mathieu [...] en dodelinant "sur son œuvre de maturité"» (Blais, 1975, p. 10). Arrogant à souhait, le jeune auteur se plaît à jouer le créateur désabusé et faussement détaché devant le novice: «Je peux t'introduire dans ces lieux sacrés de l'art à Paris, oui, mon cher, tu verras, c'est tout un privilège pour un indigent du Nord, comme toi.» (*Ibid.*)

Mathieu apprend très vite à suivre les traces du maître à penser; Blais se moque de ce néophyte ignorant des usages français, qui compte sur Paris pour se tailler un nom et une place d'écrivain. Persuadé que la Ville lumière, l'instrument de mesure «pour savoir si l'un des nôtres vaut la peine d'être lu» (Blais, 1975, p. 157), fera rejaillir sur lui la gloire littéraire, Mathieu entame aussitôt une liaison avec Mme d'Argenti. Faussement humble, le personnage adopte dans l'amour une attitude arriviste, «habité par cet espoir "de n'être pas complètement oublié" par la faune littéraire de Paris» (Blais, 1975, p. 44) grâce à ses liens avec la famille d'Argenti. En raison de cette passion subite et intéressée, les préoccupations créatrices sont vite reléguées au second plan: «Il vit Madame d'Argenti qui courait toute nue dehors dans le jardin [...] et il se dit que l'heure spartiate du labeur littéraire n'était peut-être pas venue encore.» (*Ibid.*, p. 51.)

À travers la naïveté du jeune écrivain, Blais rit des jeunes auteurs qui, emballés par leur propre talent, dans l'enthousiasme de la première publication, se méprennent sur le fonctionnement du milieu littéraire: «Il rêvait à ses lecteurs, ceux qui lisaient "les mauvais livres", car, se disait-il, qui sera assez fou pour lire un chef-d'œuvre?» (Blais, 1975, p. 65.) Comme s'il voulait se protéger d'une réalité qu'il pressent amère et dure, Mathieu essaie de se convaincre de sa réussite en remarquant que «son livre "semblait se vendre" même de façon invisible, car depuis quelques jours, il ne le [voit] plus dans les vitrines des librairies» (*ibid.*, p. 77). Le lecteur comprend – et Mathieu aussi probablement sans vouloir se l'avouer – qu'en réalité le livre a tout simplement été jugé sans intérêt et retiré des tablettes.

Se lit aussi une raillerie de la poésie introduite par le biais de personnages antipathiques qui affichent leur mépris pour ce genre littéraire. La directrice d'un magazine à succès dans *Les Funambules* ne cache pas son dédain pour la poésie; dans l'extrait suivant, on remarque quelle image stéréotypée elle se forge de l'écriture poétique:

> Écrire dans la solitude avec sa petite fenêtre ouverte sur une partie du monde est très honorable, mais j'aime trop les défis pour admettre ce côté de la vie... D'ailleurs le magazine est une étape pour moi, car j'aimerais bien me diriger vers la télévision [...] vous vous rendez compte: écrire des poèmes! Mais qui lit de la poésie de nos jours! (Blondeau, 1980, p. 68-69.)

Tour d'ivoire, perte de contact avec le réel qui l'entoure, absence de lecteurs: voilà ce qui caractérise la vie d'un poète. Incompris, il devient le symbole de l'oisiveté; on le fuit, on le plaint et on le craint. Chez Claire Martin, la hantise de voir quelqu'un «sombrer» dans la poésie est exprimée dans cette remarque du père au sujet de Robert, passionné de lecture: «Vous n'allez pas m'en faire un poète, lui aussi? Ni grand-mère, que je sache, ni moi n'avons jamais commis de poème.» (Martin, 1962, p. 20.) Relevons au passage l'emploi du verbe «commettre» qui incite à voir l'acte poétique comme un délit.

Très peu d'auteures s'aventurent, du moins dans ce corpus, à remettre en question leur place dans le monde littéraire, je l'ai déjà dit. Ayant joint depuis si peu de temps les rangs traditionnellement masculins de l'institution littéraire, les femmes en sont encore à découvrir le pouvoir tout nouveau de l'écriture; la femme divorcée de *Veuillez agréer...* est à même de le constater, surtout lorsqu'elle va dans un bar: «Le crayon à la main lui avait instantanément acquis le droit de rester seule à sa table. Et si elle avait sorti un tricot?» (Mailhot, 1975, p. 58.)

Nouvelles pour la plupart dans le monde littéraire (et grisées peut-être par cette reconnaissance si chèrement acquise?), ces auteures n'ont pas, à l'aube des années quatre-vingt, le recul nécessaire pour se moquer de l'institution. À cet égard, ce n'est pas un hasard si les flèches ironiques les plus efficaces dirigées vers elle et les écrivains qui la constituent sont décochées par Marie-Claire Blais, une «vieille routière» de la plume qui en a vu d'autres.

*
* *

Toutes ces cibles, enfin, témoignent des multiples chemins que prend la contestation des femmes. L'ironie est un exutoire et un moyen pour remettre en question les pouvoirs – institutionnel ou intime – dont elles font les frais. Exutoire au rayonnement limité sans doute, dans la mesure où les auteures sont lues surtout par d'autres femmes et dans la mesure aussi où leur ironie, parce qu'elle s'attaque au discours dominant sous toutes ses formes, s'aliène peut-être même les hommes de «bonne volonté». La version du monde que les auteures donnent à lire, tantôt joyeusement moqueuse, tantôt carrément méchante, contraste en effet avec celle que l'on attend d'elles.

TROISIÈME PARTIE

Un bilan des ironies

CHAPITRE X

Claire de Lamirande: l'ironie... du bout des doigts

Les quelque deux cents œuvres du corpus rendent malaisé un bilan global des avenues de l'ironie; pourtant, des récurrences se dégagent, permettant d'effectuer certains regroupements. Quelques auteures, plus particulièrement, ont su tisser l'ironie à même leur écriture, l'utilisant pour étoffer le caractère de leurs héros et héroïnes, aiguiser les tensions entre les protagonistes ou préciser une atmosphère romanesque; d'autres y ont recours pour relever les incongruités du monde dans lequel elles font évoluer leurs personnages, inscrivant plus spécifiquement cette ironie tantôt dans une rigoureuse rhétorique, tantôt dans la sélection minutieuse des cibles visées. Dans ce chapitre et ceux qui suivent, on pénétrera plus à fond dans les œuvres de quelques auteures qui font montre d'une plus grande propension à l'ironie[1].

Lorsqu'on parle de Claire de Lamirande, c'est en général pour souligner combien peu souvent, justement, on parle d'elle; auteure discrète, elle a pourtant une douzaine d'œuvres à son actif, que «la critique [a traitées] en quelque sorte du bout des doigts» (Marcotte, 1995, p. 134).

1. On s'étonnera peut-être de l'absence de Louky Bersianik dans cette partie; *L'Euguélionne* apparaît en effet à première vue comme une somme ironique de la dénonciation au féminin. Cependant, ce texte s'inscrit beaucoup plus dans une tradition de la parodie, par la construction globale de l'œuvre, ce qui déborde le cadre de cette étude. De plus, l'ironie de l'auteure, très idéologiquement marquée, rate sa cible par son insistance même dans la dénonciation et par le manque total de distance entre l'auteure et son propos. Voir à cet égard l'excellent essai de Lori Saint-Martin (1997), «L'ironie féministe prise au piège: l'exemple de *L'Euguélionne*», qui met en lumière, justement, l'échec relatif de l'ironie trop militante de Bersianik.

Lamirande a tâté de tous les genres, du roman historique (*Papineau ou l'Épée à double tranchant*) au roman policier (*Signé de biais*) en passant par l'analyse plus résolument psychologique (*Aldébaran ou la Fleur*) et la tentation de la science-fiction (*L'Opération fabuleuse*). Tous ses romans, malgré la diversité et les critères implicites inhérents à chaque «catégorie», font, si l'on peut dire, profession d'ironie. L'écriture de Lamirande ne repose pas toutefois nécessairement sur la prouesse rhétorique en soi, mais sur une parfaite maîtrise des atmosphères propices à l'éclosion de conflits, de malentendus qui, eux, vont faire jaillir des ironies.

Son tout premier roman, *Aldébaran ou la Fleur*, paru en 1968, propose un étrange «huis clos» en plein air: deux couples s'entre-déchirent au cours d'un séjour au bord de la mer avec une ironie toute civile, astucieusement camouflée dans les phrases et les pensées inachevées ou au contraire étalée au grand jour dans des confrontations directes et lapidaires:

> – Tu me fatigues. Il y a des moments.
> Il a failli ajouter: Où je t'ai assez vue.
> – Moi aussi, il y a des moments.
> Que la fatigue puisse être réciproque lui déplaît.
> – Féministe.
> – Je ne suis pas féministe. C'est fini cette discussion. Maintenant on sait. Au moyen-Âge [*sic*], les théologiens ont osé se demander si les femmes avaient une âme. (Lamirande, 1968, p. 121-122.)

L'apparent détachement de la femme face à l'*insulte* masculine a ici de quoi étonner; à la fin des années soixante, avant la grande vague du féminisme québécois donc, le mot avait pour l'auteure cette connotation négative qu'il récupérera dans les années quatre-vingt... L'écart entre le refus idéologique – pour la femme, la question est déjà dépassée – et la force de résistance des personnages féminins constitue en fait un des éléments de tension les plus intéressants de l'écriture chez Lamirande. Comme si ces femmes fictives avaient pressenti l'essoufflement militant à venir, elles expriment des réserves toutes contemporaines: «J'étais féministe à tous crins. On dirait que même le féminisme n'est pas où on avait coutume de le trouver.» (1968, p. 80.) Forcées de chercher ailleurs, diraiton, elles trouvent refuge, sous la plume quelquefois péremptoire de Lamirande, dans l'ironie:

> – Tu te moques de moi. C'est ce que je n'aime pas des femmes.
> – Je ne me moque pas de toi. Qui t'a donc sensibilisé à l'ironie [?]

– C'est donc que tu faisais de l'ironie.
– Si peu. (1968, p. 44.)

Les répliques cinglantes fusent, blessant à l'occasion les hommes qui supportent très mal, on l'a vu, d'être objets de sarcasme. Les femmes, pourtant, ne sortent pas franchement victorieuses de ces luttes verbales; elles ripostent pour se protéger, annulant ainsi une partie du sentiment d'impuissance – qui est habituellement leur lot – causé par l'attaque ironique.

Le Grand Élixir exploite aussi à fond une ironie explicite qui crée, par des propos acides, une atmosphère tendue, enveloppant des personnages généralement malheureux, en lutte avec les autres et eux-mêmes. Les formules comme «S'en faire accroire. N'est-ce pas la plus ironique de toutes les duperies» (1980 b, p. 184) abondent, dénotant chez le narrateur une conscience aiguë du monde et une difficulté corollaire à affronter le réel. Ce mal de vivre se transforme, tout naturellement pourrait-on croire, en autocritique: «– Que t'ai-je donc fait? La forme littéraire de ma phrase la fit paraître creuse, inconvenante.» (1980 b, p. 111.) Ce glissement de l'ironie explicite vers l'auto-ironie trahit la préoccupation du personnage, obnubilé par son propre discours, qui traque ses travers et ses maladresses. En cela, le héros du *Grand Élixir* est représentatif de l'écriture de Lamirande; beaucoup de ses «créatures», en effet, s'observent ainsi sans aucun ménagement: dures, cruelles même envers les autres, elles le sont aussi à leur propre égard.

Lamirande prend des risques avec l'ironie; elle se sert quelquefois de blagues éculées pour déstabiliser le lecteur et le braquer contre le personnage qui lance ses farces plates: «– François, sais-tu qu'il n'y a plus de cannibales. J'ai mangé le dernier», ou encore: «Sais-tu la différence entre une boîte à lettres et un derrière de vache? – Non. – Ça serait pas prudent de t'envoyer poster une lettre.» (1980 b, p. 10, 11.) Dans *La Baguette magique*, même procédé:

> C'est le Christ qui marche sur les eaux. Les apôtres le suivent, ils marchent sur les eaux. Saint-Thomas [*sic*], lui, il cale. «Seigneur, j'en ai jusqu'aux genoux [...]. Je me noie, Seigneur.» Saint-Pierre [*sic*] se retourne et lui dit: «Tu ne peux pas marcher sur les roches, comme les autres.» (1971, p. 85.)

L'humour initial de cette blague se transforme en une ironie de Lamirande envers des personnages peu subtils, incapables – ou peu soucieux – de mesurer l'insipidité de leurs histoires. Voilà donc désamorcé le potentiel comique de la séquence au profit d'une insistance sur la vanité d'un certain type d'humour. Le rire – ou le sourire – d'exclusion provoqué par de tels passages crée une distance entre le lecteur et le personnage.

Cependant, cette distance peut être volontairement entretenue par le personnage lui-même qui cherche à maintenir un écart entre sa conscience et la réalité. Ainsi, dans *La Pièce montée*, Ghyslaine se sent tenue d'inventer des calembours pour se faire aimer de son père. L'intérêt de ce ressort textuel important réside dans le fait que la jeune femme, habituée en quelque sorte à *produire* presque sur commande, en vient à *penser* automatiquement en jeux de mots, même dans des situations dramatiques comme la mort du père. À la personne qui lui demande alors «Vas-tu suivre mon idée?» elle répond:

> – Pour la suivre il faudrait qu'elle progresse, qu'elle avance. Comment veux-tu que je suive une idée fixe? (1975, p. 83.)

Le jeu de mots, qui repose ici sur l'immobilisme de l'idée *fixe*, devient un mécanisme qui permet à Lamirande de délimiter plus précisément les principaux traits de caractère de son personnage. Ghyslaine, comprend-on, recourt à cette stratégie pour se protéger du réel; plus cette réalité est difficile à supporter, plus l'acrobatie rhétorique sera prononcée. La mort du père coïncide avec la fausse couche de Ghyslaine (ou un avortement?) et ébranle encore davantage la très vulnérable jeune femme qui se réfugie aussitôt dans une cascade de jeux de mots plus près du délire que de l'ironie:

> Maman aussi était enceinte l'année où j'ai commencé mon secondaire. Un matin, je l'ai entendue dire à papa qu'elle n'était plus enceinte, qu'elle avait réussi à le passer. J'ai rêvé que j'avais une fille l'autre nuit, et maintenant, je l'ai passée. J'ai passé mon père aussi. Même qu'il est trépassé, lui. Trois fois passé. Trois fois passera la dernière, la dernière, trois fois passera la dernière restera. Il aimait les calembours et je lui en faisais exprès pour lui. Il n'était pas difficile. Il riait. Il les trouvait drôles. Il me trouvait drôle. Tu es trépassé, je t'ai passé trois fois, tu es trépassé. (1975, p. 86.)

Cette longue tirade, dans laquelle la charge comique, inhérente habituellement au jeu de mots, se trouve complètement annulée, illustre à quel point l'outil rhétorique vient au secours d'une sensibilité blessée, masquant momentanément la déroute intérieure. Cette technique confine presque à l'ironie paradoxale, sur laquelle on reviendra plus loin, dans la mesure où le personnage ainsi campé n'est pas dupe de la morosité qui se dégage de ses propres paroles.

Si l'auteure se plaît à explorer toutes sortes d'avenues ironiques, elle manipule aussi avec beaucoup d'aisance les sous-entendus et les mots disjoncteurs; insérés dans des textes qui ne prêtent pas à sourire, à la première lecture, ils n'en obtiennent que plus d'effet. Dans le roman historique *Papineau ou l'Épée à double tranchant*, qui traite donc d'événements réels, on lit des commentaires du genre: «Je me disais: si tes pires ennemis sont contents, si tes ennemis se réjouissent d'une loi ou d'un projet, tu peux être sûr que c'est pas bon pour toi.» (1980 a, p. 71.) Ici, la voix du gros bon sens vient alléger un discours par ailleurs dramatique par le biais des dialogues. L'auteure recrée l'histoire de Papineau en la rendant non pas comique – ce serait faire injure au travail fictionnel de Lamirande – mais bien *quotidienne*; on y voit les dérapages et les doutes souvent inavoués des grands hommes au moment des décisions cruciales. C'est, par l'ironie, l'histoire dans toute sa banalité.

C'est aussi l'histoire présentée comme un *conte* à réinventer et à transmettre aux générations futures. Le passage suivant en témoigne, qui met en présence Papineau et le fidèle O'Callaghan:

> Papineau savait ce qu'O'Callaghan allait dire. Quelle offre de Colborne pouvait faire une bonne histoire à raconter? Rien qu'une. Colborne a dit tel quel aux deux évêques réunis en face de lui: Donnez-moi Papineau et j'amnistie tout le monde.
> – Colborne a fait venir les deux évêques. Il leur a dit comme ça, en se plantant en face d'eux, le doigt pointé: Livrez-moi Papineau, je libère le reste du pays.
> Papineau n'a rien dit.
> – Tu la savais? L'histoire, tu la savais?
> – Je l'ai inventée juste avant que tu me la racontes.
> – Dans les mêmes mots?
> – À peu de chose près.
> – Si l'histoire avait dit: Livrez-moi Papineau et O'Callaghan, je libère le reste du pays, je serais complètement heureux.
> O'Callaghan n'aurait pas voulu être sentimental. Il l'était cette nuit. Le printemps américain le rendait fou.
> – Être dans la même phrase que toi Papineau! Dans la même histoire que toi! (1980 a, p. 113-114.)

L'auteure, par la voix de l'histoire parvenue jusqu'à nous, réinvente un Papineau «devin» capable de prédire sa petite histoire. La mise en abyme de l'ironie tient, dans cette séquence, dans le glissement de l'histoire officielle à la supplication («être dans la même phrase que toi») qu'O'Callaghan adresse non pas à l'histoire mais à Lamirande qui la récrit.

L'ironie de Lamirande se cristallise aussi, régulièrement, dans une rhétorique des rapports de force. Deux extraits illustrent l'habileté de l'auteure à amalgamer les figures de style et les changements de perspectives narratives, procédé récurrent chez l'auteure dont on a pu trouver traces dans les citations précédentes. Son roman *La Baguette magique* met en scène une jeune femme de vingt-sept ans, fraîchement échappée de la vie monastique, et dont la destinée n'a rien à voir avec les héroïnes de *Cogne la caboche* ou du *Portique*: l'étrange *déserteure*, une rousse incendiaire fallacieusement nommée Marie, a en effet éliminé de sang-froid son premier mari après avoir «consommé» le mariage. La sulfureuse défroquée faisant, comme il se doit, l'objet d'une enquête de la part d'un policier tenace, les confrontations sont fréquentes:

> – On n'aurait pas cru à vous voir que vous étiez si violente. Vous l'avez peut-être violé.
> – On dirait pas à vous voir que pouvez être si vulgaire. (1971, p. 77.)

> Et [votre mari] était réfractaire à ce genre d'exercice. Cette sorte d'exercice. Sa vulgarité bâtit en moi une bonne tension. J'ai les genoux plus fermes et dans les coudes une certaine élasticité. (1971, p. 110.)

Ici, les anaphores tronquées servent de tremplin à la cinglante réplique, alors que le sous-entendu contenu dans la déviation narrative donne un aperçu supplémentaire de la force morale du personnage féminin. Marie d'ailleurs se réserve en surplus une part d'auto-ironie concernant son passé récent de nonne qui, dans la contrefaçon parodique cette fois, touche au cynisme: «Il n'est pas né le divin Enfant, chantons tous son absence. Depuis plus de deux mille ans, nous inventons cet heureux temps.» (1971, p. 117.)

Ce genre de personnage féminin, incongru par rapport au reste de la production synchronique des femmes du Québec, constitue une autre des caractéristiques, et non la moindre, de l'ironie de Lamirande. Se moquant des types et des stéréotypes, la romancière invente des femmes dont la crédibilité tient, précisément, à son habileté rhétorique. Les nombreuses ellipses, par exemple, maintiennent un mystère autour de ces personnages, protégés dès lors par le flou de la fiction. L'ex-religieuse peut ainsi confier en toute impunité à celle qui fut sa supérieure au couvent: «Je me suis mariée deux fois. Le premier, il a fallu que je le tue.» (1971, p. 172.)

De même, l'as chirurgien[2] de *L'Opération fabuleuse* devient un personnage tout à fait plausible dans ce roman relevant de la science-

2. Ce masculin est le choix de l'auteure.

fiction. *Inventeure* d'une machine à éliminer la mort, la protagoniste part en vacances avec un groupe organisé, porté sur la méditation et appelé les «Transcendantaux», pour se guérir d'un épuisement professionnel dû à ses recherches intensives et à la pression du métier. Personnage tout à fait actuel, Maude évite la dépression par l'ironie qu'elle oppose – en son for intérieur – à ses compagnons de voyage. Se présentant comme une «opératrice de machine à tricoter», elle dissimule sa véritable profession dans l'espoir de susciter chez les autres une indifférence bienvenue. Toute sa réflexion s'adressera alors au lecteur qui apprendra à aimer Maude alors qu'elle-même fait inversement le vide autour d'elle dans le roman.

Encore une fois, l'ellipse salvatrice, dans l'approche psychologique du personnage, permet à l'auteure de rendre paradoxalement plus humaine, par la distance de l'ironie, cette scientifique apparemment au faîte de la gloire mais pourtant toujours en quête d'elle-même. «On ne meurt pas de rire. Je serais morte» (1978, p. 167), laisse-t-elle tomber, par exemple, devant le spectacle pitoyable du millionnaire endormi, la bouche ouverte, que ses enfants essaient de supprimer pour toucher le million gagné à la loterie. L'ironie, péremptoire parfois (comme «Des mots du dictionnaire: faits pour rester là» [1978, p. 82] pour signifier l'impuissance du langage), se trouve à l'origine d'un exquis malentendu. Les Transcendantaux, convaincus que Maude est une machiniste qui gagne chichement sa vie, lui prodiguent des conseils d'économie et la traitent avec condescendance. Toutes ces paroles, bien comprises par un lecteur «dans le coup», donnent lieu à de savoureux passages:

> – [...] Vous n'avez pas la vie facile, Maude, avouez-le donc.
> – Une vie de créateur, c'est une vie difficile.
> – Il y a vraiment un élément de création quand on opère une machine à tricoter?
> – C'est une machine à tricoter le monde.
> – On dirait que vous souffrez d'insolation. Le soleil de Sicile, c'est quelque chose. (1978, p. 124.)

Enfin, *La Pièce montée* met en scène un autre intéressant personnage féminin, Isabelle, véhicule d'un dernier type d'ironie, qui pourrait être vue comme la fille symbolique de Suzanne dans *Aldébaran ou la Fleur*. Appartenant à une nouvelle génération, Isabelle va contester avec toute la fougue de sa jeunesse la politique du «deux poids, deux mesures» dont sont victimes les femmes. Alors que Suzanne, on se le rappellera, considérait le féminisme comme un mouvement déjà dépassé, Isabelle, au contraire, pointe du doigt la nécessité de réagir contre les injustices: «On fait des tests de féminité aux athlètes, on devrait faire l'autre, le test de masculinité, avant de permettre à qui que ce soit de faire des études.» (1975, p. 53.)

Par une argumentation rhétorique d'opposition, la jeune fille, désillusionnée, réagit avec éclat à des propos sexistes de son professeur: «Quand j'ai dit au directeur du laboratoire qu'il était misogyne, il m'a répondu qu'il adorait les femmes... à leur place. Comme le président du Ku Klux Klan quand il dit qu'il adore les nègres... à leur place.» (1975, p. 53.) Ce type de discours nous ramène aux premiers temps des revendications féministes, lecture quelque peu prévisible si l'on tient compte de l'année de publication du roman; la surprise viendra de la réaction de la mère à l'emportement de sa fille: «Les femmes n'ont pas le sens de l'humour. Moque-toi de toi-même Isabelle. Tu me déçois de le prendre si mal. Il ne t'a rien enlevé. Dis-toi que c'est un idiot. Dis-toi qu'il est stupide.» (1975, p. 53.)

Avec toute sa finesse habituelle, l'auteure pressentait avec lucidité, déjà en 1975, les fluctuations du mouvement féministe qui, après avoir opposé les hommes et les femmes, allait dans les années quatre-vingt-dix mettre face à face les mères et les filles…

CHAPITRE XI

Marie-Claire Blais: présence et illustration de l'écriture plurilingue

L'ironie, on l'a vu, peut s'afficher dans les signes de ponctuations ou les marques typographiques comme les parenthèses, les guillemets ou les italiques. Chez Marie-Claire Blais, ces indices ouvrent la voie à une perception plurilingue du texte; ce plurilinguisme, selon Bakhtine (1978, p. 122), constitue une caractéristique du «roman humoristique». C'est donc dire que tout roman qui exploite l'ironie comme ressort stylistique sera susceptible de faire entendre, du moins par éclat, cette «voix de l'opinion publique» décrite par Bakhtine (1978, p. 123) comme «l'attitude verbale normale d'un certain milieu social à l'égard des êtres et des choses» à laquelle l'auteure opposera sa critique.

Je m'arrête plus particulièrement à Marie-Claire Blais, cependant, car ses romans constituent une sorte de «miroir grossissant» du processus dialogique. Ce choix permet aussi de s'étendre sur des œuvres que la critique institutionnelle a accueillies avec tiédeur et qu'il importe maintenant de lire dans une nouvelle perspective mettant en relief un type de délinquance moins bien connue. En effet, on n'attribue pas spontanément l'épithète «humoristique» à l'œuvre de Marie-Claire Blais. L'auteure le déplore elle-même: «[La critique] a peu parlé de l'humour, de ce sourire effacé qui est très présent dans [mes] livres. Tant au Québec qu'en France, on ne me parle que de mon obsession du malheur.» (Royer, 1985, p. 37.) De fait, on mentionnera plus volontiers la présence d'un humour *noir*, ou d'une ironie de l'oxymore, figure stylistique récurrente dans son œuvre (Niedoba, 1978).

Il reste que, dans presque tous ses romans, se lit un processus dialogique initiateur d'une «*construction hybride* typique, pourvue de deux accents et de deux styles» (Bakhtine, 1978, p. 125).

Ainsi les personnages d'*Une saison dans la vie d'Emmanuel* et les menus faits de leur existence font l'objet d'une lecture simultanée qui dévoile à mesure une «réfraction» des intentions de l'auteure (Bakhtine, 1978, p. 134). Chez Grand-Mère Antoinette, d'abord, on note une contradiction des discours, dès les premières pages: «– Mon Dieu, un autre garçon, qu'est-ce que nous allons devenir? Mais elle se rassurait aussitôt: Je suis forte mon enfant. Tu peux m'abandonner ta vie. Aie confiance en moi.» (1980, p. 9.) Le moment de découragement initial fait aussitôt place à une confiance *fabriquée* dans la mesure où le personnage *se* rassure plutôt que de rassurer le nouveau-né. Il y a donc, au fond d'Antoinette, un besoin de corriger un premier énoncé pour l'améliorer et l'ennoblir, bref pour le faire correspondre au discours attendu d'une digne matriarche.

Cette tendance fera l'objet ultérieurement de l'ironie de Blais à travers l'exaltation qui emporte la grand-mère dans un élan de lyrisme, après l'accident de Pomme qui le prive de ses doigts: «D'abord qu'est-ce qu'ils ont fait avec ses doigts à l'hôpital? (Elle vit alors sur un plateau d'argent, comme la tête de Jean-Baptiste, la main exilée du corps de Pomme, ronde et calme, fraîche comme une poire au soleil.)» (1980, p. 139.) La parenthèse annonce un dérapage phantasmatique, inspiré par un référent religieux convenu qui trahit le maigre bagage de connaissances de l'aïeule, l'orientant presque mécaniquement vers une des séquences bibliques les plus susceptibles de frapper l'imagination populaire à cause de la violence du geste et de l'intérêt sordide – vaguement voyeuriste – qu'il suscite. La parenthèse a aussi pour effet de souligner un «décalage» du personnage par rapport à la réalité, écart qui sera cristallisé dans le passage suivant:

> Grand-Mère Antoinette ne faisait aucune attention à la date, elle lisait la température du printemps en hiver, parcourait les mariages au moment où l'un des époux avait été enterré, la nouvelle affreuse d'un tremblement de terre ou d'un incendie important lui parvenait toujours au moment où la terre avait depuis longtemps cessé de trembler, et où tous avaient oublié *les cent morts engloutis en une minute* qui, quelques mois plus tôt, avaient eu un certain retentissement grâce à leur sonore disparition. (1980, p. 147-148.)

Alors qu'Antoinette s'affirme face aux autres comme la femme de la situation, forte, éternelle, toute-puissante, Marie-Claire Blais dégonfle à mesure son personnage, insistant sur la puérilité de ses motivations et de ses projections. L'auteure renversera le mouvement ironique chez Jean Le

Maigre pour, au contraire, lui prêter le discours d'un adulte: «– Tu bois trop, dit Jean Le Maigre en se servant à boire une autre fois, sans égard pour son frère. À ton âge, je faisais quelque chose d'utile, j'apprenais le latin, j'avais des conversations brillantes avec M. le Curé. Mais toi...» (1980, p. 25.) Le reproche émerge de ces «paroles d'autrui dans un langage étranger» (Bakhtine, 1978, p. 136), étranger parce qu'il rompt, momentanément, le pacte qui unit les deux frères complices pour correspondre au discours de l'expérience. La grand-mère et le petit-fils se trouvent donc en position anachronique l'un par rapport à l'autre car

> la parole sera passée, non d'une aïeule à l'autre mais de l'aïeule directement à l'enfant. [...] Un renversement est donc accompli selon l'équation suivante:
> (réalisme) vieillesse matricentrique traditionnelle
> vs
> (rêve) enfance mâle prodigieuse. (Cancalon, 1989, p. 104.)

Plus encore, Blais dote le jeune personnage d'une aptitude à tourner en dérision les principes élémentaires de pédagogie: «M. le Curé m'apprenait aussi l'orthographe, et un peu d'astronomie, car, disait-il, *il faut mettre des lunes d'argent, des étoiles et un ciel orageux* dans tous vos poèmes.» (Blais, 1980, p. 78.) Dans cette phrase, l'italique écarte le risque – pour le lecteur – d'interpréter le rapport astronomie-lunes comme une ironie du curé à l'endroit du jeune garçon. S'élevant un cran au-dessus de la duperie possible, Jean Le Maigre récupère les clichés poétiques pour mieux s'en distancier, comme en témoigne son «œuvre posthume» qui n'a rien à voir avec cette stylistique usée.

Ainsi, dans ce seul roman, de multiples discours s'entrechoquent, créant une ironie que l'auteure lance sans vergogne à la face du monde. La vie de bordel retrouve, l'espace d'une séquence, les intonations de l'école primaire, par des italiques qui font digression:

> – Ah! s'écriaient-elles sur le seuil, les lèvres souillées de rouge, légères comme des écureuils sur le bout de leurs frêles pattes, *venez donc jouer avec nous,* [...] s'oubliant jusqu'à ce que Mme Octavie intervienne dans leurs jeux avec indignation, réclamant que l'on paie sans plus tarder la dette de la dernière fois (vingt sous pour une heure ou rien). [1980, p. 162.]

Dans la plupart des scènes où apparaît Mme Octavie d'ailleurs, il se produit de délicieux «dérapages» de langage, comme dans cette apostrophe que la tenancière adresse à Héloïse: «– Je ne sais pas si vous l'avez remarqué, mais vous êtes dans un bordel, mon enfant [...]. Ici, ce n'est pas un endroit pour les jeunes filles.» (1980, p. 151.) La voix de la morale, qui surgit de façon inopinée, se moque bien des contradictions...

Les parenthèses dans ce roman introduisent à plusieurs reprises une dissimulation, comme si le signe typographique lui-même encadrait la confidence soit de l'auteure, soit d'un personnage; le contenu de la parenthèse se superpose alors à la trame principale en en dédoublant, en quelque sorte, la voix narrative:

> Parmi la silencieuse moisson du curé pour le noviciat (quatre garçons aux lèvres pâles, au menton étroit, dont les yeux hypocritement baissés sur un livre de prières ou un chapelet avaient soudain l'éclair fuyant du mensonge...), [...] Jean Le Maigre se réjouissait calmement d'appartenir à une race supérieure. (1980, p. 57.)

L'intérêt de ce passage, outre la flèche ironique décochée à l'endroit des faux apôtres qui laisse deviner les sournoiseries à venir, réside dans l'attitude de Jean Le Maigre; l'intelligence rusée du personnage, que l'on a perçu jusque-là comme très – trop? – lucide, permet de soupçonner un autre niveau d'ironie de la part de Blais. Même tout jeune, le garçon résiste à la tromperie des gens, et à celle du curé en particulier: très au fait du lourd héritage de ses origines, comment pourrait-il croire qu'il est dorénavant parmi les élus?

La récurrence de la parenthèse en vient à créer, en quelque sorte, une voix de la marge, qui répond au texte principal tantôt pour l'éclaircir, tantôt pour le contredire. Les exemples sont multiples: que ce soit les excuses du frère Théodule devant le nième décès d'un postulant – «(une erreur, une simple erreur, mon Supérieur)» (1980, p. 128) – ou les imprécations de Mme Octavie placées entre guillemets, ce qui creuse davantage le niveau de confidence – «(Vous êtes chez vous, disait Mme Octavie en haussant les épaules – ce qui ne l'empêchait pas de penser sous son front impassible: "Quel cochon tout de même")» (1980, p. 158), les parenthèses brisent le rythme de la narration et font dévier momentanément le discours principal, créant «un langage diversifié et intérieurement dialogisé» (Bakhtine, 1978, p. 150).

Qui plus est, cette typographie, annonciatrice d'une délinquance, produit une *habitude* chez le lecteur qui, ainsi alerté, risque alors de voir de l'ironie là où se trouve un sens littéral. C'est du moins le défi de lecture qu'offre la séquence suivante, qui reproduit des annonces classées du journal du samedi, présentées par la narratrice elle-même entre les italiques:

> – *Bon traitement. Jeune fille demandée 18 à 20 ans bonne à tout faire. Octavie Enbonpoint, Auberge de la Rose Publique, 3, rue de la Bonne-Fortune, Paroisse Saint-Marc-du-Dégel.*

Il y avait aussi quelques autres annonces, telles:

– *Jeune personne responsable demandée pour vieillard ayant perdu la raison, beau paysage, salaire une fois par mois, Rang-Saint-Pit, route n° 8 (suivre l'allée de sapins, tourner à droite).*

Ou bien:

– *Aurais besoin d'une infirmière de grandeur moyenne yeux bleus. Une personne seule souffrant d'anémie. Route n° 2, cabane de bois blanc.*

– *Pour garder enfants de 1 à 8 ans et animaux également en bas âge. Femme 50 ans au moins. Un veuf impatient.* (1980, p. 146-147.)

Ici, le caractère romain s'efface devant l'italique de la voix populaire qui s'exprime dans toute la spontanéité de sa maladresse. Mais s'agit-il vraiment d'une spontanéité, justement? Le premier passage tout en euphémismes – la voix du péché qui sauvegarde les apparences – pervertit les annonces subséquentes, ouvrant la porte aux sous-entendus les plus farfelus. Déjà, la mention du village «Saint-Marc-du-Dégel» comme lieu accueillant une maison de débauche vouée aux flammes de l'enfer donne le ton et invite à interpréter les autres offres d'emplois comme autant d'incitations à la prostitution; on est en droit de se demander les raisons de l'impatience du veuf, d'interroger la nécessité des yeux bleus ou de réfléchir aux risques courus si l'on emprunte «l'allée de sapins».

L'auteure s'est bien amusée à rédiger ce passage, semble-t-il, et n'a pu résister à l'envie de mêler les cartes du décodage en s'immisçant dans la voix populaire pour la trafiquer et travestir une spontanéité originelle. Loin d'amoindrir l'effet ironique, cette astuce fait plutôt découvrir une nouvelle Marie-Claire Blais, lutine et gouailleuse.

La suite de son œuvre confirmera d'ailleurs cette prédilection pour les intrusions plurilingues. Même dans *David Sterne*, roman sombre et pessimiste s'il en est, la technique resurgit par éclats, confondant le lecteur du journal et le lecteur du roman: la voix de l'auteure se mêle à celle de l'information et effleure en douce le sens critique du lecteur – on ne sait plus très bien lequel:

> Le jeune homme a mis le feu à ses vêtements (Est-il nécessaire de savoir que cette malheureuse action eut lieu devant de [*sic*] Ministère des Armes nucléaires le lecteur n'aimant pas ce genre de détails) c'est avec une horreur indescriptible que nous avons assisté à cette scène... (1967, p. 55.)

Avec la trilogie des *Manuscrits de Pauline Archange*, la perspective narrative se ramifie davantage; Pauline Archange donne sa version des faits par le biais d'un «je» péremptoire autant que fictif qui incite le lecteur à maintenir un «doute raisonnable» quant à la réalité des événements relatés ou à la fidélité du récit. Voix de la maturité pourtant, la jeune Pauline, à l'instar de Jean Le Maigre, émet une réserve concernant un certain discours «officiel»:

> Louisette explorait maintenant de ses doigts agiles les diverses parties de son corps: Ça, c'est le lieu du péché, dit le père Carmen, y dit que si on touche on peut se brûler les doigts, regarde, plus je touche, moins ça brûle... Tu parles d'un menteur, tiens... (1968, p. 63.)

Dans ses cahiers, la jeune fille reproduit le monologue de son amie dénonçant le mensonge du prêtre, se dégageant ainsi de la responsabilité d'une telle prise de position, responsabilité qu'elle endossera toutefois, jusqu'à un certain point, face à l'oncle Marius. Dans ce cas, les guillemets serviront quand même de couverture à l'héroïne qui rapporte, sur le mode ironique de l'exclusion, des paroles qu'on a peine à prendre au sérieux tant elles semblent exagérément complaisantes:

> L'Oncle Marius pleurait plus encore «sur les belles histoires chexuelles», il avait de la sympathie pour «ce bon gars le Gaston Soreil, 48 ans, de la paroisse Mont-Caprice, accusé d'avoir eu des rapports chexuels avec une sexagénaire faible d'esprit» ou bien «Raymond Girard, 65 ans, accusé d'attentat à la pudeur sur la personne d'un garçonnet de 9 ans». «Vois-tu, me disait-il, en chassant de la main un nuage de sauterelles qui montait de la rue, tout ça, c'est la bonne vie, j'vois pas pourquoi y faut mettre les gens en prison parce qu'ils font la bonne vie...» [...] Mais il était vain d'espérer la conversion de l'Oncle Marius. «Il faut faire chaque semaine votre BA, disait notre cheftaine, une BA est une bonne action qui vous donne mal au cœur...» et c'est ainsi que je visitais l'Oncle Marius et achetais pour lui des journaux obscènes. (1968, p. 117.)

L'apparente placidité de Pauline face au discours de l'oncle[1] – elle décrit elle-même, avec nonchalance dirait-on, le geste indolent de Marius

1. Ce sont probablement des éclats dialogiques de ce genre qui relancent la question du parti pris chromosomique: en quoi ces mélanges discursifs, en effet, ressortissent-ils au féminin? La question est d'autant plus pertinente que Marie-Claire Blais, dont la reconnaissance est solidement institutionnalisée, a toujours fait cavalière seule, écrivant en marge des bouleversements idéologiques du féminisme. La signature féminine vient alors à la

pour éloigner les sauterelles – se trouve démentie sans équivoque par la chute de la citation qui donne à interpréter ses véritables sentiments dans l'équation BA = mal au cœur = revues pornographiques. Cette façon de contourner l'autocensure élève le lecteur au rang de confident, le situe en tant que témoin à la croisée des voies discursives. Lui seul, dès lors, est mis au courant des dangers de l'assimilation à «ce langage de coups de poing» honni par la mère de Pauline et auquel la jeune fille tente de résister, mais qui l'investit peu à peu:

> Ce langage devenait aussi le mien parmi les petits marchands de journaux, et lorsque je rentrais le soir, je devais étouffer les blasphèmes fleuris qui couraient à mes lèvres car je ne pouvais regarder Jeannot s'accrocher à ma jupe sans penser: «Toié vas-t-en, mon p'tit baptême de frère.» (1969, p. 25.)

Un peu plus loin dans le deuxième tome de la trilogie, une réplique de Julien viendra compliquer la tâche du lecteur: «– Les devoirs de vacances sont les plus beaux! J'imagine déjà la joie de mes professeurs lorsqu'ils liront ceci: "Jusqu'à quel point la mélancolie de Chateaubriand est-elle chrétienne?" (Car je suis un lèche-curé.)» (1969, p. 135.) Qui parle, en effet, dans cette parenthèse? Julien, cité par Pauline? La parenthèse est alors superflue, car l'effet de la confidence se trouve automatiquement annulé par l'intervention de Pauline dans le processus de reproduction du discours. Ou n'est-ce pas plutôt la narratrice qui prête à Julien ces paroles autocritiques pour, encore une fois, contourner la censure et railler le personnage?

Car ces fameux manuscrits, par l'immunité que leur confère l'alibi fictionnel, ne cessent de poser des problèmes d'interprétation, comme dans ce passage tiré du dernier volet de la trilogie:

> Quand je demandais à Elisa Moutonnet pourquoi elle avait tant de livres (elle touchait pourtant le même salaire que moi au magasin), elle répondait évasivement en secouant sa tête paresseuse et sensuelle, le regard toujours un peu lent sous ses longues paupières:
> – Parce que je les prends moi-même dans les librairies.
> – Tu les voles?

---

rescousse: la mauvaise foi de Marius, l'outrance de ses paroles, la transcription parodique même de certains mots – comme «chexuelles»– doivent être lues en fonction du sexe de l'auteure qui trouve, par le pouvoir des mots, des ressources pour ridiculiser un discours du pouvoir: pouvoir masculin sur les femmes et les enfants.

– Mais non, je les glisse dans la poche de mon manteau quand personne ne me voie [*sic*].
– C'est du vol, ça!
– Il ne faut pas exagérer, voyons! (1970, p. 53-54.)

Dans ce roman intitulé bien à propos *Les Apparences*, il faut envisager la possibilité que les deux filles, ici, soient en train de se servir mutuellement les répliques d'une discussion convenue; le déni du vol, d'un côté, et la semonce morale, de l'autre, reproduisent un dialogue sur l'honnêteté qui met à rude épreuve la bonne foi du lecteur, compte tenu de son *expérience* du personnage de Pauline Archange, dont le nom résonne plus que jamais dans toute l'ironie de sa délinquance.

Cette incertitude quant aux lectures du texte constitue pourtant l'intérêt de l'écriture plurilingue de Marie-Claire Blais. Paradoxalement, ou peut-être est-ce justement une relation de cause à effet, les deux romans suivants, *Un Joualonais, sa joualonie* et *Une liaison parisienne* vont niveler «la surimposition des significations (le dit et les multiples non-dits)» (Hutcheon, 1994, p. 19; je traduis) pour en arriver à une simple alternance de deux discours prévisibles[2].

Ces deux voix, celle de l'auteure et celle du ou des personnages, s'affrontent et se provoquent mutuellement, donnant à lire le constat d'un échec, personnel dans *Une liaison parisienne* et social dans *Un Joualonais, sa joualonie*. L'impression de «dépaysement» qui se dégage de ces œuvres provient en grande partie de la désinvolture peu habituelle avec laquelle l'auteure traite ses personnages en général; aux compliqués Jean Le Maigre et Pauline Archange succèdent le pauvre Mathieu Lelièvre et tous les portraits typés d'une certaine génération, l'imbuvable Papillon et sa suite de faux militants, dévoilant une Marie-Claire Blais qui ne s'amuse plus «avec» les protagonistes mais à leurs dépens.

Un Joualonais, sa joualonie campe dès le départ un dénommé Abraham Lemieux, dit Ti-Pit, qui servira de contrepoids aux autres personnages; ceux-ci constitueront la voix «directe», alors que Ti-Pit sera «celle – réfractée – de l'auteur[e]» (Bakhtine, 1978, p. 144). Pareil discours, ajoute Bakhtine, «contient deux voix, deux sens, deux expressions. En outre, les deux voix seront dialogiquement corrélatées, comme si elles se connaissaient l'une l'autre (comme deux répliques d'un dialogue se connaissent et se construisent dans cette connaissance mutuelle), comme si elles conversaient ensemble» (*ibid.*, p. 144-145).

---

2. Dans son très intéressant ouvrage sur Marie-Claire Blais, Mary Jean Green (1995) consacre le septième chapitre, intitulé «The Satiric Voice», à ces œuvres. Si le point de vue est différent – l'auteure s'emploie à analyser le comportement des personnages plutôt que le travail textuel –, il met en évidence la «parenté» de ces deux romans.

De fait, le fameux Ti-Pit racontera, dans un joual constant qui justifie en partie le titre du roman, ses rencontres et ses réflexions dans une voix du gros bon sens – la voix publique populaire investie jusqu'à un certain point des idéaux de Blais – qui s'opposera systématiquement aux diverses langues de bois des personnages gravitant autour de lui. On aura affaire, donc, au métalangage de Papillon, professeur ultraconservateur qui croit avoir les idées larges, dans ce substantiel dialogue entre lui et Ti-Pit, qui ouvre le roman:

> Y me donnait des dictées comme à un élève arriéré quoi, y savait pas que les mots me jaillissaient du crâneau à la minute, mais faut pas être capricieux.
> «Tu sais, moi aussi, Lemieux, j'invente des images, des sons moelleux, j'invente au moins dix mots par jour. Qu'est-ce que tu dis de ça, hein: "Ma parole à l'archet éblouissant?" Ou même ça encore: "L'austère steppe de mon silence?..." Ça te parle ou pas?
> – Ça me dit rien!
> – C'est parce que t'as rien dans la tête, Christ! [...] l'Papillon dit en s'étirant:
> Neige, oh! Neige mon beau pays!
> Y prenait tout du côté rose, y voyait pas que le fret tue, ça vous racornit comme des p'tits vieux. Y attendait pas l'autobus chaque matin, y avait son char, y m'a dit. Y avait pas besoin de l'voler de temps en temps.
> «C'est quelle marque, ton auto?
> – Vous êtes tous pareils, vous autres, les bas-fonds de la Maine, tout ce qui vous intéresse c'est le foin et la machine américaine!»
> On s'est donc engloutis l'Papillon et moé dans sa cadillac bleue [*sic*] mer [...].
> «Et tu veux peut-être savoir combien je gagne par année, hein, mon Christ?
> – C'est pas de mes maudites affaires.
> – Dix mille piastres, c'est ridicule, un salaire de famine dans la vaste Nord-Américaine, la femme en croque la moitié, le gouvernement vous laisse les os! [...]
> – J'trouve que vous avez pas mal de luck!
> – T'es dément, Abraham, Chose [...]. Viens dans ma cambuse et tu comprendras ma désolation!» (1973, p. 13-15.)

La cambuse, est-il besoin de le préciser, est un appartement luxueux... Tel est le fonctionnement de la dynamique globale de ce roman: Ti-Pit est mis en présence d'un *type* quelconque, lequel personnage va lui tenir un discours dans la langue d'un certain groupe professionnel (les enseignants) auquel il résistera dans un langage orienté, familier (le parler de la classe québécoise défavorisée) [Bakhtine, 1978, p. 132]. Une Marie-Claire Blais presque persifleuse se fait ici entendre pour dénoncer les lamentations de Papillon qui apparaissent injustifiées, naturellement, au regard de la situation de Ti-Pit.

C'est ainsi que Ti-Pit rencontrera, entre autres, un avocat, un travesti, l'épouse de Papillon, un étudiant de l'Ontario, une Française qui lui serviront des discours prévisibles dans la mesure où le projet de l'auteure, toute à sa dénonciation sociale, l'emporte par moments sur la subtilité de l'écriture à laquelle elle a accoutumé ses lecteurs: l'avocat se moquera de la justice, le travesti aura «trop de fantaisie» (1973, p. 27) pour faire du théâtre, l'épouse découvrira la lutte féministe, l'étudiant ontarien viendra fumer de la drogue au Québec et la Française s'extasiera sur la joliesse de l'accent québécois.

Malgré tout, il faut reconnaître l'efficacité du choc des langues. Et la conscience aiguë de Blais relève tous les dérapages en ce sens, ne négligeant pas la démesure du discours féministe naissant (la publication date de 1973) et offrant du même coup un intéressant défi de lecture d'un point de vue chromosomique en cette décennie 1990 propice aux bilans de la condition féminine. Le passage suivant, savoureux, raconte l'intrusion de femmes dans des tavernes réservées jusqu'à il n'y a pas si longtemps à des hommes soucieux de maintenir leurs privilèges; hirsute, le discours part dans tous les sens, noyant l'intention militante dans le convenu du langage de la revendication:

> – Non, qué non, pas de p'tites mères icitte, répétaient les biéreux.
> – Allons, Messieurs, ne ronchonnons point, ces créatures délicieuses objets de notre adoration, ne méritent-elles pas de s'exprimer tout comme nous?
> – Objets, tu l'as dit, Papillon, voilà pourquoi nous sommes ici pour un sit-in et un sit-on, pour piétiner enfin la femme-torchon, la femme-vaisselle et pour édifier la nouvelle, la femme je-vis-ma-vie [...].
> «Et vous, Mesdames, dit l'Papillon qui s'épongeait l'front, comment pouvons-nous vous aider, la parole est à vous...»
> – Fuck you! [...]
> – Nous sommes fières de l'annoncer, dit la Thérèse, nous sommes femmes avant tout.
> – Bull Shit, dit Sapho au Pouvoir.
> – Shit, dit la Jacqueline de Papillon.

> – Oui, nous en sommes fières, dit la Thérèse, et nous aussi, nées et élevées dans la haute société de Québec, nous tenions à exprimer toute la noblesse de notre féminité. (1973, p. 131-132.)

La vague déferlante du mouvement collectif féministe, ses forces et ses contradictions, peut-être mieux perceptibles maintenant, s'étendra jusqu'aux structures traditionnelles des relations hommes-femmes pour aboutir, si l'on peut dire, dans la chambre à coucher:

> – Scélérat! comme beaucoup d'hommes épris de la Femme! Ce n'est pas moi que tu aimes, c'est elle...
> – Qui donc, mon amour... Elle?
> – Mais la Femme, tu ne comprends donc pas? Un mythe, une déesse de la féminité, une Horreur! (1973, p. 92.)

L'habileté de Marie-Claire Blais se lit dans le parti qu'elle prend d'opposer deux exagérations; si les revendications et le comportement des femmes semblent ridicules, ils sont justifiés, jusqu'à un certain point, par le machisme et la condescendance qui marquent le discours masculin. En définitive, l'intérêt principal de ce roman consiste à mettre en présence une langue humiliée – non pas par l'auteure, cependant, qui investit Ti-Pit de sa sympathie – et des langues circonstancielles dont les rapports antinomiques mettent en lumière les limites et les déficiences de chaque mode d'expression.

Dans *Une liaison parisienne*, Marie-Claire Blais poursuit cette exploitation des discours croisés en resserrant le procédé autour de deux personnages principaux et en modifiant l'angle de sa participation comme *voix* romanesque. Cette fois, elle se pose en arbitre entre Mathieu et Madame D'Argenti, dévoilant à mesure les travers de ce Québécois prêt à se vendre à la France et de cette Française trop heureuse d'une telle aubaine. Dès le début du roman, la méprise s'installe: Mathieu fait la connaissance des d'Argenti et, tout de suite, il trouve

> sa place dans le temps parmi les vieilles choses, lui qui se voyait «comme un esprit du passé qui se promène en jeans». Mais les d'Argenti, eux, ne voyaient pas du tout Mathieu Lelièvre dans cette lumière flatteuse «du passé», ils l'observaient tour à tour avec une consternation amusée, rien ne leur semblait plus neuf et plus barbare que cette créature échevelée qui venait d'atterrir dans leur salon... (1975, p. 15.)

La tension du roman se lira alors entre les efforts de Mathieu pour se faire accepter par Mme d'Argenti, pour assimiler son discours en fait, les manigances de celle-ci – la voix de la manipulation – et l'auteure qui condamne l'un et l'autre. Spectatrice ironique, Blais scrute dans les détails cette liaison où chaque partenaire tente de tirer le maximum de l'autre: l'argent pour la jeune femme, la renommée littéraire à Paris pour l'écrivain. Le portrait très dur qu'elle brosse symboliquement des relations problématiques que le Québec entretient avec ses cousins français s'insère avant tout dans ce quiproquo qui donne les clés des événements au lecteur et en prive les protagonistes:

> Mathieu Lelièvre pensait soudain: «Ne se sert-elle pas de moi que comme l'une de ses expériences d'écrivain?» Et cette pensée lui était curieusement insupportable, mais il oubliait que Madame d'Argenti redoutait de lui les mêmes persécutions. (1975, p. 118.)

Blais agit comme une instance critique qui, tout au long de l'œuvre, pointera du doigt le malentendu; caricaturaux mais pourtant crédibles, ces deux personnages survivent à la surenchère de la charge dénonciatrice grâce au souffle de l'écriture de l'auteure. Rarement a-t-on transposé avec autant d'ironie les ambitions souvent inavouées de l'écrivain québécois face à l'institution littéraire française (aussi bien dire l'institution littéraire tout court) et supputé avec une aussi agréable mauvaise foi l'opinion des actants de cette même institution.

Mais ce n'est sans doute pas un hasard si ces deux derniers romans ont été moins bien accueillis par la critique. L'accent mis sur les idées reçues, perceptibles dans les répliques des personnages, de plus en plus lourdes tant elles sont omniprésentes dirait-on, a, dans un contexte dialogique, émoussé l'efficacité du procédé et réduit le défi de lecture. Si les romans font tout de même beaucoup sourire – le lecteur acquiescera sûrement à quelques-uns des griefs de l'auteure –, ils n'en glissent pas moins vers un discours stéréotypé de dénonciation propre à annuler, précisément, le potentiel de subversion dont ils sont censés faire la démonstration.

Malgré tout, ces romans demeurent des moments forts de l'œuvre de Blais, par la dimension nouvelle d'elle-même qu'elle offre au lecteur. Résolument moqueuse dans les deux ouvrages, elle désarçonne quiconque compte y trouver les avatars des tourments existentiels de Jean Le Maigre ou les fines roueries de Pauline Archange. Mais Marie-Claire Blais a-t-elle vu le piège de l'apparente facilité de cette ironie plus caricaturale que dangereuse? Elle a, en tout cas, rajusté le tir dans *Le Sourd dans la ville* et *Les Nuits de l'Underground* qui renouent avec la subtilité des jeux discursifs de ses première œuvres. Ce resserrement stylistique tend cependant à annuler l'ironie; l'auteure ne renonce pas pour autant «aux deux langages pour ne pas remettre entièrement ses intentions à aucun des deux» (Bakhtine, 1978, p. 135) mais évite le ressort parodique. Faut-il le déplorer ou, au contraire, saluer l'énergie de l'auteure pour cette quête d'une écriture qui ne se répète jamais, qui va toujours ailleurs?

CHAPITRE XII

Michèle Mailhot: l'impertinence de la voix intérieure

Michèle Mailhot a perfectionné au fil de ses romans une prose encore mal connue qui réserve d'immenses surprises et suscite une réaction unanime: «*A sense of discovery, enthusiasm, a demand for more information and more titles*[1].» (Verthuy, 1987, p. 132.) Ses romans explorent tous, à différents degrés, les méandres de la conscience par le biais d'une voix intérieure ironique dont l'impertinence vient ponctuer les expériences d'un ou d'une protagoniste qui fait ainsi entendre, si l'on peut dire, le fond de sa pensée.

Dans *Le Portique*, cette voix dissidente obéit à une nécessité romanesque: la jeune novice n'a *littéralement* pas le droit de parler entre les murs du couvent et doit s'exprimer par cette instance narrative parallèle qui assure le relais entre ses états d'âme et le lecteur. Ce procédé permet de maintenir une tension entre les vies intérieure et extérieure de la religieuse, entre le profane et le sacré, entre les apparences et la vérité cachée du personnage. En fait, l'ironie fournit au lecteur des réponses à des questions que Josée n'a même pas l'impression de poser; la voix impertinente agit comme élément de mesure – pour le lecteur seulement et à l'insu du personnage – devant le dilemme exposé dans le roman: quitter le couvent ou rester?

La lutte incessante qui se livre entre l'appel de la vocation et l'envie de retourner à la vie laïque fait donc s'opposer deux discours: le religieux et le profane. L'ironie se lira évidemment dans les propos bien «terrestres» de la novice, comme manifestation d'une distance par rapport à la vie

1. «Un sentiment de découverte, de l'enthousiasme, le désir d'en savoir plus et de lire d'autres écrits.»

spirituelle qui n'apporte pas les félicités escomptées et comme exutoire au besoin de se rattacher à un quotidien temporel et rassurant. La religieuse, par l'entremise de cette voix imperméable à la censure, se permet donc des «commentaires» intérieurs, qui manquent à la plus élémentaire charité, sur ses anciennes professeures religieuses dont elle partage maintenant la condition:

> [...] des doigts arthritiques qui faisaient des ombres d'arbres tordus sur le mur. Sœur Méphisto. Entrait ensuite Sœur Louis, pour le cours d'algèbre. Grise, celle-là, tout à fait grise: yeux, lèvres, peau, ongles. Des cendres froides. [...] Quand elle est morte, on a dû la coucher tout simplement, telle quelle. Elle vivait déjà embaumée. Sœur Dolmen. Enfin Sœur Théodore, professeur de littérature. [...] Exaltée, dévorée, brûlée. Savonarole. [...] Je touche mes boutons: je serai Sœur Acné. La peau qui exprime les poufs poufs timides de la bouilloire intérieure. (1967, p. 31-32.)

Se raccrochant à des détails peu édifiants de la condition humaine, la novice prend des libertés par rapport à la vie spirituelle censée constituer le pivot de son existence; sa pensée galope hors des murs du couvent, dans un élan irrépressible. Elle revient bien vite à sa réalité, cependant, pour se tourner en dérision, dans un réflexe un peu coupable. Josée scrute la moindre de ses pensées, si peu conformes à sa vocation soient-elles. «Qu'y a-t-il de si remarquable à prier à l'heure, à rire à l'heure» (1967, p. 102), et «A-t-on du mérite à se donner quand on ne peut pas faire autrement» (1967, p. 104), se demande-t-elle; ainsi, pour le personnage, les règles de la vie monastique ne sont pas une fin en soi: elles doivent être *assumées* et non pas simplement *observées*.

Cette soif d'absolu explique en partie le recours à l'ironie; constamment déçue d'elle-même parce qu'elle n'arrive pas à s'abîmer dans la prière, Josée n'a d'autre choix que de se moquer de son inaptitude à se leurrer. «Je vais faire un chemin de croix, les bras en planeur» (1967, p. 34), ironise-t-elle encore, rabaissant la dimension spirituelle de son quotidien par une comparaison toute prosaïque. D'ailleurs, les métaphores, dans l'ensemble, servent à «laïciser» des éléments bibliques, spirituels ou religieux pour renforcer l'impression que la jeune femme, à l'affût de la moindre tentation de duperie, consacre toute son énergie à essayer de se prendre elle-même en défaut: «Quelqu'un me parle que je n'ai pas vu. Je me retourne aussitôt, plus méfiante que ne le fut Jeanne d'Arc.» (1967, p. 42.)

Elle applique le même traitement de dénigrement ironique aux exigences et aux impétuosités de son corps, ce corps beaucoup trop vivant et encombrant dont il faut réfréner les exigences et les désirs:

> Ce matin, c'est mon nez qui s'est levé le premier [...]. Car le nez m'apparaît aussi vulnérable que le reste du corps et ma paix gagnerait à ce qu'on masque ses insidieuses dénonciations: odeur fade et grise de l'eau de vaisselle, odeur rude du savon, odeur fatiguée des habits, toutes odeurs ternes qui cernent d'ennui l'élan matinal. [...] Mourir en odeur de sainteté... Je m'essaie à rire pour distraire mon odorat de ses ahurissantes fonctions. (1967, p. 83-84.)

La fougue de ses vingt ans ne laisse guère de repos à Josée. Sans cesse, le corps se rappelle à son souvenir. Plus que jamais, elle doit recourir à l'auto-ironie pour désamorcer l'attention que sollicite son enveloppe corporelle; le cycle menstruel, dans cette perspective, perd toute justification: «Holocauste en pure perte je m'offre sur l'autel des sacrifices mal agréés.» (1967, p. 43.)

La réclusion volontaire de la jeune novice fait en sorte que, même sollicitée à prendre la parole, elle choisit le parti du silence – face au protagoniste – et garde ses réflexions pour le lecteur:

> Une femme est là qui lave les vitres et sa voix n'est pas celle du ciel. «Oh! Je sais que vous n'avez pas le droit de parler mais moi je peux, personne ne m'en empêche. Voulez-vous bien me dire ce que vous faites ici? Regardez-moi, je ne suis pas belle (c'est un fait), je suis pauvre (on les paie mal?), je suis seule dans la vie eh bien! malgré tout ça, j'aimerais mieux mourir demain que d'être obligée de vivre ainsi. Comment peut-on avoir une idée pareille à vingt ans?» (1967, p. 42.)

Incarnation de la voix du gros bon sens, cette femme sert de repoussoir à Josée qui rétorque, toujours à l'intention du lecteur: «Non, ce n'est pas si difficile et je voudrais le lui dire.» (1967, p. 42.) Dans cette «protestation» de foi, cependant, les parenthèses donnent à lire les pensées ironiques et bien humaines qui s'imposent à Josée et qui jaillissent, incontrôlables, comme autant d'aveux de «manquements» à la vie spirituelle.

Elle se réfugie aussi dans le silence durant les visites de son frère, l'ancien complice de sa jeunesse. Il lui raconte ses ébats avec sa nouvelle maîtresse:

> «C'est un ange. Ma sœur, j'ai aussi accès au paradis et pas chez les séraphins heureusement! Ce chérubin est d'une générosité... Elle me donne toutes ses nuits, toutes.» Sa manie d'emprunter, quand il me voit, le vocabulaire dont il me croit

> farcie. Je le soupçonne d'ailleurs de préparer ses phrases d'avance car jamais je ne lui ai connu une telle érudition théologique. Je le lui fais remarquer mais ses sarcasmes continuent. [...] Timide, renfrognée dans mon amour sévère, je ne sais plus les mots à dire. (1967, p. 45-46.)

Comme si, chez la novice, se perdait peu à peu non pas l'usage de la parole mais son efficacité, Josée préfère s'enfermer dans un mutisme apparent qui, on le constate, n'exclut pas le sens critique. À la supérieure du couvent qui demande: «Alors, ça va mieux, vous êtes plus calme?» la voix impertinente répond ainsi pour elle en son for intérieur, toujours: «Calme? Une pierre au fond de l'eau.» (1967, p. 28.) Que l'ironie vise Josée elle-même ou l'interlocuteur, sans cesse elle jaillit pour affirmer cette distance par rapport aux exigences de la vie spirituelle, une distance qu'il conviendrait d'annuler mais qui, semble-t-il, aura raison de cette vocation naissante. La désaffection de Josée pour le langage s'effectue par étapes successives qui dépossèdent de plus en plus efficacement la jeune fille:

> J'ai même, en quelque sorte, renoncé au français. Nous prions ordinairement en latin et j'assiste aux classes de religion avec les postulantes de langue anglaise. Cette langue protestante achève de me dépayser. «My Lord» habite plus aisément l'Angleterre que le paradis tandis que le «Holy Ghost» persiste à rôder dans les maisons hantées avant de rejoindre sa céleste demeure. (1967, p. 59.)

La voix intérieure prend la relève et constitue donc le seul «bruit» dans cette conversation ininterrompue avec Dieu. Unique dérogation à la règle du silence, elle s'impose très tôt comme «baromètre» des états d'âme de la novice. Dès le début, on sera informé de ses déceptions, de ses joies et de ses surprises par l'ironie vibrante qu'elle réserve au plaisir du lecteur: «Sœur Gemme [...] nous a vite convaincues de la futilité de ces paroles: "Ne serait-il pas plus profitable qu'une d'entre vous lise la vie d'une sainte tandis que nous reprisons?" Toutes d'applaudir à l'excellente idée.» (1967, p. 10.) Le mot «excellente», dont on sent la portée antiphrastique, établit la tension originelle qui sous-tendra tout le roman: le déchirement de la novice entre la nécessité de la vie spirituelle et la constatation progressive de son inaptitude à la poursuivre, du moins dans les limites du couvent.

La désertion finale de Josée ne doit pourtant pas être associée à l'échec. Trop critique vis-à-vis d'elle-même pour se contenter de *paraître* se conformer aux règles religieuses, elle préfère renoncer à la vie monastique malgré ses convictions; l'ironie a donc agi comme «obstacle» constant, empêchant la jeune fille de s'abîmer dans la prière en faisant résonner une voix impertinente. En ce sens, l'ironie du roman constitue un intéressant paradoxe: elle détourne Josée de ses aspirations en lui donnant aussi le courage nécessaire pour l'ultime renoncement.

À l'atmosphère feutrée du cloître succédera, dans la chronologie de l'œuvre de Mailhot, le silence et le froid d'une cellule de prisonnier. Le roman *Le Fou de la reine* s'articule autour d'un discours qui oscille constamment entre le délire et la réalité, nourri par les réflexions d'un homme condamné pour des raisons assez vagues et dont le flou, justement, permet des explications métaphoriques. Car cet homme amoureux fou de sa reine Hélène, comme l'indique le titre, se trouve au fond condamné à vivre sans elle: c'est là le plus intolérable aspect d'une sentence jamais explicitement posée.

Cet enfermement d'un autre ordre permet aussi l'éclosion d'une voix ironique et mordante qui s'affirme, entre autres, dans une séquence qui n'est pas sans évoquer le roman précédent:

> Lettre encyclique à tous les frères prisonniers répartis dans les cellules britaniques [*sic*] et malsaines par la disgrâce du pouvoir crétin:
>
> «Mes frères bien-aimés,
>
> Je vous entends blasphémer des nuits entières et chahuter avec ça. Tut! Tut! Tut! ce n'est pas joli du tout et mon cœur saigne de votre insoumission. [...] Apprenez à lire mes frères, il est grand temps que vous connaissiez l'alphabet. L'A B C du parfait prisonnier, abécédaire du parfait humain.
> A: absence, absolu, absolution, amnésie, amour, anglais, armes, assez.
> B: baiser, bibitte, bombe, bon Dieu, bonheur, britannique.
> C: cellule, charité, ciel, curé. [...]
> Le temps d'inventorier le jeu de blocs lettrés pour ne plus écrire d'autres châteaux fictifs mais de solides chemins bien droits jusqu'à la fin, jusqu'à la dernière lettre, l'agonisant Z qui signe Zéro et meurt en disant Zut. Le sage n'est qu'un nombril patient qui tente durant toute sa vie d'articuler et qui meurt en zézayant. [...]
> Je vous bénis dans les liens qui nous unissent.
>
> Charles, apôtre de l'ennui infini. [»] (1969, p. 18-20.)

Cette harangue iconoclaste frôle le délire et fait entendre une parole religieuse trafiquée et dévastatrice aux accents parodiques; le travail de textualisation évacue la gratuité d'un tel type de discours pour donner la mesure du désespoir du narrateur. Ironie visant la liturgie, clin d'œil en direction du roman *Le Portique*, choc des styles qui empruntent à la grandiloquence du prêche pour sombrer aussitôt dans le «Tut, Tut, Tut» de la réprimande faite aux enfants: Mailhot cristallise dans ce passage les éléments constitutifs de cette voix impertinente qui jaillit périodiquement du monologue intérieur.

Ici encore, la voix participe à une entreprise serrée d'auto-évaluation. Le fou amoureux sait qu'il a perdu la partie mais n'arrive pas à réprimer ses sentiments pour Hélène: «J'ai avancé la main, tu m'as tendue [*sic*] la tienne. – Bonjour Hélène. – Bonjour. Un courant électrique qui rencontre du caoutchouc.» (1969, p. 119.) Tout comme dans l'œuvre précédente, l'ironie ne laisse aucune place à la complaisance: la métaphore témoigne, dans un éclat, de la lucidité du personnage devant son échec. Aussi désespéré soit-il, cependant, le narrateur se raccroche à la rhétorique, comme si les jeux du langage l'aidaient à prendre une distance salutaire par rapport à sa souffrance: «Sais-tu que mon grand-père s'appelait Napoléon? Quelle déchéance! Je ne suis plus que son ombre sur ton île Sainte-Hélène qui n'est plus elle-même qu'un parc d'amusement.» (1969, p. 88.) Au plus profond de ses égarements surgissent ainsi des passages qui font sourire: «Et Chalifoux? Il s'était fait faire avocat comme on se fait faire sa première coupe de cheveux: en concession au phénomène de la croissance.» (1969, p. 21-22.)

Le recours à la voix impertinente s'avère toutefois moins systématique que dans *Le Portique*; ce glissement est imputable probablement au caractère aliéné du discours du prisonnier. L'ironie, chez Mailhot, émerge la plupart du temps d'une collision entre le code du quotidien et un second code qui le transcende, qu'il soit sacré, politique ou social. Ici, le discours de base s'apparente à celui de la folie ou, à tout le moins, de la divagation et déplace par le fait même le paradigme. L'élément quotidien est donc perverti, atténuant une ironie qui repose, dans l'œuvre de Mailhot, sur une vision juste et implacable des choses et du monde.

Dans *Veuillez agréer...*, Mailhot modifie sa stratégie narrative pour confier la «vigie» impertinente à la narratrice, extérieure cette fois, qui commentera la démarche vers l'autonomie d'une femme dans la quarantaine prénommée Judith. Ce transfert de pouvoir entraîne un changement «d'atmosphère» du roman dans la mesure où la protagoniste n'est plus maîtresse des flèches ironiques décochées – même à son endroit – par la narratrice et doit, en quelque sorte, s'en remettre à une instance omnisciente pour tourner en dérision les incongruités de la vie.

À première vue, on pourrait croire que le personnage va se trouver dévalué, voire menacé par la narratrice qui juge avec la même sévérité ironique l'héroïne et le monde dans lequel elle se débat. La tierce instance, au contraire, relativise la portée des événements, agissant comme un écran entre Judith et les affronts que l'existence lui fait et émoussant à mesure l'acuité des problèmes. La voix impertinente aura alors recours au procédé antiphrastique pour énoncer/dénoncer le discours du mari que Judith «abandonne» parce qu'il l'a trompée avec la gardienne:

> Judith essaya timidement de justifier son inconduite:
> – Mais Claude, je t'avais dit *n'importe qui,* sauf la gardienne... Il me semble qu'il en restait encore assez.
> – Si tu étais restée à la maison, comme tu aurais dû, il n'y aurait pas eu de gardienne.
> Voilà pour la sorteuse. [...] Il fallait quand même payer ces trois mois de loyer pour résilier le bail-bail manqué. Claude refusa de régler la note avec ces mots ineffables, ces trois petits mots qui font trois tours et ne s'en vont jamais:
> – Ça t'apprendra.
> Judith paya à même les allocations familiales. De ce jour, elle commença vraiment à apprendre. (1975, p. 45-46.)

Si la narratrice extérieure se laisse aller à une certaine empathie, même dans l'ironie, à l'égard de Judith, elle peut aisément durcir ses positions lorsqu'elle s'en prend à d'autres personnages. Elle répond à la jeune secrétaire de dix-huit ans qui affirme vouloir quitter ses parents pour «vivre sa vie»: «Vivre sa vie, a-t-on idée? Le bon sens populaire a déjà stigmatisé l'expression en la rendant péjorative. Il n'y a plus que les jeunes inconscients et les vieilles frustrées qui osent encore prononcer ces mots sans voir tout le ridicule qui y est attaché.» (1975, p. 17.)

L'astuce consiste en fait à tourner en dérision le monde dans son ensemble de façon à faire ressortir comme douloureusement significatives les angoisses de Judith. L'cxtrait suivant illustre bien la façon dont la narratrice ménage l'héroïne:

> Elle aurait dû normalement glisser dans une de ces catégories: la dépression, quand le sentiment d'inutilité les fait pleurer sur elles-mêmes; le libertinage, qui projette ce sentiment d'inutilité dans un sprint de coquetterie désespérée; la bigoterie, enfin, qui remet cette inutilité entre les mains de Dieu. (1975, p. 27.)

Le conditionnel passé de l'énoncé généralise les tristes destins possibles des femmes dans la même situation que Judith tout en soulignant la force de caractère et la volonté de celle qui se distingue des autres par sa démarche personnelle, si hésitante et hasardeuse soit-elle. De la même façon, la narratrice parle de Luc et Jeanne, un couple de gens «"arrivés". Arrivés où? Arrivés, un point c'est tout» (1975, p. 63), au moment précis où Judith décide de «partir», c'est-à-dire de quitter son emploi; l'évocation ironique de ce couple remet donc en question son apparente réussite et valide du même coup la décision de Judith.

Intéressant à signaler, cet élément narratologique: la voix impertinente se tait à trois reprises pour laisser s'exprimer l'ironie de l'héroïne dans deux lettres – essentielles pour comprendre la psychologie du personnage mais jamais mises à la poste – et un monologue présenté comme une prière adressée à soi-même dont on précise que «(c'est la manière la plus intelligente et la plus satisfaisante pour dialoguer)» (1975, p. 69). La première missive est destinée à la «madame de ménage»:

> Ce travail vous plaît? Cela est important, très important même. [...] En effet, la corrélation travail-efficacité doit recouper la coordonnée vie-bonheur que chaque individu... Excusez-moi, chère madame, je dois parfois lire des sociologues et les résultats de leurs recherches me restent longtemps dans la tête même après que l'on a définitivement classé leurs rapports dans le tiroir (dans le deuxième classeur, en entrant, à gauche. Lisez-les si vous le voulez; nous serions ainsi deux personnes à les connaître...). (1975, p. 9-10.)

La seconde, beaucoup plus longue, dont j'ai donné des extraits précédemment, dans un autre contexte, est à l'intention de la nouvelle maîtresse de son mari:

> J'étais donc un peu lasse et heureuse de pouvoir prendre deux jours de répit, seule à la maison. J'avoue avoir été assez surprise de vous y trouver installée. [...] j'aurais dû téléphoner avant mon arrivée comme j'avais l'habitude de le faire. Ce stupide oubli de ma part vous a considérablement gênée et je m'en excuse. [...] Le reste, vous le connaissez. Hélas, ici encore je dois m'en excuser. Comme vous l'avez dit à Claude et ainsi qu'il me l'a ensuite reproché, il est vrai que lorsque j'ai frappé à la porte de ma chambre où vous étiez retournée vous habiller [...], je n'avais besoin d'aucun vêtement en particulier, comme je l'avais prétendu. La vérité est que je voulais vous connaître et que j'ai subitement manqué de courage pour me présenter en entrant. (1975, p. 97-98.)

Le monologue, enfin, s'adresse à Dieu et s'énonce sur ce ton:

> Pauvre cher Jérôme. Et il ne fait pas exception: la plupart de vos saints ont quelque chose de troublé et de troublant. S'ils vivaient de nos jours, ils passeraient carrément pour fous.

> On soignerait ces excentricités au lieu de les vénérer. Mais ne vous en faites pas: on soigne tout le monde aujourd'hui. On a des pilules contre la foi, n'importe quelle foi. (1975, p. 71-72.)

Ces trois séquences modifient les enjeux de l'ironie qui prédominent autrement dans cet ouvrage et amènent à constater que Judith elle-même manie cet outil avec efficacité. La complicité qu'elle forge avec la femme de ménage au sujet de ces malheureux sociologues que personne ne lit, la fausse humilité qu'elle manifeste à l'égard de l'intruse et la familiarité avec laquelle elle parle à Dieu permettent de découvrir une héroïne incoupçonnée; malgré les tourments de sa vie personnelle, cette femme en déroute jette sur sa vie professionnelle, amoureuse et spirituelle un regard plus caustique encore que celui de la narratrice. Interpénétration des voix dans l'ironie que l'on retrouve même dans certaines notes de bas de page qui, cette fois, prennent le lecteur lui-même à partie, notes qui, dirait-on, viennent de Michèle Mailhot par le biais de la narratrice: «1. Pour les plus jeunes qui n'auraient pas eu la chance de profiter d'une culture religieuse, voici quelques notes sur ces ermites…» (1975, p. 70.)

À travers toute son œuvre, Mailhot pratique l'ironie, finalement, pour éviter à ses personnages d'être *totalement* pris en défaut. L'impertinence de leurs voix intérieures – même épisodiques comme c'est le cas des intrusions de Judith dans *Veuillez agréer…* – agit comme un contrepoids critique face à soi-même d'abord, dans cette entreprise d'auto-évaluation qui ne tolère aucune complaisance, face au monde ensuite, pour bien indiquer que ces personnages en quête de leur identité profonde «méritent» leur place dans l'univers. Bénéficiant du soutien inconditionnel de l'auteure, ils errent, ils tempêtent, ils s'interrogent... mais ils trouvent toujours une réponse.

CHAPITRE XIII

Madeleine Ferron: les hiérarchies bafouées

Madeleine Ferron propose une société revue et corrigée par le regard ironique qu'elle promène inlassablement sur les gens et les choses. Si la «vision à distance» est la condition première de toute ironie, celle-ci prend, chez Ferron, une orientation particulière dans la mesure où elle se «territorialise», c'est-à-dire qu'elle s'inscrit dans des lieux spécifiques qui, à leur tour, serviront de toile de fond à des époques différentes. Les œuvres de Ferron, celles qui figurent dans ce corpus du moins, privilégient comme espaces narratifs la petite ville, dite ville de province, et la campagne. Cette observation présenterait un intérêt très relatif si la spécificité spatiale n'exerçait une influence aussi directe sur les cibles et les types d'ironie auxquels l'auteure donne la préférence.

Son premier recueil de contes, *Cœur de sucre*, par exemple, réunit des intrigues reliées au monde rural qui se déroulent dans des séquences temporelles assez floues mais susceptibles d'évoquer un passé assez récent. La vie de village y est étalée dans ses grandeurs et ses petitesses, par l'entremise d'une conscience contemporaine ironique qui bénéficie de l'immunité du recul historique. Cet avantage accordé d'emblée à la narratrice par l'auteure ne se transforme jamais, heureusement, en jugement triomphaliste sur ce qui pourrait apparaître comme une naïveté campagnarde, charmante, certes, mais vaguement ridicule. Ce parti pris rural et métachronique, au contraire, semble donner une latitude à Ferron qui, à son aise, peut tourner en dérision des comportements universels qui résistent au temps et au progrès et ne connaissent, hélas, pas de frontières.

Il reste que les *circonstances* romanesques inhérentes à ces choix spatio-temporels contribuent pour une bonne part à l'efficacité de l'ironie ferronnienne. Dans un espace réduit aux dimensions d'une anonyme paroisse et par des drames qui se résument à des veillées mortuaires mouvementées ou à des chicanes de clôture épiques, *Cœur de sucre* fixe ses personnages dans des attitudes peu glorieuses, tout humaines, au moyen de phrases lourdes de sous-entendus ou d'efficaces ellipses. La précision du style ainsi que la concision de l'énoncé sont à la mesure de la société dépeinte par l'auteure: il suffit de quelques protagonistes stratégiques –un voisin, un médecin, un notaire, une folle, une veuve –, de simples lieux tout aussi essentiels – l'église, l'école, le tribunal – pour recréer un microcosme familier.

Dans ce monde aux dimensions étroites sur lequel elle a la haute main et qui correspond à sa vision de la société, Ferron «redistribue» le pouvoir en quelque sorte en renversant les hiérarchies symboliques de ce «milieu non encore inventorié[,] celui des petits industriels et des petits notables des campagnes [qu'elle] appelle les petits barons de province» (Royer, 1985, p. 114). Elle épargne alors de son ironie les faibles et les démunis pour sévir contre les forts et les mieux nantis. Les plus humbles personnages se transforment sous sa plume en héros du quotidien rural et leurs angoisses, de naïves et saugrenues qu'elles pouvaient d'abord sembler au lecteur contemporain, deviennent subitement des urgences et des nécessités. Linière, par exemple, le personnage central du conte «Le manchot», a perdu son bras dans un accident de travail. Son compagnon se porte à la rescousse du malheureux dans la séquence suivante:

> Entraîné par son bout le plus pesant, l'avant-bras s'était enfoncé dans le bran de scie; on ne voyait plus que la main, ouverte et désespérée comme celle d'un homme qui se noie. Le plus vieux de ses amis se pencha, serra de sa main le poignet et souleva le membre au bout duquel restèrent collés des copeaux de bois. Il le plaça dans une serviette, l'enroula doucement et le prit sous son bras avec les mêmes précautions que s'il se fût agi d'un pain chaud: en le soutenant près de soi, sur son avant-bras, sans le presser.
> Arrivé chez lui, il le déposa dans l'armoire sur la galerie et s'assit sur la première marche de l'escalier pour réfléchir: où allait-il l'inhumer? (1966 a, p. 211.)

La situation, si tragique qu'elle soit, pourrait verser dans le grotesque; la comparaison avec le pain chaud élimine ce danger en suggérant la sympathie profonde de l'ami pour mieux amener ensuite une question, tout à fait logique et pertinente dans les circonstances, mais qui résonne comme une mauvaise blague: Que faire du bras? L'ami l'enterre dans son jardin, mais cause involontairement un tourment à Linière; celui-ci ressent bientôt une brûlure à l'endroit de l'amputation:

> Après mille hypothèses il en vint à la conclusion que sa douleur s'apparentait à celle d'une brûlure... La magie de certains mots fait croire à la révélation. Brûlure... feu... enfer... C'était indiscutable et fort simple: pour n'avoir pas enterré son bras dans un cimetière bénit, cette antichambre du ciel, il l'avait condamné à l'antichambre de l'enfer. (1966 a, p. 214.)

L'auteure, en exposant la logique fruste du paysan, fournit une excuse à sa superstition. Elle annule ainsi le potentiel de *risibilité* du personnage pour le rendre désarmant et réserve son ironie pour celui qui cherche à entraver le vœu de Linière d'enterrer son bras dans un endroit convenable. L'ironie d'exclusion visera dès lors Tonio, le croque-mort, qui se fait prier pour venir en aide à l'amputé alors qu'il est lui-même sur le point de commettre une filouterie – un enterrement simulé qui lui permettra de toucher une somme rondelette:

> – C'est mon bras. Tu pourrais pas le glisser dans la fausse tombe quand elle sera là?
> – Ça dépend [...]. Si c'est une vieille riche, non. Si c'est une vieille pauvre, ça peut toujours s'arranger. Tu comprends, il y a une différence entre ouvrir un faux cercueil de cuivre fermé à clé et un faux cercueil de bois, fermé par deux clous. (1966 a, p. 216.)

Ainsi, le pouvoir de l'argent impose ses lois jusqu'aux portes de la mort. Linière parviendra à ses fins, heureusement, et trouvera le repos de l'esprit. Ce conte (et son *happy end*) est typique d'une technique ferronnienne qui s'appuie très fréquemment sur deux paliers d'écriture convergents: la contestation des pouvoirs hiérarchiques, d'abord, qui constitue une récurrence thématique, et les renversements de situation, ensuite, qui assurent la *chute* ironique du texte.

Le conte «La rentrée» illustre bien cette reprise du pouvoir par l'ironie. Il met en scène des mères qui accompagnent leurs jeunes filles à l'occasion de leur première journée d'école dans un couvent que l'on imagine fréquenté par une clientèle assez huppée. Au milieu des religieuses et des femmes tirées à quatre épingles surgit une inconnue:

> D'un blond jauni, décoloré par le soleil, la femme, camouflée derrière d'énormes lunettes noires, portait des bermudas blancs, des jambes nues, des talons hauts et noirs, un soutien-gorge de toile bleue qui laissait à découvert plus de peau qu'il n'en cachait. Insolite, elle passa déshabillée de toutes les conventions. Les femmes affolées vérifièrent aussitôt la tenue de leurs gants et de leur chapeau. (1966 a, p. 75-76.)

Ce vent de panique, perceptible grâce à la force de la rhétorique de Ferron (choix sémantique et métonymique), produit un renversement final, inattendu et subit, qui emporte sur son passage les certitudes des apparences:

> La femme dit son nom [...] tourna sur ses talons et reprit en sens inverse, devant les spectateurs immobiles, sa pompeuse parade. C'était intolérable. Nous étions à jamais démasquées, nous les mères, les dignes, les gantées, les chapeautées. L'inconnue venait de crever l'imposture. Les religieuses, du haut de leur lucarne blanche, malicieusement continuaient de sourire. L'inconnue venait, devant elles, de faire défiler l'image de nos étés. (1966 a, p. 76-77.)

Ainsi, celle qui s'attire d'abord l'opprobre de l'assistance, parce qu'elle ne répond pas aux normes tacites de la société dans laquelle elle fait intrusion, remporte une victoire ironique et décisive, victoire saluée même par des religieuses un peu complices qui ont saisi le vrai sens de cette muette opposition aux conventions.

Vainqueur aussi sera Victor Langelier, le bien nommé, qui comparaît en cour pour avoir «soigné» des femmes au moyen de son membre dans le conte «Le don de Dieu»: «L'audience était ouverte. Le rideau allait se lever. Le juge se drapait de majesté, les avocats piaffaient d'impatience et agitaient les manches noires et pendantes de leurs toges, comme des ailes cassées.» (1966 a, p. 27.) Les éléments sont ainsi mis en place pour présenter la plaidoirie comme un spectacle haut en couleur, dont les acteurs sont affairés et vaguement ridicules. On apprend ensuite que Langelier était un extraordinaire manipulateur de femmes: «Il allait de maison en maison, repérant les femmes faibles, discutant de la maladie de chacune, l'aggravant au besoin [...]. Magnanimement, il leur offrait la guérison.» (1966 a, p. 29.) Le médecin improvisé qui soigne de porte en porte, pourtant rusé comme un renard, est trahi par l'empreinte de «sa paire de "claques"» (1966 a, p. 32) que le mari relève sur le lit conjugal!

Le grotesque de la situation n'entame pas la sympathie de la narratrice pour le personnage. Encore une fois, l'ironie renverse les enjeux sociaux pour assurer à Langelier une vengeance sur l'hypocrisie de la magistrature qui se gausse de sa mésaventure:

> Il reçut «cinq ans» d'un air toujours méprisant sans éteindre dans ses yeux la lueur toujours malicieuse. Cinq ans à l'ombre, ce n'était réellement pas cher et pas tellement long; le temps de revivre les ivresses accumulées trop vite et de refaire ses forces. (1966 a, p. 32.)

Très peu repenti, le condamné compte bien reprendre ses activités après un séjour récupérateur en prison. L'ironie, ici, se cristallise dans la chute du texte, à travers l'image des hommes de loi, contents de cette victoire judiciaire et qui, «forts de leur souveraineté retrouvée, [s'en vont] fanfarons, donnant le bras à des épouses rêveuses» (1966 a, p. 33). À leur insu, mais pour le plus grand plaisir du lecteur, ces avocats si haut placés dans la hiérarchie viennent de perdre deux batailles: la défense de l'ordre social, d'abord, puisqu'on peut espérer une récidive de la part de Langelier, et la défense de leur honneur mâle, ensuite, puisque le procès vient en quelque sorte «publiciser» les talents de l'accusé et le doter d'une aura sulfureuse et attirante pour les femmes mêmes de ces magistrats satisfaits.

En fait, l'art ironique de Ferron réside dans cette revanche accordée aux parias contre l'étroitesse d'esprit des gens de ces milieux fermés. Le personnage isolé, livré en pâture aux commérages du village ou à un tiers parti, trouve refuge derrière l'ironie de la narratrice. La «pécheresse» Irène Caron, par exemple, est citée en chaire par un curé furieux de la voir entretenir une liaison illicite avec Armand. Les paroissiens se liguent alors symboliquement contre elle: «Tous purs ils étaient, tous blancs comme l'agneau du printemps. En péchant publiquement, Irène Caron avait absous toute la paroisse. Chacun, devant la poutre, sauvait sa paille. Pour un village de mille habitants, un bouc émissaire, un seul, suffisait.» (1966 a, p. 167.) Mais le bonheur tranquille du couple sera inentamable: les pires menaces seront inutiles, rendant ridicules ceux et celles qui les profèrent.

La Fin des loups-garous propose une autre victoire sur l'opinion publique. Une option générique différente, le roman, cette fois, entraîne une évacuation de la *chute* finale mais conserve à l'ironie son pouvoir protecteur contre la méchanceté d'autrui. Ainsi, Antoine, marié à Julia, entretient une liaison avec Rose, la bonne, de vingt ans sa cadette. Scénario classique qui ne suscite pas spontanément la sympathie du lecteur pour l'infidèle. Pourtant, la mise en place très serrée des éléments romanesques modifie progressivement les enjeux du texte pour annuler les réticences de ce même lecteur.

On découvre ainsi le vide de l'existence de l'épouse légitime: «Elle commençait un nouveau tapis. Son coffre en était plein, lui donnant l'illusion d'avoir rempli sa vie» (1966 b, p. 122); on mesure la naïveté de la jolie Rose:

> Au soir de l'incendie, quand ils étaient sortis dans la nuit et qu'il avait refermé son bras autour de ses épaules, elle [...] avait découvert en même temps la douceur de la dépendance. Dans sa tête aux pensées imprécises, le mariage et l'amour, c'était la même colonne dressée quelque part dans sa vie. Un jour elle se buterait dessus, c'était inévitable. (1966 b, p. 44.)

Antoine, en principe le privilégié de cette histoire, pressent la précarité de son bonheur à travers sa folle passion: «– À mon âge... La voix d'Antoine eut une inflexion tombante, involontaire, une défaillance dont elle se releva aussitôt. Un handicap doit devenir un atout, c'est la loi des forts.» (1966 b, p. 81.) L'insolente jeunesse de Rose comporte toutefois des risques, même pour lui:

> Il remarqua qu'un gaillard de vingt ans escortait la jeune fille. Le charme naturel de cette union provisoire le blessa des éclats de sa jeunesse. [...] Elle venait de poser un jalon, celui de l'adversité indispensable à la gloire des hommes, ces illustres conquérants de pays sans défense. (1966 b, p. 103-104.)

Dans ce roman, au fond, personne n'a vraiment le beau rôle et chacun se débat avec ses contradictions intérieures pour arriver à connaître enfin un peu de bonheur. Ce qui fait la force des deux amants, cependant, c'est leur détermination à vivre jusqu'au bout la passion. L'hypocrisie des gens du village ne peut rien contre cette force-là: elle servira tout au plus à faire basculer l'empathie du lecteur du côté des amants damnés. L'amour adultère, mais assumé, apparaît au contraire comme une source de fraîcheur comparativement aux agissements d'un aïeul que Ferron utilise comme repoussoir:

> La danse finie, il fit signe à deux de ses arrière-brus. Elles approchèrent gentiment. Accroché à leur taille, il se fit reconduire à son fauteuil. Chemin faisant, ses deux mains, comme deux écorces qui cherchent leur fruit remontèrent lentement jusqu'aux seins des jeunes femmes qui cachèrent leur embarras en riant très fort. Il palpa délicatement de ses grosses mains rugueuses. (1966 b, p. 104-105.)

Dans un processus semblable, les convictions religieuses de Julia semblent subitement caduques, rempart dérisoire contre l'abandon final. «– Moi, il me reste la religion. Je me demande si ce n'est pas moi qui sauve l'essentiel» (1966 b, p. 179), dit-elle à son mari qui s'apprête à la quitter. Le pathétique du moment est aussitôt évacué par une narratrice vigilante: «Ce furent ses derniers mots. Elle sortait de la scène côté sacristie.» (1966 b, p. 179.) Même son suicide, qui clôt le roman, suscitera plus de pitié que de réelle tristesse chez le voisin qui la découvre pendue: «Pauvre Julia! Sa foi était à fleur d'âme. De toutes façons, croire en l'au-delà, ça ne suffit pas. Il faut croire aussi en la vie.» (1966 b, p. 187.) Cette urgence du présent, qui anime les amants, trouve finalement un écho chez Philémon, le voisin, signe que l'entourage a peut-être compris leur *nécessité* d'être heureux.

Le roman suivant, *Le Baron écarlate*, s'ouvre sur une allégorie du théâtre comme pour reprendre le fil métaphorique de la sortie de Julia «côté sacristie». Encore une fois, la mort sert de toile de fond à l'observation ironique que fait une narratrice dont le «je» vibrant assurera, tout au long de l'œuvre, le commentaire acéré des travers d'une société embourbée dans ses rôles et ses conventions. Le père meurt gelé en allant chez un cousin lors de la première tempête de neige de l'année, durant un hiver qui s'est jeté «sur le pays avec violence, sans les trois coups du régisseur» (1971, p. 10). On le ramène à la maison, frigorifié, dans la position assise et on l'installe ainsi, sur la table de la cuisine, pour le laisser dégeler. Le ridicule de la situation vient renverser le tragique d'un tel événement; il contribue aussi à instaurer, d'entrée de jeu, cette distance caractéristique de la narratrice: «Mon père mourut [...] d'une façon si rare, si théâtrale, que sa mort me laissa comme étrangère.» (1971, p. 9.)

De fait, elle analyse désormais les gens et leurs comportements avec un dégagement qui évite le mépris par la constante curiosité et l'envie de comprendre, malgré tout, les motivations profondes des autres. Reste que la vie constitue, pour elle, un spectacle sans cesse renouvelé[1] dont les acteurs souvent pathétiques s'empêtrent dans leurs répliques, les rôles ayant été distribués selon les critères les plus arbitraires:

> Irénée, le fils aîné, hérita de la ferme. Les plus âgées des filles avaient leurs diplômes d'institutrices, enseignaient dans les écoles des rangs avoisinants et contribuaient, de leur salaire, au paiement des études de leurs frères. L'orientation de ces derniers se fit d'une façon peu scientifique. On prouva au plus malingre qu'il avait une vocation religieuse. On dirigea vers le notariat l'idéaliste aux mains délicates qui alla s'établir dans un village de Bellechasse. Il préférait devenir notable là où le seul homme instruit était le curé. (1971, p. 28.)

La question de la hiérarchie refait ici surface dans toute sa petitesse stratégique. La longue pièce tragicomique qui se joue dès lors devant la narratrice fournira une inépuisable matière à son ironie qui s'emploie à démasquer ces comédiens plus ou moins convaincants dans l'exercice de leurs «fonctions»:

> – Nos fils seront enrôlés, y avez-vous pensé?
> – Mon Dieu, c'est vrai. Nos fils... de la chair à canon! [...]

---

1. Ce n'est pas un hasard si, en 1989, Ferron intitule son recueil de nouvelles *Le Grand Théâtre*.

> Cette remarque de J.A. produisit un effet imprévu. Il y eut dans l'assistance un mouvement d'hésitation: fallait-il développer ce thème? Un des plus beaux, un des plus grands! Illustré déjà par Abraham! Chanté depuis avec une éloquence diversifiée qui permet aux parents de participer au noble sacrifice! Madame Grenon, héroïque, portait déjà ses enfants sur l'autel de la Patrie. Les rôles valaient le thème. Même Monsieur Saint-Vallier semblait séduit. Amédée Grenon avait déjà trouvé son geste. Les doigts écartés, il éleva lentement une main désespérée. «Nos fils...» Le ton semblait juste... Dommage qu'il n'eut pas le temps de continuer. Antoinette fit irruption dans la conversation et dépouilla tout le monde de son héroïsme. (1971, p. 134-135.)

L'ironie de la situation renverse ici les plus hautes aspirations et confine les comédiens à de bien piètres rôles. Alerte, la narratrice veille à traquer le mensonge. Une des dernières séquences du roman, d'ailleurs, reprendra symboliquement la mise en scène d'une autre mort, cette fois celle du notaire, l'oncle de l'héroïne: «Lui qui avait été si naturel, si vrai, voilà qu'il mourait en travesti: Chevalier de Colomb du quatrième degré! [...] Je demeurai si frappée de surprise que je n'eus pas un élan de chagrin.» (1971, p. 145.) Encore une fois, les *circonstances* de l'événement épargnent à la jeune femme une souffrance incompatible avec le ridicule de la situation. Protégée par l'ironie, elle constate que «tous les hommes vivent en représentation» (1971, p. 146); ce jeu incessant, pour camoufler une vérité probablement douloureuse, devient au fil du temps une seconde nature qui se substitue en douce à la première, plus vraie mais plus fragile.

Ces notaires costumés, ces bourgeoises en croisière qui «reluqu[ent] les gourmettes d'or» (1971, p. 158) que chacune porte au poignet, ces marchands peu scrupuleux, bref les participants à cette mascarade sociale céderont cependant leur place, dans *Le Chemin des dames*, à des personnages plus authentiques qui, sympathiques ou non, évolueront vers ce qu'ils croient être leur vérité.

Certains, comme la narratrice de la nouvelle «La tricheuse», trouveront refuge dans un mensonge consenti et pleinement assumé; ici, la femme feint la folie pour échapper à une existence qu'elle ne peut plus supporter: elle se crée une vie parallèle qui lui permet de redécouvrir tout ce que le rythme trépidant de la vie familiale lui refusait auparavant. Le renversement ironique est surtout situationnel; c'est dans la réclusion que la femme s'ouvrira au monde.

Les lieux romanesques se modifient légèrement dans ce dernier recueil, se déplaçant vers la ville, ce qui représente «une ouverture vers l'ailleurs» (Boucher, 1992, p. 92), et entraîne un changement simultané des enjeux hiérarchiques[2]. Comme le suggère le titre, les personnages féminins seront au premier plan, toutes détentrices d'un certain pouvoir qu'elles endossent avec plus ou moins de bonheur. Par le biais de ces protagonistes, Ferron poursuit son observation ironique et relève les errements, surtout des femmes cette fois, dans leur quête personnelle.

L'auteure ne perd jamais son sens critique: si les femmes peuvent occuper un emploi traditionnellement masculin comme inspecteur ou manœuvre, ces personnages modernes, séduisants, feront alors mesurer les risques inhérents à la double tâche, conséquence de l'accès nouveau des femmes au marché du travail. Elle émet aussi des doutes sur la volonté de pouvoir au féminin dans «Ce sexe équivoque», titre des plus significatifs qui renvoie à une coiffeuse dont l'ambition dévorante fera peur même à un entrepreneur averti:

> À ce moment, vous êtes devenu une espèce de chose molle que vous avez laissée tomber dans votre fauteuil et que vous entendez répéter d'une voix étranglée: «Non, je ne veux pas, non, merci, ce n'est pas possible.»
> – Ce que les hommes manquent d'envergure! Alors restez dans votre folklore!
> Elle est aussitôt repartie et vous êtes demeuré assis dans votre fauteuil en pleine crise d'hilarité. Le sexe faible! répétiez-vous en riant, tout en étant conscient que vous n'alliez pas toujours si facilement échapper au danger. (1977, p. 78.)

La subversion des héroïnes fait tout le charme et l'intérêt de ce dernier recueil. Après avoir tracé des portraits de notables de province, Ferron se tourne vers des *types* de femmes et les passe au crible de son ironie: les demoiselles Taylor, gardiennes de la tradition anglaise, la malicieuse Mme Clark – la malcommode, a-t-on envie de dire –, ces trois Parques émouvantes, ou Catherine, la décidée, qui veut «se partir en affaires», et Valérie Bellerose, la «promue» qui doit subir la condescendance du patron.

Cette nouvelle avenue est l'indice d'un tournant important dans l'écriture de Ferron: l'auteure délaisse le regard métachronique pour se concentrer de plus en plus sur des personnages contemporains qui mettront en relief des enjeux moins strictement sociologiques. Ces femmes cherchent «à négocier une entente avec les hommes dont elles veulent pour la plupart continuer de partager l'existence» (Boucher, 1992, p. 92); elles sont justement à l'image de Ferron qui, sans vouloir s'inscrire

2. Cette «migration» s'accentuera dans les recueils subséquents.

dans aucune lutte idéologique officielle, n'en aborde pas moins, dans ce recueil, de nouvelles problématiques résolument *au féminin* qui témoignent d'un renversement de la plus complexe des hiérarchies: celle du pouvoir des hommes sur les femmes.

CHAPITRE XIV

Adrienne Choquette, Gabrielle Roy et Monique Bosco: des fragments d'ironie romantique

Afin de boucler ce bilan, je m'arrêterai à un nouveau type d'ironie, peu fréquent dans le corpus de l'écriture au féminin, mais intéressant dans la mesure où il permet de mettre en relief des auteures dont on ne parle pas beaucoup, comme Adrienne Choquette ou Monique Bosco, ou très rarement lues sous l'angle de l'ironie, telle Gabrielle Roy. Il n'a pas été question jusqu'à maintenant, en effet, de l'ironie romantique que l'on tend à appeler paradoxale en ce qu'elle se détache à présent du «mouvement» romantique dans lequel elle s'est longtemps inscrite. Ce type d'ironie pourrait se circonscrire ainsi:

> Du romantisme elle tient une certaine chaleur, l'enthousiasme, la dialectique, l'idéalisme, le transcendantalisme, le symbolisme comme vision du monde [...]. De l'ironie elle tient une certaine acidité et son détachement critique, la méfiance de l'idéalisme et de l'enthousiasme, le culte de l'incongru et du paradoxal, le jeu de l'apparence et de la réalité, [...] le potentiel de sa propre progression et régression infinie – qui lui permettent de se transcender elle-même. (Yaari, 1988, p. 101.)

L'ironie romantique tend ainsi à atténuer l'importance de la relation du lecteur avec le texte pour mettre l'accent sur le constant regard de la narratrice sur ce texte qui s'élabore (Furst, 1984, p. 234). «Tout au centre de l'ironie romantique, il y a une certaine perspective philosophique», rappelle Yaari; c'est autant «la conscience de l'ironie générale de la nature du réel et de l'idéal, du connu et de l'inconnu, et de la condition humaine, qu'une réaction, une attitude courageuse et créatrice pour tenter de transcender ces données» (Yaari, 1988, p. 102). Cette ironie est aussi une marque d'humilité devant l'univers, c'est-à-dire une faculté d'admettre à la fois la complexité et les contradictions du monde ainsi que la nécessité de rester en harmonie avec lui (Muecke, 1969, p. 191).

On aura compris que cette ironie n'a rien à voir avec les acrobaties rhétoriques relevées jusqu'ici, pas plus qu'elle ne se distingue par des cibles particulières. Elle englobe, en fait, tous ces éléments, pour les dépasser et «créer» une atmosphère d'ironie, rendant ainsi périlleuse toute velléité de démonstration. Pourtant, il faut s'arrêter sur des textes qui exploitent l'ironie romantique ou qui, à tout le moins, en laissent pressentir le potentiel évocateur.

Adrienne Choquette, Gabrielle Roy et Monique Bosco, à des niveaux différents comme on le verra, manifestent en effet dans leur écriture cette «attitude ambivalente, ironique, non engagée, [qui implique] un certain détachement et humour, pas tout à fait dépourvus de tendresse» (Yaari, 1988, p. 114). Cette impression de non-engagement dérive en grande partie de ce que, contrairement aux autres manifestations d'ironie, celle-ci sollicite beaucoup moins la participation du lecteur: tout se passe comme si l'ironie romantique se déroulait à huis clos entre l'auteure et son texte. Le lecteur, comme l'explique Lilian Furst,

> *becomes the disconcerted victim of irony, whereas in traditional irony he is a party to the whisperings and snickerings at the expense of the protagonists, the duped objects on whom he preys in concert with the narrator. [...] He remains an outsider to the transactions between the narrator and his narrative on which the text pivots. He has ultimately a lesser stake in the dynamics of romantic irony than in traditional irony where the confiding narrator, though sparing of explicit appeals, counts on him for comprehension*[1]. (Furst, 1984, p. 231-234.)

1. «devient la victime déconcertée de l'ironie, tandis que, avec l'ironie traditionnelle, il prend part aux murmures et aux ricanements faits aux dépens des protagonistes, ces dupes auxquelles il s'attaque avec la complicité du narrateur. [...] Il demeure à l'écart des transactions entre le narrateur et la narration autour de laquelle s'articule le texte. Il a un moins grand rôle à jouer dans la dynamique de l'ironie romantique que dans l'ironie traditionnelle où le narrateur, tout en lui épargnant les sollicitations explicites, compte tout de même sur sa compréhension».

L'exclusion du lecteur fait en sorte que l'ironie se «dissout», d'une certaine façon, dans le texte pour l'imprégner totalement. Adrienne Choquette, dans *Le Temps des villages*, a resserré de cette façon la complicité entre ses personnages et elle-même, au détriment de l'œil extérieur du lecteur:

> Lorsque [Pas vite] mourut, on s'amusa à compter ses années de travail. Les uns disaient cinq ans, les autres huit. Mémère Diotte, la larme à l'œil, trancha le débat en levant deux doigts.
> – Rien que deux ans? Pas vite a travaillé rien que deux ans en cinquante ans de vie d'homme? [...]
> Mais mémère, à qui maintenant il fallait crier dans l'oreille, rectifia doucement:
> – Pas deux ans, deux mois... (Choquette, 1975, p. 148-149.)

Cet extrait permet d'illustrer adéquatement ce que l'on appelle, faute de mieux, l'«atmosphère» de l'ironie romantique. Ici, Choquette s'amuse, dirait-on, avec ses personnages et refuse au lecteur le droit de les juger, comme elle le fera d'une façon encore plus soutenue avec Laure Clouet, la «vieille fille» démodée mais jamais ridicule de la nouvelle éponyme (1961); ses maladroits élans vers la liberté sont en effet protégés par l'auteure qui la prend sous sa tutelle au lieu de l'offrir en pâture à un lecteur avide de se moquer d'une femme aussi facilement dépassée par les événements. Même geste protecteur à l'endroit d'Amanzor:

> Pas mal d'hommes du village mais plus encore de la ville avaient connu de très près la belle femme du forgeron et se souvenaient encore de petites particularités dans les jeux de l'amour totalement ignorées du pauvre Amanzor. Mais pourquoi désillusionner un veuf qui mourait de faim? (Choquette, 1975, p. 135.)

En fait, l'auteure observe une des règles nécessaires à la manifestation de l'ironie romantique, à savoir la nécessité d'amalgamer «à la fois [la] participation et [le] détachement, [le] sentiment et [la] lucidité» (Bourgeois, 1974, p. 181). La constante tension qui se joue entre ces deux oppositions permet à Choquette, en quelque sorte, de s'assurer que les personnages feront sourire dans une mesure qu'elle aura elle-même délimitée. Dans *Le Temps des villages*, elle «dénonce les ravages que peut causer l'inconscience collective dans une société» (Marineau et LaFontaine, 1984, p. 49) sans laisser toutefois le lecteur abonder dans le sens de cette dénonciation.

Cette implicite mainmise sur la perception des personnages permet à Choquette de faire des constats assez mordants qui deviennent, sous sa plume et à cause de cette ironie spécifique qui empreint tout le texte, de douces moqueries: Amanda Duvallin, écrit-elle, «avait été, quelque vingt ans plus tôt, la plus glorieuse poitrine à la ronde. Mais quatre couples de jumeaux, plus sept autres enfants nourris à la mamelle eurent raison de sa splendide façade» (Choquette, 1975, p. 55).

On pressent ici l'amincissement de l'écart entre ironies traditionnelle et romantique; la nuance est soutenue, au fond, uniquement par le contrat secret que Choquette a conclu avec ses personnages. Encore une fois, le lecteur se heurte dans son interprétation à une narratrice qui «*openly stands beside [her] story, arranging it, intruding into it to reflect on [her] tale and on [herself] as a writer*[2]» (Furst, 1984, p. 230).

Gabrielle Roy a recours à son tour à ce processus de réappropriation du texte – c'est-à-dire ce «refus» de l'auteure d'abandonner ses personnages aux mains du lecteur. On remarquera que, cette fois encore, comme dans l'œuvre de Choquette, l'ironie romantique transcende la notion de «généricité»: s'élevant au-dessus des repères rhétoriques et de la spécificité des cibles visées, elle se trouve à intégrer quelque peu l'aspect du féminin dans un ensemble plus vaste, ce qui accentue sa particularité par rapport aux autres exemples d'ironie relevés jusqu'ici. Tout au plus peut-on se rabattre, chez Choquette du moins, sur la très fine étude psychologique de Laure Clouet – donc sur le glissement narratrice/auteure – pour déceler les marques de l'écriture au féminin.

Les auteures qui recourent à l'ironie romantique, au lieu d'agir comme des chasseresses qui lancent leurs flèches ironiques vers une cible bien précise, se transforment en acrobates: «*Like the tight-rope acrobat in his every move, the ironist must be in control of every nuance*[3].» (Furst, 1984, p. 13.) Dans cette perspective, l'ironie romantique n'est plus perçue comme une résistance systématique au discours dominant, mais plutôt comme une façon de remettre en question *toute* forme de discours pour en relever l'incongru et le paradoxal. Ainsi lit-on, dans la nouvelle «Où iras-tu Sam Lee Wong» du recueil *Un jardin au bout du monde*: «Il apprenait vite. Mais on continuait à lui parler comme à un déficient. Et lui, par politesse, pour ne pas faire honte à ceux qui lui parlaient, répondait à peu près sur le même ton.» (Roy, 1975, p. 86.) Ce jeu de quiproquos constitue finalement une métaphore de la définition même de l'ironie romantique sur laquelle insiste Lilian Furst: «*The intent of the highest kind of irony is to raise the individual above the paradoxes that constitute the dialectic of life. Irony is simultaneously the mode of perceiving and overcoming those paradoxes*[4].» (Furst, 1984, p. 35.) N'est-ce pas, concrètement, ce que Gabrielle Roy fait par personne – ici Sam Lee Wong – interposée?

2. «qui reste ostensiblement près de son texte, l'organisant, l'envahissant pour s'y projeter comme auteure».

3. «comme le funambule qui contrôle chacun de ses mouvements, l'ironiste doit maîtriser la moindre nuance».

4. «l'intention de la plus noble forme d'ironie est d'élever l'individu au-dessus des paradoxes qui sont au cœur de la dialectique de la vie. L'ironie est à la fois l'aptitude à percevoir ces paradoxes et l'aptitude à les surmonter».

De même, Stepan, dans la nouvelle «Un jardin au bout du monde» de ce même recueil, traduira, à travers des hésitations saugrenues à l'endroit de sa femme Martha, un certain mouvement romantique de l'auteure qui, pour citer Schlegel, «*must raise [herself] above [her] own love and be able to destroy in thought what [she] worship[s]*[5]» (Schlegel, cité dans Muecke, 1969, p. 200). Voyons deux passages:

> Conviendrait-il de lui porter à manger? Un homme servir une femme! Le monde à l'envers, quoi! (Roy, 1975, p. 207.)

> Dire simplement: Martha, impossible. L'habitude en était depuis trop longtemps perdue. (Roy, 1975, p. 208.)

On sent ici la tension romantique marquée, d'une part, par l'exclamation dans la première citation (qui tend à se fondre avec une éventuelle opinion de Roy sur l'attitude de Stepan) et, d'autre part, dans la deuxième citation, par une tendresse implicite de l'auteure face à la maladresse et au désarroi de l'époux soudainement démuni et plein de pudeur devant sa compagne de toujours.

Il y a donc chez Roy, comme chez Choquette, une volonté de montrer les travers des personnages tout en refusant de les dénoncer. Agissant comme une sorte d'excuse ou de justification naturelle, l'ironie romantique en vient à ressembler étrangement à l'humour en ce qu'elle prend les traits d'une «mélancolie intraitable» (Lambotte, 1984, p. 114) et qu'elle devient bouclier devant un lecteur – qui peut être – impitoyable.

Un dernier fragment, tiré cette fois de la nouvelle «Le fauteuil roulant» de *La Rivière sans repos*, illustre justement comment l'ironie romantique, au lieu de juger les personnages, leur donne plutôt le droit à l'erreur. L'ironie, explique encore Furst, ne sert donc plus à distinguer le vrai du faux, car pour l'ironiste romantique, «toutes les options peuvent être vraies, ou fausses» (Furst, 1984, p. 228-229). «Elle fit tant et si bien qu'elle réussit, comme elle put s'en vanter, à "sauver" Isaac et en tira un curieux mélange de fierté, de fatigue et, tout compte fait, d'embarras, car "sauvé" Isaac ne valait pas cher.» (Roy, 1970, p. 107.)

On lit ici une double manifestation de lucidité: celle de la femme d'abord, qui constate avec mélancolie les piètres résultats de ses efforts, et celle de Roy, ensuite, qui, par les guillemets du verbe «sauver» et une habile progression sémantique, émet une réserve amicale sur la pertinence de l'option choisie.

---

5. «doit s'élever au-dessus de son amour pour trouver la force de détruire en pensée ce qu'elle vénère».

Adrienne Choquette et Gabrielle Roy ont donc choisi de «ménager» leurs personnages; l'ironie romantique leur permet de créer des protagonistes faibles, pleins de défauts, susceptibles, malhabiles, qui demeurent toutefois, parce qu'ils sont protégés par leur créatrice, attendrissants... et désarmants. On ne retrouvera pas une telle sollicitude, du moins pas sous cette forme exacte, chez Monique Bosco qui exploite un aspect différent de ce type d'ironie, à savoir un certain désespoir, compatible avec la traditionnelle «plainte des romantiques» (Lambotte, 1984, p. 114). Bosco crée systématiquement des personnages «solitaires, coupés de leur entourage. [...] ce sentiment est d'une telle intensité qu'il en devient maladif. Ses personnages ne sont pas seulement isolés: ils se sentent rejetés» (Collet, 1981, p. 209). Ostracisme: mot clé de l'œuvre de Bosco. Pourtant, cet ostracisme provient souvent du personnage lui-même qui s'inscrit ni plus ni moins en dehors de son propre univers.

Tout est affaire de perception, bien sûr; la narratrice de *La Femme de Loth*, en particulier, a l'impression d'être incapable de s'inclure dans le monde réel. Un examen attentif du texte mène à se demander si les problèmes ne se trouvent pas plutôt du côté de l'auteure qui *refuserait* carrément à son personnage le droit d'accéder à une certaine paix de l'âme. Là où Choquette et Roy protégeaient leurs «créatures» contre les autres personnages et le lecteur, Bosco, au contraire, abandonne sa narratrice à un sort qu'elle lui invente, de plus en plus torturé à mesure que le roman progresse.

La seule chance de survie (si l'on peut dire dans le cas de ce roman qui «pousse» la narratrice au suicide) ou du moins la seule velléité de résistance résidera dans une auto-ironie cruelle; cette attitude touchera à l'ironie romantique «au sens passif» par un rejet de la rhétorique et une prédilection pour la «perception critique d'une incongruité» (Yaari, 1988, p. 22) qui ne conduira pas à la révolte «active», mais se retournera plutôt sur soi.

Difficile à qualifier, l'ironie récurrente chez Bosco pourrait constituer une illustration totalement inversée de ce que Roger B. Salomon a appelé le «*Desperate Storytelling*» et son «*Mock-Heroic Mode*». Un des «postulats» de cette ironie dite post-romantique stipule en effet ceci: «*Paranoia so defined in mock-heroic involves the willful, obsessive, impassioned attempt of the protagonist to create an environment commensurate with his heroic aspirations*[6].» (Salomon, 1987, p. 17.) La narratrice de *La Femme de Loth*, tout au contraire, va plutôt se tailler une place à la mesure d'une volonté *anti-héroïque* qui, au lieu de viser les sommets, aussi fantasmatiques soient-ils, se tournera résolument,

6. «La paranoïa si présente dans le genre héroï-comique implique une tentative délibérée, obsessive et passionnée de la part du protagoniste de créer un environnement à la mesure de ses héroïques aspirations.»

raisonnablement, vers le «bas»: «En cette fin des années 40, la faculté des Lettres n'était guère fréquentée que par les "ratés" comme on les appelait alors. Cela me rassurait. Je serais enfin parmi les miens, sans avoir à feindre, à jouer un rôle.» (Bosco, 1970, p. 104.)

Ici, la paranoïa de la protagoniste est subsumée par une perception peu flatteuse du monde qu'elle a choisi d'investir; l'extrait illustre bien, cependant, le nivellement opéré: la littérature est sa passion, certes, mais elle s'emploie à la discréditer, se rangeant donc d'office parmi les médiocres. L'auto-moquerie que dépeint Salomon (1987) perd une bénéfique vitalité pour devenir une campagne d'auto-dénigrement.

De même, l'ironie présente dans l'auto-moquerie, «*preserves the continuing possibility of human freedom as a viable illusion*[7]» (Salomon, 1987, p. 31). Chez Bosco, cette liberté sera imputable uniquement à la condescendance des autres: «J'aurais été impitoyablement rejetée sans la banale générosité qui force les beaux à accepter les laids, pour garder une conscience paisible.» (Bosco, 1970, p. 29.) Le monde, finalement, est une épreuve quotidienne pour la femme qui y trouve difficilement sa place. La distance par rapport au réel, inhérente à l'ironie romantique, se cristallise dans son cas pour devenir un rempart contre la souffrance. Forteresse des plus fragiles, semble-t-il, puisque tout le roman se lit comme un vaste constat d'échec.

De fait, «l'anti-héroïne» de cette auto-moquerie échoue même dans sa tentative de se définir un rôle, au sens dramaturgique du terme, et de créer «*a "theatre of the self" so important to mock-heroic*[8]» (Salomon, 1987, p. 264). Dès la naissance, les aspirations de la protagoniste ont apparemment été bafouées: «Comme tout le monde, j'aurais aimé avoir mon public. J'ai raté mon entrée. Mon père et ma mère ne s'extasièrent pas sur mes charmes de nouveau-née.» (Bosco, 1970, p. 25.) Dans de telles conditions, il n'est pas étonnant que la femme n'ait pu, en aucun moment, perdre le contact avec une dure réalité qui se rappelait constamment à elle. Le passage de la vie réelle à la vie sur scène, c'est-à-dire à un théâtre intime que l'on invente pour soi et dont les contours oniriques s'estompent par moments pour rendre «vraie» l'illusion, lui est donc refusé.

Cette lucidité constante frôle parfois la complaisance. L'examen auto-critique auquel se livre la protagoniste bat systématiquement en brèche le moindre mouvement d'estime de soi et relève avec autant de fidélité et de rigueur les erreurs et les illusions envolées. Elle confie ainsi au lecteur: «N'étant pas futée, j'avais d'abord été éperdument flattée que [Michel] se donne la peine de choisir des endroits aussi mystérieusement

7. «entretient, sous la forme d'une illusion *réalisable*, la possibilité de la liberté humaine».
8. «un "théâtre du soi" si important dans le mode héroï-comique».

romantiques pour nos promenades» (Bosco, 1970, p. 128), avant d'expliquer que le jeune homme en question, fraîchement défroqué, ne voulait pas être vu en charmante compagnie.

Les seuls moments de fierté reposent sur de bien dérisoires réussites, ce qui, du coup, discrédite ces «victoires»: «Je ne me trouvais pas une vamp, mais l'apparence de Gaétane me rassurait presque toujours sur mes charmes» (Bosco, 1970, p. 120), avoue-t-elle. Adolescente, elle éprouva aussi un instant d'orgueil: «Et je trouvai un semblant de bonheur quand une de mes camarades déclara que j'avais les plus belles jambes de la classe. Avoir "les plus belles" de quoi que ce fût, me paraissait une chance inespérée.» (*Ibid.*, p. 80.)

La narratrice, par ses propos défaitistes, devient en quelque sorte, au fur et à mesure qu'elle raconte l'histoire de sa vie, une tragédie pour elle-même[9]. Ce long détour chronologique, qui se veut autobiographique, constitue en fait un testament laissé à l'amant qui l'a abandonnée. S'écartant de l'ironie romantique de Roy et de Choquette qui fait sourire d'attendrissement et de sympathie, *La Femme de Loth* prend le parti d'exposer une faillite sentimentale et professionnelle à la limite du tolérable qui prête le flanc au cynisme: «Nietzsche affirme que "la douleur que l'on inflige est plus réelle que celle que l'on souffre". Tu dois nager en pleine réalité», écrit la maîtresse délaissée à l'amant, dans un passage qui donne le ton et la mesure du ressentiment.

L'impression de malaise ressentie tout au long de la lecture de ce roman trouve, encore une fois, une explication possible dans l'hypothèse de Salomon. L'art du «*desperate storytelling*» tiendrait, selon lui, à la juvénilité d'âme du héros; le personnage «*is always youthful, in spirit if not in fact; his posture involves a combination of ardency, imagination, naive belief, and imprudence that is impossible to dissociate from childhood*[10]» (Salomon, 1987, p. 72). On voit ici que la narratrice n'a jamais vraiment eu cette désinvolture de l'enfance; écrasée par le poids de son histoire personnelle et collective – le titre même du roman évoque le sentiment d'une responsabilité qu'il faut à tout prix assumer –, elle a combattu les effets de l'imagination pour cultiver, au contraire, une perception aiguë du réel qui accroîtra ses souffrances morales.

Enfin, à l'encontre des personnages du *mock-heroic mode*, encouragés dans leurs folies par un créateur bien à l'écoute de leurs prétentions (Salomon, 1987, p. 55) la narratrice se voit acculée au suicide par une auteure qui lui instille un sentiment de défaite généralisée. Particulièrement

9. J'emprunte cette formule à Benoîte Groult.

10. «est toujours jeune, d'esprit sinon de fait; son comportement est un mélange d'ardeur, d'imagination, de naïveté et d'imprudence qu'il est impossible de dissocier de l'enfance».

déprimante, cette auto-ironie, que certains théoriciens rapprochent de l'humour, se détache absolument de celui-ci par l'efficacité de la charge contre soi-même qui détruit tout, sans espoir de rédemption. Elle n'en reste pas moins fascinante à cause de son originalité, car elle constitue en fait une négation du processus ironique tel qu'on l'avait vu jusqu'à maintenant. Plus promptes à dénoncer les incongruités sociales, les auteures québécoises ont rarement amené leurs narratrices à être aussi dures envers elles-mêmes. Bosco nous offre ici un personnage presque insolite, une manifestation parodique de l'auto-moquerie.

Conclusion

Ironie des femmes et ironie des hommes

Que conclure de toutes ces ironies qui jalonnent les œuvres des auteures québécoises? Mis à part le pacte de lecture, qui tient compte de la spécificité sexuelle de la signataire, l'ironie des femmes demeure-t-elle différente de celle des hommes? En d'autres termes, si l'on fait abstraction de cette *signature*, subsiste-t-il, dans l'ironie, des marques du féminin? Poser la question, c'est y répondre, peut-on penser. Pourtant, si l'on s'arrête à la stricte rhétorique de l'ironie, force est de constater que les femmes n'en ont pas renouvelé la forme. Loin de chercher à déconstruire le langage, elles se sont au contraire rabattues sur des constructions universelles comme l'antiphrase, l'allusion, le sous-entendu. De plus, les cibles que vise l'ironie des femmes sont grosso modo les mêmes que celles auxquelles s'attaque l'ironie au masculin (chez Réjean Ducharme, Jacques Godbout et Jacques Ferron pour ne mentionner que ceux-là) – la société, les institutions en général, le clergé, les médecins, les relations interpersonnelles –, rendant encore plus aiguë la question de la «généricité». Dès lors, où donc s'affichera cette différence?

Car différence il y a. Les écrivains, par leur condition masculine, détiennent déjà une certaine forme de pouvoir, qu'ils s'en prévalent ou non: pouvoir politique, pouvoir institutionnel ou pouvoir de l'homme, tout simplement. Les femmes, pour leur part, ont été longtemps évincées des instances décisionnelles et confinées dans l'accomplissement de tâches domestiques. Cet état de fait, même s'il s'est beaucoup modifié depuis quelques années, a exercé une très grande influence sur la nature de l'ironie des femmes qui se révèle, dans le sens le plus mélioratif du terme, plus quotidienne; elle s'attarde à dénoncer les abus de pouvoir moins spectaculaires, plus privés, dont sont victimes les femmes.

Les auteures ne critiquent pas tant la société dans son ensemble que le peu de place que cette société leur réserve. Elles ne tournent pas en dérision le mariage, mais la soumission et le renoncement qu'il implique. L'ironie qu'elles pratiquent aux dépens des hommes s'inscrit alors dans ce processus de remise en question des «petits pouvoirs quotidiens»: la vie conjugale et le chantage affectif, le mépris du conjoint pour leurs besoins d'émancipation, l'inégalité dans les relations de travail. Cibles favorites depuis longtemps – depuis toujours en fait – de l'ironie masculine, les femmes, en inversant le processus, ont en même temps cherché à désamorcer les stéréotypes dont elles ont trop longtemps souffert. Leur ironie prend systématiquement le contre-pied de l'idéal féminin auquel les hommes souhaitent les voir se conformer.

C'est une ironie de résistance qui, en s'attaquant à certains comportements masculins, témoigne de ce que veulent les femmes et de ce qu'elles rejettent, du type de relations ou de société qu'elles souhaitent voir s'ébaucher. Les auteures peuvent sembler très dures envers l'autre sexe, il est vrai; toutefois, il faut souligner que, si elles font abondamment de l'ironie *contre* les hommes – ou à tout le moins contre les formes de pouvoir qu'ils représentent –, elles l'exploitent surtout *pour* les femmes. Ces charges dénonciatrices sont souvent tempérées par une auto-ironie qui affiche leur volonté de réévaluer aussi leurs propres comportements sans faiblesse ni complaisance dans le but d'améliorer leur condition; les auteures ne cherchent pas à conquérir le pouvoir, mais simplement à occuper l'espace qui leur revient. Elles le feront à leur façon, incorporant dans ce discours de protestation le quotidien, cette sphère privée qui les définit et qui, par le biais de l'écriture, s'ouvre et devient publique. L'ironie du quotidien devient alors l'ultime triomphe de la parole des femmes; qu'elles soient, à travers leurs personnages, des novices dans un cloître, des épouses trompées, des patientes impatientées, elles demeurent dans l'opposition où elles trouvent la liberté de critiquer, de remettre en question, d'évaluer, de proposer des avenues nouvelles, mais toujours d'un point de vue marqué par la nécessité du *féminin*[1].

1. Subsiste toujours la tentation de soumettre n'importe quel texte de ce corpus à l'épreuve d'une lecture «aveugle», c'est-à-dire en ne révélant pas au lecteur le nom de l'auteur pour qu'il essaie de deviner s'il a affaire à un homme ou à une femme, afin de déterminer si l'ironie est effectivement connotée d'un point de vue sexuel. Cela apparaît superflu dans la perspective du parti pris chromosomique défendu ici qui oriente intentionnellement la lecture. L'intérêt de la question est de savoir *comment* on interprète l'ironie lorsqu'on la sait venir d'une femme ou d'un homme. L'exemple le plus probant dans ce sens est la différence de lecture que l'on fait des textes de Pierre Bourgault, qu'il signait du nom de Chantal Bissonnette, dans la revue *Nous*, au cours des années soixante-dix: «Les textes de Bissonnette ont créé bien des remous. On disait: "Enfin une femme qui parle et qui n'a pas peur des mots." Certaines personnes plus lucides croyaient qu'une femme ne pouvait pas écrire de tels textes.» (Bourgault, 1987, p. 207.)

Ainsi, on trouvera, dans leurs œuvres, plus souvent des religieuses que des clercs, les auteures nous livrant les clés de ces cloîtres de femmes dans lesquels aucun lecteur n'avait jamais été admis jusque-là; elles prendront à parti l'Anglais, le temps d'une flèche ironique, non pas pour une question de gros sous – elles laissent cela aux hommes –, mais à cause de son mépris obstiné pour leur langue *maternelle*; elles en voudront à leurs institutrices de leur avoir inculqué un certain discours au lieu de leur apprendre à y résister; elles tireront avantage de la folie, ce diagnostic facile qui les a longtemps stigmatisées en tant que femmes; elles se moqueront des époux bébêtes, des amants maladroits, des nuits de noces ratées, montrant l'autre côté, enfin, d'une médaille dont on ne connaissait que la face masculine.

Ironie féminine et ironie féministe: même combat?

Y a-t-il, enfin, une différence significative entre ironie féminine et ironie féministe? La réponse, en partie du moins, se trouve esquissée dans *L'Euguélionne*. Louky Bersianik a succombé, semble-t-il, à la tentation du didactisme idéologique et d'un certain moralisme déjà latent dans toute forme d'ironie. Les féministes pures et dures – les militantes de la première heure –, pas assez «[désangagées][*sic*] émotivement» (Jardon, 1988, p. 85), éprouvent probablement beaucoup plus de difficulté à prendre la distance et le recul nécessaires pour produire une ironie efficace mais non directive. Walker résume ainsi cette tendance à imposer au lecteur une ligne de conduite:

> *Contemporary women writers have a different but related concern, which is that the stories or scripts not only* describe *what is assumed to be women's experience, but also attempt to* prescribe *appropriate roles and responses. By retelling these stories, women question their authority*[2]. (Walker, 1990, p. 31-32.)

Cette caractéristique que Walker attribue à la majorité des œuvres féministes peut agacer: selon Stora-Sandor (1992, p. 182) cependant, c'est tout de même «grâce aux mouvements féministes [que], pour la première fois, les femmes ont osé s'attaquer aux tabous du patriarcat par un rire

2. «Les auteures contemporaines ont une préoccupation différente quoique apparentée: leurs histoires ne se limitent pas à décrire ce que l'on croit être l'expérience féminine, mais tentent aussi de prescrire des rôles et des réactions appropriés. En récrivant les histoires [des autres], les femmes les remettent en question et en contestent le pouvoir.»

subversif[3]». Pourtant, au Québec, les féministes reconnues, comme Nicole Brossard, France Théoret, Madeleine Gagnon et Denise Boucher, sont, il faut le rappeler, à peu près absentes de ce corpus, alors qu'on y retrouve les œuvres d'auteures beaucoup moins associées aux grandes revendications, telles Madeleine Ferron, Michèle Mailhot et Claire de Lamirande. Cela confirmerait-il l'existence d'un autre type d'ironie, plus «féminine»? Pour répondre à cela, on s'inspirera plus volontiers du débat sur les écritures féminines et féministes, qui a conduit à l'idée plurielle de l'écriture *au féminin,* pour ranger sous l'appellation *ironie au féminin* toutes les tendances conjuguées de l'ironie relevées ici. Cette terminologie indique bien la richesse des possibilités et met en veilleuse – le temps de prendre plaisir à savourer l'ironie – la nécessité de les situer constamment par rapport à l'idéologie féministe. De plus, l'expression *ironie au féminin* fait en sorte d'en préciser la généricité, pour la dissocier de l'ironie tout court – universelle... donc masculine – et pour mieux en éclairer dès l'abord la subversion. Elle n'est pas nécessairement féministe, soit: elle ne sera cependant jamais totalement inoffensive.

Cette ironie au féminin évolue; elle prend pour cibles, depuis le début des années quatre-vingt, des sujets auparavant tabous, repoussant sensiblement les limites que les femmes s'étaient elles-mêmes tacitement fixées. Monique Proulx, dans *Sans cœur et sans reproche* (1983), esquissera des portraits d'enfants à donner froid dans le dos. Même la vénérable institution littéraire et la très sérieuse université seront prises à partie par Francine Noël dans *Maryse*, paru en 1983. Claire Daignault, dans *Le Cas Lembour* (1984), démystifiera le rôle des parents, alors que Lori Saint-Martin, dans son recueil *Lettre imaginaire à la femme de mon amant* (1991), mettra en situation des maîtresses raillées par l'épouse légitime et des femmes trompées qui pratiquent une ironie incisive ayant peu à voir avec l'amertume de la défaite.

Le danger de l'universalité

Ces mêmes années quatre-vingt sont aussi souvent désignées comme la période de l'«essoufflement» du féminisme, ce qui donne à penser que les militantes de jadis sont aujourd'hui trop vieilles pour poursuivre cette course à l'égalité et qu'elles ont, de guerre lasse, remisé leurs pancartes et fait taire la voix discordante de la revendication pour

3. Plus précisément, c'est avec le féminisme qu'on a osé «nommer» le patriarcat et dénoncer ses excès, car des auteures comme Madeleine Ferron et Michèle Mailhot, au Québec, n'ont pas attendu le mouvement des femmes pour pratiquer l'ironie.

amorcer une étape de «réconciliation[4]». D'autre part, cette décennie, au Québec plus particulièrement, a aussi vu le retour en force de l'humour: imitateurs et humoristes de tout acabit envahissent désormais les scènes québécoises. Si leur nombre croissant ne manque pas de mettre en relief le peu de femmes qui osent, encore aujourd'hui, monter sur les planches pour faire rire, l'engouement pour l'humour, conjugué à une lassitude apparente à l'endroit des luttes de femmes, pourrait laisser croire que l'écriture au féminin se ressentira de ce grand mouvement. Or l'humour, on le sait, est affaire d'indulgence; conciliant, il ménage ses cibles beaucoup plus que l'ironie, il est ouvert au compromis. Il est, paraît-il, *universel.*

Le recours à l'humour, alors, pourrait-il devenir un élément qui contribuerait à abolir cette frontière entre discours masculin et féminin qu'ont voulu ériger les auteures, par leur écriture, pour bien signifier la rupture avec le patriarcat et la tradition? Probable. Mais cette séduisante perspective n'a pas que des adeptes. La critique féministe, en tout cas, réserve un accueil mitigé à cet amalgame des discours. Plusieurs écrivaines et théoriciennes voient un risque certain dans le fait de niveler les paroles sous prétexte d'atteindre le texte universel. On souligne «le danger [que l'écriture des femmes] devienne neutre et s'efforce d'atténuer et même de faire taire la profonde inégalité qui existe et subsistera encore longtemps entre les femmes et les hommes» (Gould, 1984, p. 142). Lise Gauvin (1984, p. 58) dira aussi qu'elle se «méfie de l'universel comme d'un vaste projet idéologique qui, ayant déjà une première fois fait disparaître le sujet-femme, ne peut à son tour qu'entraîner la disparition des instances spécifiques d'écriture dans un modèle totalisant».

Il semble donc périlleux pour les femmes de mêler leur voix, si préoccupée de la condition féminine qu'elle soit, à celle des hommes; leur message risque d'être étouffé, de se dissoudre dans le masculin et de négliger des luttes plus spécifiquement féminines au profit de combats communs qui relégueraient à l'arrière-plan les revendications des femmes. L'universalité pourrait précisément effacer cette «différence des univers, la non-neutralité de l'imagination, la sexualisation même de la théorie» (Dupré, 1992, p. 400) dont l'écriture au féminin commence à peine à exploiter le potentiel.

De même, l'ironie au féminin tire toute sa force subversive de la résistance qu'elle oppose au discours dominant. Les auteures, par leur entêtement à attaquer les institutions en place et les hommes qui les dirigent, constituent des trouble-fête qui anéantissent les espoirs de

4. Dans *XY*, son dernier essai, Elizabeth Badinter prône une telle réconciliation. Depuis, plusieurs ouvrages ont défendu la même idée: au Québec ont en effet paru *La Déroute des sexes* de Denise Bombardier et *À nous deux! Hommes et femmes: la fin du combat?* de Sylvie Chaput et Marc Chabot.

«communion universelle»; vue sous cet angle, l'harmonie entre les sexes, qui générerait dès lors un humour complice visant des cibles communes, apparaît comme un pacte dangereux, propre à bâillonner les femmes pour le plus grand soulagement de certains hommes.

Serait-ce à dire que les femmes doivent se méfier de l'humour... et demeurer ironiques, donc méchantes? L'obstination des auteures à refuser la conciliation, à rester sur leurs gardes, finalement, serait-elle la seule façon de garantir la pérennité d'une protestation au féminin par l'ironie? Lourde tâche, en cette période où il faut faire rire à tout prix sans pourtant égratigner les susceptibilités. Il reste à espérer que les femmes qui prendront le parti de l'humour choisiront tout de même d'éviter une complaisance qui émousserait l'impact critique de leur discours.

Bibliographie

Œuvres étudiées

AMYOT, Geneviève (1976). *L'Absent aigu*, Montréal, Éditions Quinze, 127 p.

_______(1978). *Journal de l'année passée*, Montréal, VLB éditeur, 167 p.

BEAUDRY, Marguerite (1976). *Tout un été l'hiver*, Montréal, Éditions Quinze, 179 p.

_______(1977). *Debout dans le soleil*, Montréal, Éditions Quinze, 156 p.

BEAULIEU, Danielle (1978). *Il neige sur les frangipaniers*, Sherbrooke, Éditions Naaman, coll. «Création», 163 p.

BERNARD, Anne [née Jourdan de la Passardière] (1966). *Le Soleil sur la façade*, Montréal, CLF, 158 p.

_______(1967). *Cancer*, Montréal, CLF, 142 p.

_______(1969). *Le Chemin de la côte*, roman, Montréal, CLF, 143 p.

_______(1973). *L'Amour sans passeport*, nouvelles, Montréal, CLF, 149 p.

BERNIER, Jovette (1969). *Non monsieur*, roman, Montréal, CLF, 220 p.

BERSIANIK, Louky [pseud. de Lucille Durand] (1976). *L'Euguélionne*, roman triptyque, Montréal, La Presse, 399 p.

BLAIS, Marie-Claire (1962). *Le jour est noir*, Montréal, Éditions du Jour, coll. «Romanciers du Jour», n° R-4, 121 p.

_______(1966). *L'Insoumise*, Montréal, Éditions du Jour, coll. «Romanciers du Jour», n° R-17, 127 p.

_______(1967). *David Sterne*, roman, Montréal, Éditions du Jour, coll. «Romanciers du Jour», n° R-27, 137 p.

_______(1968). *Manuscrits de Pauline Archange*, roman, Montréal, Éditions du Jour, coll. «Romanciers du Jour», n° R-33, 127 p.

_______(1969 a). *Tête blanche*, roman, Québec, Éditions de l'Homme, 205 p. (1re éd.:1960.)

_______(1969 b). *Vivre! Vivre!*, roman, Montréal, Éditions du Jour, coll. «Romanciers du Jour», nº R-53, 170 p.
_______(1969 c). *Les Voyageurs sacrés*, récit, Montréal, HMH, 111 p.
_______(1970). *Les Apparences*, roman, Montréal, Éditions du Jour, coll. «Romanciers du Jour», nº R-63, 202 p.
_______(1972). *Le Loup*, roman, Montréal, Éditions du Jour, coll. «Romanciers du Jour», nº R-79, 243 p.
_______(1973). *Un Joualonais, sa joualonie*, roman, Montréal, Éditions du Jour, coll. «Romanciers du Jour», nº R-96, 300 p.
_______(1975). *Une liaison parisienne*, roman, Montréal, Stanké et Quinze, 175 p.
_______(1977). *Les Nuits de l'Underground*, Montréal, Stanké, 267 p.
_______(1979). *Le Sourd dans la ville*, Montréal, Stanké, 211 p.
_______(1980). *Une saison dans la vie d'Emmanuel*, roman, Montréal, Éditions Stanké, coll. «Québec 10/10», 195 p. (1re éd.: 1965.)
BLONDEAU, Dominique (1970). *Les Visages de l'enfance*, Montréal, L'Actuelle, coll. «Roman québécois», nº 5, 191 p.
_______(1972). *Demain, c'est l'Orient...*, Montréal, Leméac, 202 p.
_______(1975). *Que mon désir soit ta demeure*, roman, Montréal, La Presse, 262 p.
_______(1979). *L'Agonie d'une salamandre*, Montréal, Libre Expression, 215 p.
_______(1980). *Les Funambules*, Montréal, Libre Expression, 409 p.
BONVOULOIR-BAYOL, Thérèse (1975). *Tout est sous la peau*, Montréal, Société des belles-lettres Guy Maheux, 247 p.
_______(1979). *Les Sœurs d'Io*, Montréal, Éditions Hurtubise HMH, coll. «L'arbre», 159 p.
BOSCO, Monique (1961). *Un amour maladroit*, Paris, Gallimard, 213 p.
_______(1965). *Les Infusoires*, Montréal, Éditions HMH, coll. «L'arbre», nº 7, 174 p.
_______(1970). *La Femme de Loth*, roman, Paris, Robert Laffont, et Montréal, Éditions HMH, 281 p.
_______(1974). *New Medea*, Montréal, L'Actuelle, 149 p.
_______(1977). *Charles Levy, m.d.*, Montréal, Éditions Quinze, 136 p.
BROSSARD, Nicole (1970). *Un livre*, Montréal, Éditions du Jour, coll. «Romanciers du Jour», nº R-70, 99 p.
_______(1973). *Sold-out. Étreinte/illustration*, Montréal, Éditions du Jour, coll. «Romanciers du Jour», nº R-90, 114 p.
_______(1974). *French Kiss. Étreinte/exploration*, Montréal, Éditions du Jour, coll. «Nouvelle culture», nº 1, 151 p.
CADIEUX, Pauline (1977). *Bigame*, Montréal, Éditions Stanké, 165 p.
_______(1978). *Flora*, Montréal, Éditions Stanké, 160 p.
CHARBONNEAU-TISSOT, Claudette (1974). *Contes pour hydrocéphales adultes*, Montréal, CLF, 147 p.

________(1979). *La Chaise au fond de l'œil*, Montréal, CLF, 173 p.

CHÉNÉ, Yolande (1961). *Au seuil de l'enfer*, roman, Montréal, CLF, 252 p.

CHOQUETTE, Adrienne (1961). *Laure Clouet*, nouvelle, Québec, Institut littéraire du Québec, Presses Laurentiennes, 135 p.

________(1975). *Le Temps des villages*, préface de Suzanne Paradis, Québec, Presses Laurentiennes, 214 p.

DAIGNAULT, Claire (1979). *L'Amant de Dieu*, nouvelles, Montréal, La Presse, coll. «Romans d'aujourd'hui», 160 p.

DAVID, Nellie (1960). *La Nuit si longue*, roman, Montréal, CLF, 215 p.

________(1967). *Maintenant et toujours*, Montréal, CLF, 212 p.

DESROCHERS, Clémence (1966). *Le monde sont drôles*, nouvelles, suivi de *La Ville depuis... lettre d'amour*, Montréal, Éditions Parti pris, 131 p.

________(1974). *J'ai des p'tites nouvelles pour vous autres*, Montréal, L'Aurore, 83 p.

DORÉ-JOYAL, Yvette (1979). *J'avais oublié que l'amour fut si beau*, roman, Montréal, Éditions du Jour, coll. «Romanciers du Jour», n° R-128, 178 p.

DUBOIS, Marie-France (1975). *Le Passage secret*, Montréal, Éditions Parti pris, 91 p.

________(1978). *Les Animots en fuite*, roman, Montréal, VLB éditeur, 197 p.

DUMOULIN-TESSIER, Françoise (1980). *Le Salon vert*, Montréal, CLF Pierre Tisseyre, 124 p.

DUNLOP-HÉBERT, Carol (1976). *La Solitude inachevée*, roman, Montréal, La Presse, 184 p.

DUNLOP, Carol (1979). *L'Immortaliste*, frontispice de Stéphane Hébert, Montréal, Estérel, 103 p.

________(1980). *Mélanie dans le miroir*, roman, Paris, Éditions Acropole, 245 p.

FELX, Jocelyne (1974). *Les Vierges folles*, roman, Montréal, Éditions du Jour, coll. «Romanciers du Jour», n° R-115, 77 p.

________(1975). *Les Petits Camions rouges*, roman, Montréal, Éditions du Jour, coll. «Romanciers du Jour», n° R-121, 140 p.

FERRON, Madeleine (1966 a). *Cœur de sucre*, contes, Montréal, Éditions HMH, coll. «L'arbre», n° 9, 219 p.

________(1966 b). *La Fin des loups-garous*, Montréal, Éditions HMH, coll. «L'arbre», n° 11, 187 p.

________(1971). *Le Baron écarlate*, roman, Montréal, HMH, coll. «L'arbre», n° 25, 175 p.

________(1977). *Le Chemin des dames*, Montréal, La Presse, 166 p.

FONTAINE, Nathalie (1962). *Le Képi et la cravache*, Montréal, CLF, 211 p.

________(1964). *Maudits Français!*, Montréal, Éditions de l'Homme, 250 p.

GAGNON-MAHONY, Madeleine (1969). *Les Morts-vivants*, nouvelles, Montréal, Éditions HMH, coll. «L'arbre», n° 15, 174 p.

GIGUÈRE, Diane (1961). *Le Temps des jeux*, roman, Montréal, CLF, 202 p.

________(1976). *Dans les ailes du vent*, Montréal, Éditions Pierre Tisseyre, 148 p.

GUÉRIN, Michelle (1972). *Les Oranges d'Israël*, roman, Montréal, CLF, 164 p.

________(1973). *Le Sentier de la louve*, roman, Montréal, CLF, 182 p.

________(1974). *Le Ruban de Mœbius*, contes et nouvelles, Montréal, CLF, 153 p.

________(1975). *Onyx*, roman, Montréal, CLF Pierre Tisseyre, 186 p.

________(1978). *En importunant la dame*, Montréal, CLF Pierre Tisseyre, 209 p.

HÉBERT, Anne (1970). *Kamouraska*, roman, Paris, Seuil, 249 p.

________(1975). *Les Enfants du sabbat*, roman, Paris, Seuil, 186 p.

________(1980). *Héloïse*, roman, Paris, Seuil, 124 p.

HOGUE, Marthe B. (1974). *Destination? Québec*, Sherbrooke, Éditions Cosmos, 125 p.

________(1979). *C'était dimanche*, roman social québécois, Sherbrooke, Éditions Naaman, coll. «Création», 108 p.

JACOB, Suzanne (1978). *Flore Cocon*, Montréal, Éditions Parti pris, 187 p.

________(1979). *La Survie*, Montréal, Le Biocreux, 144 p.

JUTRAS, Jeanne d'Arc (1978). *Georgie*, Montréal, Éditions de la Pleine Lune, 187 p.

LACASSE, Lise (1977). *Au défaut de la cuirasse*, Montréal, Éditions Quinze, 179 p.

LAMARCHE, Claude (1976). *Je me veux*, Montréal, Éditions Quinze, 99 p.

________(1978). *De rien autour à rien en dedans*, Montréal, Éditions Quinze, 175 p.

LAMIRANDE, Claire de (1968). *Aldébaran ou la Fleur*, Montréal, Éditions du Jour, coll. «Romanciers du Jour», n° R-29, 126 p.

________(1971). *La Baguette magique*, Montréal, Éditions du Jour, coll. «Romanciers du Jour», n° R-71, 198 p.

________(1974). *Jeu de clefs*, roman, Montréal, Éditions du Jour, coll. «Romanciers du Jour», n° R-101, 139 p.

________(1975). *La Pièce montée*, roman, Montréal, Éditions du Jour, coll. «Romanciers du Jour», n° R-117, 149 p.

________(1976). *Signé de biais*, Montréal, Éditions Quinze, 133 p.

________(1978). *L'Opération fabuleuse*, Montréal, Éditions Quinze, 191 p.

________(1980 a). *Papineau ou l'Épée à double tranchant*, Montréal, Éditions Quinze, coll. «Roman», 187 p.

________(1980 b). *Le Grand Élixir*, roman, avec une postface critique d'André Vanasse, Montréal, Éditions Quinze, 265 p. (1re éd.: 1969.)

LARCHE, Renée (1975). *Les Naissances de larves*, Montréal, La Presse, 136 p.

LARUE, Monique (1979). *La Cohorte fictive*, Montréal, L'Étincelle, coll. «Littérature», 121 p.

LATOUR, Christine (1980). *Le Mauvais Frère*, Montréal, Éditions Quinze, coll. «Prose entière», 245 p.

LAWRENCE, Claudette (1978). *La Cage*, Montréal, Éditions Pierre Tisseyre, 238 p.

LE BLANC, Huguette (1980). *Bernadette Dupuis ou la Mort apprivoisée*, roman, Montréal, Le Biocreux, 144 p.

LEBLANC, Madeleine (1963). *La Muraille de brume*, Montréal, Éditions Beauchemin, 160 p.

_______(1965). *Le Dernier Coup de fil*, roman, Montréal, Éditions la Québécoise, 88 p.

LE NORMAND, Michelle [pseud. de Marie-Antoinette Tardif] (1961). *La Montagne d'hiver*, Montréal et Paris, Fides, coll. «La gerbe d'or», 158 p.

LÉVESQUE, Solange (1979). *Les Cloisons*, suite de nouvelles, Montréal, Le Biocreux, 104 p.

MAHEUX-FORCIER, Louise (1963). *Amadou*, roman, Montréal, CLF, 157 p.

_______(1964). *L'Île joyeuse*, roman, Montréal, CLF, 171 p.

_______(1969). *Une forêt pour Zoé*, roman, Montréal, CLF, 203 p.

_______(1973). *Paroles et musique*, roman, Montréal, CLF, 167 p.

_______(1978). *Appassionata*, Montréal, Éditions Pierre Tisseyre, 160 p.

_______(1980). *En toutes lettres*, nouvelles, Montréal, Éditions Pierre Tisseyre, 303 p.

MAILHOT, Michèle (1964). *Dis-moi que je vis*, roman, Montréal, CLF, 159 p.

_______(1967). *Le Portique*, Montréal, CLF, coll. «Nouvelle-France», 133 p.

_______(1969). *Le Fou de la reine*, roman, Montréal, Éditions du Jour, coll. «Romanciers du Jour», n° R-44, 126 p.

_______(1972). *La Mort de l'araignée*, roman, Montréal, Éditions du Jour, coll. «Romanciers du Jour», n° R-87, 102 p.

_______(1975). *Veuillez agréer...*, roman, Montréal, La Presse, 145 p.

MAILLET, Andrée (1962). *Les Montréalais*, Montréal, Éditions du Jour, coll. «Romanciers du Jour», n° R-7, 145 p.

_______(1963). *Le lendemain n'est pas sans amour*, contes et récits, Montréal, Librairie Beauchemin, 209 p.

_______(1965 a). *Le Chêne des tempêtes*, contes, Montréal, Fides, 115 p.

_______(1965 b). *Les Remparts de Québec*, roman, Montréal, Éditions du Jour, coll. «Romanciers du Jour», n° R-14, 192 p.

_______(1966). *Nouvelles montréalaises*, Montréal, Librairie Beauchemin, 132 p.

_______(1971). *Le Bois pourri*, Montréal, L'Actuelle, 133 p.

_______(1972). *Le Doux Mal*, Montréal, L'Actuelle, 206 p.

_______(1975). *À la mémoire d'un héros*, roman, Montréal, La Presse, coll. «Écrivains des deux mondes», 165 p.

_______(1976). *Lettres au surhomme*, roman, Montréal, La Presse, vol. I, 221 p.

_______(1977). *Le Miroir de Salomé*, roman. *Lettres au surhomme*, Montréal, La Presse, vol. II, 234 p.

MARCHESSAULT, Jovette (1975). *Comme une enfant de la terre I. Le crachat solaire*, roman, Montréal, Leméac, 348 p.

_______(1980). *Tryptique [*sic*] lesbien: chronique lesbienne du moyen-âge [*sic*] québécois; les vaches de nuit; les faiseuses d'anges*, Montréal, Éditions de la Pleine Lune, 125 p.

_______(1981). *La Saga des poules mouillées*, Montréal, Éditions de la Pleine Lune, 178 p.

MARTIN, Claire (1962). *Quand j'aurai payé ton visage*, roman, Montréal, CLF, 187 p.

_______(1968). *Doux-amer*, roman, Montréal, CLF Poche, 166 p. (1re éd.: 1960.)

_______(1970). *Les Morts*, roman, Montréal, CLF, 152 p.

MASSÉ, Carole (1979). *Dieu*, roman, Montréal, Éditions Les Herbes rouges, coll. «Lecture en vélocipède», 124 p.

MICHEL, Pauline (1975). *Les Yeux d'eau*, roman, Granby, Éditions Gaudet, 187 p.

_______(1978). *Mirage*, roman, Montréal, Hurtubise HMH, coll. «L'arbre», 168 p.

MONETTE, Madeleine (1988). *Le Double suspect*, version révisée, Montréal, Éditions Quinze, coll. «Roman 10/10», 279 p. (1re éd.: 1980.)

MORIN, Jacqueline (1979). *Molliger. Le triomphe du temps sur la mort*, roman, Montréal, Éditions Beauchemin, 174 p.

NAUBERT, Yvette (1965). *La Dormeuse éveillée*, roman, Montréal, CLF, 184 p.

_______(1967). *Contes de la solitude I*, Montréal, CLF, 146 p.

_______(1968). *L'Été de la cigale*, roman, Montréal, CLF, 209 p.

_______(1972 a). *Contes de la solitude II*, Montréal, CLF, 179 p.

_______(1972 b). *Les Pierrefendre. Prélude et fugue à tant d'échos*, roman, Montréal, CLF, 316 p.

_______(1975). *Les Pierrefendre II. Concerto pour un décor et quelques personnages*, roman, Montréal, CLF Pierre Tisseyre, 317 p.

_______(1977). *Les Pierrefendre III. Arioso sans accompagnement*, roman, Montréal, CLF Pierre Tisseyre, 298 p.

_______(1978). *Traits et portraits*, Montréal, CLF Pierre Tisseyre, 163 p.

OUELLETTE-MICHALSKA, Madeleine (1968). *Le Dôme*, Montréal, Éditions Utopiques, 96 p.
________(1970). *Le Jeu des saisons*, Montréal, L'Actuelle, 138 p.
________(1975). *Chez les termites*, Montréal, L'Actuelle, 124 p.
________(1979 a). *La Femme de sable*, Sherbrooke, Éditions Naaman, 113 p.
________(1979 b). *Le Plat de lentilles*, roman, illustrations d'Isabelle Martin, Montréal, Le Biocreux, 154 p.
OUVRARD, Hélène (1965). *La Fleur de peau*, roman, Montréal, Éditions du Jour, coll. «Romanciers du Jour», n° R-15, 194 p.
________(1973). *Le Corps étranger*, roman, Montréal, Éditions du Jour, coll. «Romanciers du Jour», n° R-100, 141 p.
________(1977). *L'Herbe et le varech*, roman, Montréal, Éditions Quinze, 169 p.
________(1980). *La Noyante*, roman, Montréal, Québec/Amérique, coll. «Littérature d'Amérique», 181 p.
PARADIS, Suzanne (1960). *Les Hauts Cris*, Paris, Éditions de la diaspora française, 174 p.
________(1974). *Quand la terre était toujours jeune*, Québec, Éditions Garneau, 143 p.
________(1977). *Un portrait de Jeanne Joron*, Québec, Éditions Garneau, coll. «Roman», 261 p.
________(1979). *Miss Charlie*, Montréal, Leméac, coll. «Roman québécois», 322 p.
________(1982). *Emmanuelle en noir*, roman, Montréal, Leméac, 215 p. (1re éd.: 1971.)
________(1987). *L'été sera chaud*, Montréal, Guérin Littérature, Lausanne, L'Âge d'homme, 199 p. (1re éd.: 1975.)
PARIZEAU, Alice (1963). *Fuir*, Montréal, Librairie Deom, 271 p.
________(1964). *Survivre*, roman, Montréal, CLF, 315 p.
________(1967). *Rue Sherbrooke Ouest*, roman, Montréal, CLF, 188 p.
________(1974). *Les Militants*, roman, Montréal, CLF, 299 p.
PÉTRIN, Léa (1961). *Tuez le traducteur*, essai humoristique, Montréal, Librairie Deom, 211 p.
________(1979). *Les Intrus*, Montréal, La Presse, coll. «Romans d'aujourd'hui», 219 p.
PETROWSKI, Minou (1963). *Le Gaffeur*, nouvelles, Montréal, Éditions Beauchemin, 104 p.
________(1966). *Le Passage*, Montréal, CLF, 141 p.
________(1970). *Heureusement qu'il y a les fleurs...*, roman, Montréal, CLF, 204 p.
PIUZE, Simone (1977). *Les Cercles concentriques*, Montréal, Éditions Pierre Tisseyre, 261 p.

POULIN, Gabrielle (1979). *Cogne la caboche*, Montréal, Éditions Stanké, coll. «Récit», 245 p.

———(1980). *Un cri trop grand*, roman, Montréal, Éditions Bellarmin, 333 p.

RIOUX, Hélène (1973). *Yes monsieur*, Montréal, La Presse, 134 p.

———(1979). *J'elle*, récit, Montréal, Éditions Stanké, 147 p.

ROBERT, Suzanne (1973). *La Dame morte*, Montréal, Éditions du Jour, coll. «Proses du Jour», n° 0-8, 114 p.

———(1980). *Les Trois Sœurs de personne*, roman, Montréal, Éditions Quinze, coll. «Prose entière», 218 p.

ROY, Gabrielle (1961). *La Montagne secrète*, roman, Montréal, Éditions Beauchemin, 222 p.

———(1966). *La Route d'Altamont*, roman, Montréal, Éditions HMH, coll. «L'arbre», n° 10, 255 p.

———(1970). *La Rivière sans repos*, Montréal, Librairie Beauchemin, 315 p.

———(1972). *Cet été qui chantait*, illustrations de Guy Lemieux, Québec et Montréal, Éditions françaises, 207 p.

———(1975). *Un jardin au bout du monde et autres nouvelles*, Montréal, Éditions Beauchemin, 217 p.

———(1977). *Ces enfants de ma vie*, Montréal, Éditions Stanké, 212 p.

SAINT-ONGE, Paule (1961). *Ce qu'il faut de regrets*, roman, Montréal, CLF, 159 p.

———(1963). *La Maîtresse*, nouvelles, Montréal, CLF, 184 p.

———(1968). *La Saison de l'inconfort*, roman, Montréal, CLF, 183 p.

SHORE, Thérèse (1965). *Ne me demandez pas qui je suis*, Montréal, Librairie la Québécoise, 234 p.

SIMARD, Louise (1980). *Un trop long hiver*, Montréal, La Presse, coll. «Romans d'aujourd'hui», 141 p.

THÉRIAULT, Marie José (1978). *La Cérémonie*, contes, Montréal, La Presse, 139 p.

TREMBLAY, Jacqueline (1963). *Marie-Anne ma douce*, Montréal, Centre de psychologie et de pédagogie, 145 p.

VILLEMAIRE, Yolande (1980). *La Vie en prose*, Montréal, Les Herbes rouges, coll. «Typo. Roman», n° 2, 371 p.

———(1986). *Meurtres à blanc*, roman, Montréal, Les Herbes rouges, coll. «Typo. Roman», n° 10, 124 p. (1re éd.: 1974.)

VOIDY, Jeanne (1978 a). *Les Contes de la source perdue*, Montréal, Hurtubise HMH, coll. «L'arbre», 117 p.

———(1978 b). *Lectures brèves pour le métro*, Sherbrooke, Éditions Cosmos, 128 p.

YVON, Josée (1979). *Travesties-Kamikaze*, Montréal, Les Herbes rouges, 144 p.

Ouvrages généraux

1. Livres

ANGENOT, Marc (1979). *Glossaire pratique de la critique contemporaine*, Montréal, Hurtubise HMH, 223 p.

ATKINSON, Ti-Grace (1975). *Odyssée d'une amazone*, traduit de l'américain par Martha Carlisky, Paris, Éditions des Femmes, 280 p.

BADINTER, Elizabeth (1992). *XY. De l'identité masculine*, Paris, Éditions Odile Jacob, 314 p.

BAKHTINE, Mikhaïl (1970). *L'œuvre de François Rabelais et la culture populaire au Moyen-Âge et sous la Renaissance*, traduit du russe par Andrée Robel, Paris, Gallimard, 471 p.

________(1978). *Esthétique et théorie du roman*, traduit du russe par Daria Olivier, préface de Michel Aucouturier, Paris, Gallimard, 488 p.

BAL, Mieke (1977). *Narratologie. Essai sur la signification narrative dans quatre romans modernes*, Paris, Klincksieck, 199 p.

BARRECA, Regina (1991). *They Used to Call Me Snow White but I Drifted. Women's Strategic Use of Humor*, New York, Viking, 223 p.

BERGLER, Edmund (1956). *Laughter and the Sense of Humour*, New York, International Medical Books, 297 p.

BERGSON, Henri (1975). *Le Rire*, Paris, PUF, 157 p. (1re éd.: 1900.)

BERSIANIK, Louky, et autres (1988). *La Théorie, un dimanche*, Montréal, Éditions du Remue-ménage, 208 p.

BLONDEL, Éric (1988). *Le Risible et le dérisoire*, Paris, PUF, 158 p.

BOMBARDIER, Denise (1993). *La Déroute des sexes*, Paris, Seuil, 138 p.

BOOTH, Wayne C. (1974). *A Rhetoric of Irony*, Chicago, The University of Chicago Press, 292 p.

________(1983). *The Rhetoric of Fiction*, 2e éd., Chicago, University of Chicago Press, 552 p.

BOUCHER, Denise (1978). *Les fées ont soif*, Montréal, Éditions Intermède, 157 p.

BOUCHER, Jean-Pierre (1992). *Le recueil de nouvelles. Études sur un genre dit mineur*, Montréal, Fides, 216 p.

BOURGAULT, Pierre (1987). *Les plaisirs de la liberté. Entretiens avec Andrée Lebel*, Montréal, VLB éditeur, coll. «Second souffle», 235 p.

BOURGEOIS, René (1974). *L'ironie romantique: spectacle et jeu de Mme de Staël à Gérard de Nerval*, Grenoble, Presses universitaires de Grenoble, 254 p.

BROWN, Anne (1987). *L'image de la femme dans le roman féminin québécois de 1960 à 1970*, thèse de doctorat, Montréal, Université McGill, 612 p.

CHABOT, Marc, et Sylvie CHAPUT (1993). *À nous deux! Hommes et femmes: la fin du combat?* Montréal, Le Jour/VLB, coll. «Des hommes en changement», 180 p.

COLLECTIF CLIO (1982). *L'histoire des femmes au Québec depuis quatre siècles*, Montréal, Éditions Quinze, 521 p.

CONAN, Laure (1975). *À l'œuvre et à l'épreuve*, dans *Œuvres romanesques II*, Montréal, Fides, p. 17-215. (1re éd.: 1891.)

DAIGNAULT, Claire (1984). *Le Cas Lembour*, Belœil, Maison des Mots, 139 p.

DAUNAIS, Isabelle (1988). *L'absurde comme élément comique dans les contes d'Alphonse Allais*, mémoire de maîtrise, Montréal, Université McGill, 104 p.

DUCROT, Oswald (1972). *Dire et ne pas dire*, Paris, Hermann, coll. «Savoir», 283 p.

DUCROT, Oswald, et Tzvetan TODOROV (1972). *Dictionnaire encyclopédique des sciences du langage*, Paris, Seuil, 469 p.

DUPRIEZ, Bernard (1980). *Gradus. Les procédés littéraires (Dictionnaire)*, Paris, Union générale d'Éditions, Ottawa, 10/18, 541 p.

DURAS, Marguerite, et Xavière GAUTHIER (1974). *Les Parleuses*, Paris, Minuit, 243 p.

ECO, Umberto (1985). *Lector in fabula ou la coopération interprétative dans les textes narratifs*, traduit de l'italien par Myriem Bouzaher, Paris, Éditions Bernard Grasset, coll. «Biblio. Essais», nº 4098, 315 p.

ELGOZY, George (1979). *De l'humour*, Paris, Denoël, 268 p.

FERRON, Madeleine (1989). *Le Grand Théâtre*, Montréal, Boréal, 151 p.

FREUD, Sigmund (1988). *Le mot d'esprit et sa relation à l'inconscient*, traduit de l'allemand par Denis Messier, préface de Jean-Claude Lavie, Paris, Gallimard, coll. «Folio/Essais», 442 p.

FURST, Lilian (1984). *Fictions of Romantic Irony*, Cambridge (Mass.), Harvard University Press, 335 p.

GAGNON, Mona-Josée (1974). *Les femmes vues par le Québec des hommes. 30 ans d'histoire des idéologies 1940-1970*, Ottawa, Éditions du Jour, 159 p.

GAUDREAU, Liette (1984). *Les romancières québécoises et l'institution littéraire 1940-1965*, mémoire de maîtrise, Université de Sherbrooke, 179 p.

GENETTE, Gérard (1972). *Figures III*, Paris, Seuil, coll. «Poétique», 285 p.

———(1982). *Palimpsestes*, Paris, Seuil, coll. «Poétique», 467 p.

———(1983). *Nouveau discours du récit*, Paris, Seuil, coll. «Poétique», 118 p.

———(1987). *Seuils*, Paris, Seuil, coll. «Poétique», 388 p.

GODARD, Barbara [dir.] (1987). *Gynocritics. Feminist Approaches to Canadian and Quebec Women's Writing. Gynocritique. Démarches féministes à l'écriture des Canadiennes et Québécoises*, Toronto, ECW Press, 386 p.

GREEN, Mary Jean (1995). *Marie-Claire Blais*, New York, Twayne Publishers, 152 p.

GROTJAHN, M. (1966). *Beyond Laughter. Humor and the Subconscious*, New York, McGraw-Hill, 285 p.

GROULT, Benoîte (1972). *La Part des choses*, Paris, Grasset, coll. «Le Livre de Poche», n° 3845, 287 p.

HAMEL, Réginald, et autres (1989). *Dictionnaire des auteurs de langue française en Amérique du Nord*, Montréal, Fides, 1364 p.

HOWELLS, Coral Ann (1987). *Private and Fictional Words: Canadian Women Novelists of the 1970s and 1980s*, Londres, Methuen, 229 p.

HUTCHEON, Linda (1994). *Irony's Edge. The Theory and Politics of Irony*, New York, Routledge, 248 p.

ISER, Wolfgang (1976). *L'acte de lecture. Théorie de l'effet esthétique*, traduit de l'allemand par Evelyne Sznycer, Bruxelles, Pierre Mardaga éditeur, coll. «Philosophie et langage», 405 p.

JANKELEVITCH, Vladimir (1964). *L'Ironie*, Paris, Flammarion, 199 p.

JARDON, Denise (1988). *Du comique dans le texte littéraire*, Bruxelles, De Boeck, Paris, Duculot, 304 p.

JAUSS, Hans Robert (1978). *Pour une esthétique de la réception*, traduit de l'allemand par Claude Maillard, préface de Jean Starobinski, Paris, Gallimard, NRF, 305 p.

KERBRAT-ORECCHIONI, Catherine (1977). *La Connotation*, Lyon, Presses universitaires de Lyon, coll. «Linguistique et sémiologie», 256 p.

________(1986). *L'Implicite*, Paris, Armand Colin, 404 p.

KOESTLER, Arthur (1965). *Le cri d'Archimède. L'art de la découverte et la découverte de l'art*, traduit de l'anglais par Georges Pradier, France, Calmann-Lévy, 445 p.

KOFMAN, Sarah (1986). *Pourquoi rit-on? Freud et le mot d'esprit*, Paris, Galilée, coll. «Débats», 199 p.

________(1983). *L'énigme de la femme. La femme dans les textes de Freud*, Paris, Éditions Galilée, 275 p.

LAFAY, J.-C. (1986). «Le réel et la critique dans *Madame Bovary* de Flaubert», *Archives des lettres modernes*, Paris, n° 223, 165 p. (Archives Gustave Flaubert, n° 6.)

LAMBOTTE, Marie-Claude (1984). *Esthétique de la mélancolie*, Paris, Aubier, 206 p.

LAMY, Suzanne (1979). *D'elles*, Montréal, l'Hexagone, 110 p.

________(1984). *Quand je lis je m'invente*, Montréal, l'Hexagone, 111 p.

LAMY, Suzanne, et Irène PAGÈS [dir.] (1983). *Féminité, subversion et écriture*, Montréal, Éditions du Remue-ménage, 285 p.

LANCTÔT, Mireille (1977). *Questionnement sur l'écriture féminine*, mémoire de maîtrise en études littéraires, Université du Québec à Montréal, 119 p.

LANGEVIN, André (1974). *Une chaîne dans le parc*, Montréal, Cercle du livre de France, 315 p.

LEMIRE, Maurice [dir.] (1984 et 1987). *Dictionnaire des œuvres littéraires du Québec. IV. 1960-1969; V. 1970-1975*, Montréal, Fides, 1123 p. et 1131 p.

Livres et auteurs québécois, Québec, Presses de l'Université Laval, [publication annuelle 1969 à 1982].

LINDVELT, Jaap (1981). *Essai de typologie narrative: le «point de vue». Théorie et analyse*, Paris, José Corti, 315 p.

MARINEAU, Line, et Gilles de LAFONTAINE (1984). *Adrienne Choquette nouvelliste de l'émancipation*, Québec, Presses Laurentiennes, coll. «Vérités», 71 p.

MORIER, Henri (1961). *Dictionnaire de poétique et de rhétorique*, Paris, PUF, 491 p.

MUECKE, D. C. (1969). *The Compass of Irony*, Londres, Methuen & Co., 276 p.

NIEDOBA, Arlette Saheb (1978). *Ironie Dire et Vouloir Dire chez Carrier, Blais, Ducharme*, thèse de doctorat, Université de Montréal, 219 p.

NOËL, Francine (1987). *Maryse*, Montréal, VLB éditeur, coll. «Courant», 444 p. (1re éd.: 1983.)

OLBRECHTS-TYTECA, Lucie (1974). *Le Comique du discours*, Bruxelles, Éditions de l'Université de Bruxelles, 433 p.

PROULX, Monique (1983). *Sans cœur et sans reproche*, Montréal, Québec/Amérique, 247 p.

RACINE, Claude (1972). *L'anticléricalisme dans le roman québécois (1940-1965)*, Montréal, Hurtubise HMH, coll. «Littérature. Les Cahiers du Québec», 233 p.

RICŒUR, Paul (1975). *La Métaphore vive*, Paris, Seuil, 413 p.

ROYER, Jean (1985). *Écrivains contemporains. Entretiens. 3. 1980-1983*, Montréal, l'Hexagone, 320 p.

RUSS, Joanna (1983). *How to Suppress Women's Writing*, Austin, University of Texas Press, 158 p.

SAINT-MARTIN Lori (1989). *Malaise et révolte des femmes dans la littérature québécoise depuis 1945*, Québec, Les Cahiers de recherche du GREMF, 373 p.

———(1991). *Lettre imaginaire à la femme de mon amant*, nouvelles, Montréal, l'Hexagone, 133 p.

——— [dir.] (1992). *L'autre lecture. La critique au féminin et les textes québécois, Tome I*, Montréal, XYZ éditeur, 215 p.

———(1997). *Contre-voix. Essais de critique au féminin*, Québec, Nuit blanche éditeur, 294 p.

SALOMON, Roger B. (1987). *Desperate Storytelling: Post-Romantic Elaborations of the Moch-Heroic Mode*, Athens, University of Georgia Press, 302 p.

SAREIL, Jean (1984). *L'Écriture comique*, Paris, PUF, coll. «Écriture», 185 p.

STORA-SANDOR, Judith (1984). *L'humour juif dans la littérature. De Job à Woody Allen*, Paris, PUF, 349 p.

VIAU, Roger (1987). *Au milieu, la montagne*, Montréal, Les Herbes rouges, coll. «Typo. Roman», n° 14, 305 p. (1re éd.: 1951.)

WAELTI-WALTERS, Jennifer (1982). *Fairy Tales and the Female Imagination*, Montréal, Eden Press, 161 p.

WALKER, Nancy A. (1990). *Feminist Alternatives. Irony and Fantasy in the Contemporary Novel by Women*, Jackson, University Press of Mississipi, 220 p.

YAARI, Monique (1988). *Ironie paradoxale et ironie poétique. Vers une théorie de l'ironie moderne sur les traces de Gide dans* Paludes, Birmingham, Summa Publications, 277 p.

2. Articles, parties d'ouvrages

ALEXANDER, James (1969). «De l'ironie», *Revue française de psychanalyse*, n° 3, p. 441-450.

ALLEMANN, Beda (1978). «De l'ironie en tant que principe littéraire», *Poétique*, n° 36, novembre, p. 385-398.

ALMANSI, Guido (1978). «L'affaire mystérieuse de l'abominable *Tongue-in-cheek*», *Poétique*, n° 36, novembre, p. 413-426.

BELLEAU, André (1983-1984). «Carnavalisation et roman québécois: mise au point sur l'usage d'un concept de Bakhtine», *Études françaises*, vol. 19, n° 3, hiver, p. 51-64.

CANCALON, Elaine D. (1989). «*Une saison dans la vie d'Emmanuel*: le discours du conte», *Voix et images 43*, vol. 15, n° 1, automne, p. 102-110.

COLLET, Pauline (1981). «Les êtres divisés du monde de Monique Bosco», *Études canadiennes/Canadian Studies*, n° 10, p. 209-221.

COLLIN, Françoise (1987). «Il n'y a pas de cogito-femme», dans Marisa Zavalloni, *L'Émergence d'une culture au féminin*, Montréal, Éditions Saint-Martin, p. 107-116.

DUCROT, Oswald (1969). «Présupposés et sous-entendus», *Langue française*, décembre, p. 30-43.

_______ (1970). «Les indéfinis et l'énonciation», *Langages*, n° 17, mars, p. 91-116.

DUPRÉ, Louise (1992). «La critique-femme: esquisse d'un parcours», dans Annette Hayward et Agnès Whitfield, *Critique et littérature québécoise*, Montréal, Triptyque, p. 397-406.

FERRON, Jacques (1987). «Le pas de Gamelin», dans *La conférence inachevée. Le pas de Gamelin et autres récits*, préface de Pierre Vadeboncoeur, édition préparée par Pierre Cantin, Marie Ferron et Paul Lewis, Montréal, VLB éditeur, p. 21-94.

GARDINER, Judith Kegan (1981). «On female identity and writing by women», *Critical Inquiry*, vol. 8, n° 2, hiver, p. 347-361.

GAUVIN, Lise (1984). «Les possibles-présents des écritures-femmes», *Arcade*, n° 8, octobre, p. 57-60.

GOULD, Karen (1984). «Écrire au féminin. Interview avec Denise Boucher, Madeleine Gagnon et Louky Bersianik», *Quebec Studies*, n° 2, p. 125-142.

———(1991). «Vers une maternité qui se crée: l'œuvre de Louky Bersianik», *Voix et images 49*, vol. 17, n° 1, automne, p. 35-47.

HAMON, Philippe (1982). «Analyser l'ironie», dans Ross Chambers, *Discours et pouvoir*, Ann Harbour, Michigan Romance Studies, p. 165-175.

HUTCHEON, Linda (1981). «Ironie, satire, parodie: une approche pragmatique de l'ironie», *Poétique*, n° 46, avril, p. 140-155.

———[dir.] (1984). «Authorized transgression: the paradox of parody», dans Groupar, *Le singe à la porte: vers une théorie de la parodie*, New York, Peter Lang, p. 13-26.

JOUBERT, Lucie (1992). «L'émergence de l'ironie dans la littérature des femmes au Québec: héritage du féminisme?», dans Pierre Lanthier et Guildo Rousseau [dir.], *La culture inventée. Les stratégies culturelles aux 19e et 20e siècles*, Québec, Institut québécois de recherche sur la culture, p. 199-207.

KERBRAT-ORECCHIONI, Catherine (1978). «Problèmes de l'ironie», *Linguistique et sémiologie II. L'ironie*, Lyon, Presses universitaires de Lyon, p. 10-46.

———(1980). «L'ironie comme trope», *Poétique*, n° 41, février, p. 108-127.

KRISTEVA, Julia (1975). «unes femmes», *Les Cahiers du GRIF*, n° 7, juin, p. 22-27.

———(1977). «Questions à Julia Kristeva. À Partir de *Polylogue*», *La Revue des sciences humaines*, n° 168, octobre-décembre, p. 495-501.

LAFONTAINE, Danielle (1987). «Identité et créativité», dans Marisa Zavalloni, *L'Émergence d'une culture au féminin*, Montréal, Éditions Saint-Martin, p. 41-48.

LANGEVIN, Lysanne (1984). «L'écriture au féminin», *La Petite Revue de philosophie*, vol. 5, n° 2, p. 222-225.

——— (1990). «Moi et l'autre», *Arcade*, n° 20, automne, p. 5-9.

LARUE, Monique (1982). «La mère, aujourd'hui», *La Nouvelle Barre du jour*, n° 116, septembre, p. 51-55.

LEQUIN, Lucie (1979). «Les femmes québécoises ont inventé leur parole», *American Review of Canadian Studies*, vol. 9, n° 2, p. 113-124.

MARCOTTE, Gilles (1995). «Une voix venue d'ailleurs: *Neige de mai* de Claire de Lamirande», dans Gabrielle Pascal [dir.], *Le roman québécois au féminin (1980-1995)*, Montréal, Triptyque, p. 133-138.

MUECKE, D. C. (1978). «Analyses de l'ironie», *Poétique*, n° 36, novembre, p. 478-494.

PATERSON, Janet M. (1986). «Parodie et sorcellerie», *Études littéraires*, vol. 19, n° 1, printemps-été, p. 59-66.

RICARDOU, Jean (1980). «Pour une lecture rétrospective», *La Revue des sciences humaines*, n° 177, janvier-mars, p. 57-66.

ROBERT, Lucie (1987). «La naissance d'une parole féminine dans la littérature québécoise», *Études littéraires*, vol. 20, n° 1, printemps-été, p. 99-110.

SAINT-MARTIN, Lori (1991). «De la mère patriarcale à la mère légendaire: *Triptyque lesbien* de Jovette Marchessault», *Voix et images 47*, vol. 16, n° 2, hiver, p. 244-252.

SCHWEICKART, Patrocino P. (1989). «Reading ourselves: Toward a feminist theory of reading», dans Elaine Showalter, *Speaking of Gender*, New York, Routledge, p. 17-44.

SHOWALTER, Elaine (1989). «Introduction: The rise of gender», dans Elaine Showalter, *Speaking of Gender*, New York, Routledge, p. 1-13.

SLAMA, Béatrice (1981). «De la "littérature féminine" à "l'écriture-femme": différence et institution», *Littérature*, n° 44, décembre, p. 51-71.

SPERBER, Dan, et Deirdre WILSON (1978). «Les ironies comme mentions», *Poétique*, n° 36, novembre, p. 399-412.

STORA-SANDOR, Judith (1992). «Le rire minoritaire», *Autrement. Série Mutations*, n° 131, septembre, p. 172-182.

VERTHUY, Maïr (1987). «Michèle Mailhot. A Cautionary Tale», dans Barbara Godard [dir.], *Gynocritics. Feminist Approaches to Canadian and Quebec Women's Writing. Gynocritique. Démarches féministes à l'écriture des Canadiennes et Québécoises*, Toronto, ECW Press, p. 131-141.

Table

DEUXIÈME PARTIE: Les cibles de l'ironie au féminin

TROISIÈME PARTIE: Un bilan des ironies

Cet ouvrage composé en Times corps 11
a été achevé d'imprimer
le quinze octobre mil neuf cent quatre-vingt-dix-huit
sur les presses numériques de Copiegraphie Pro
à Saint-Hubert
pour le compte des
Éditions de l'Hexagone.

Imprimé au Québec (Canada)